高职高专规划教材
物流管理系列

物流信息技术应用

主　编　王兴伟　吴竞鸿
副主编　于　蕾　倪　伟　洪　丽

北京师范大学出版集团
BEIJING NORMAL UNIVERSITY PUBLISHING GROUP
安徽大学出版社

图书在版编目(CIP)数据

物流信息技术应用/王兴伟,吴竞鸿主编.—合肥:安徽大学出版社,2022.6
高职高专规划教材.物流管理系列
ISBN 978-7-5664-2141-8

Ⅰ.①物… Ⅱ.①王… ②吴… Ⅲ.①物流-信息技术-高等职业教育-教材 Ⅳ.①F253.9

中国版本图书馆 CIP 数据核字(2020)第 253712 号

物流信息技术应用

王兴伟　吴竞鸿　主编

出版发行:	北京师范大学出版集团 安 徽 大 学 出 版 社 (安徽省合肥市肥西路 3 号 邮编 230039) www.bnupg.com.cn www.ahupress.com.cn
印　　刷:	安徽利民印务有限公司
经　　销:	全国新华书店
开　　本:	184mm×260mm
印　　张:	14.75
字　　数:	359 千字
版　　次:	2022 年 6 月第 1 版
印　　次:	2022 年 6 月第 1 次印刷
定　　价:	45.00 元

ISBN 978-7-5664-2141-8

策划编辑:邱　昱　　　　　　　　　装帧设计:孟献辉
责任编辑:邱　昱　　　　　　　　　美术编辑:李　军
责任校对:方　青　　　　　　　　　责任印制:陈　如　孟献辉

版权所有　侵权必究

反盗版、侵权举报电话:0551—65106311
外埠邮购电话:0551—65107716
本书如有印装质量问题,请与印制管理部联系调换。
印制管理部电话:0551—65106311

总 序

自20世纪70年代末引入"物流"概念以来,我国物流业有了较快的发展。物流业已成为我国国民经济的重要组成部分,对国民经济的拉动作用越来越明显;而且,为促进物流业健康快速发展,国家层面不断出台支持政策,推动着物流行业发展走在量质齐升的道路上。

当前,我国物流业市场规模持续扩大、需求稳中向好,与民生、绿色经济等相关的物流规模保持快速增长。今后一段时期,我国物流业仍将处于重要的战略机遇期,特别是呈现出智慧物流、绿色物流和开放共享上的发展趋势。但是,我国物流业的理论研究却与实践运作现状还存在一定的差距,这就造成了部分高等职业学校在物流人才培养时存在着一定相对滞后,以致现代物流技术技能型人才匮乏,不能完全满足物流业发展需求。

"职教物流类系列教材"(项目编号:2017ghjc400)是2017年安徽省教育厅省级质量工程项目立项的规划教材,编写本系列教材的原因主要有以下几点。

第一,当前世界经济领域发生深刻的变化,国际经济合作正从过去较为单一走向全面合作,各国经济联系愈益深入,无论是相互投资、技术服务合作以及其他形式的合作都呈现出蓬勃发展之势。经济全球化发展需要物流业的支持,也对现代物流业的发展不断提出新的要求。习近平总书记提出的"一带一路"倡议更是高瞻远瞩,对我国的扩大开放和对世界经济的发展都具有重大的意义和影响。编写本系列教材的目的就是努力体现习近平新时代中国特色社会主义思想在经济发展中的重要成就,努力反映和探求当今世界形势最新的变化,以在教学中体现时代要求,凸显教学内容的新变化。

第二,努力适应新的教学要求。高等职业教育应当始终紧跟时代发展形势,面向未来、面向现代化建设。国家鼓励和支持高等职业学校专业教材的建设,鼓励和支持编写出具有各专业特色的、适合各地高等职业学校不同学生要求的高质量教材,以培养出能够适应新时代发展的既具有前瞻性眼光,又具有实践操作能力的技术技能型人才。《普通高等学校高等职业教育(专科)专业目录(2015年)》中把物流类细分为七个专业,不仅反映了我国物流业的发展现状,还积极指导了各地高等职业学校物流类专业的建设,为此,相应的物流类专业教材建设也在积极推进。

本系列教材编写团队是由一批多年从事高等职业教育教学且科研水平较高的专业教师组成,他们满怀热情、扎实肯干。但是,本系列教材编写缺点、不足依然不免存在,恳请各位读者、专家赐教。

本系列教材在编写中参考了国内外大量的文献资料,引用了一些专家学者的研究成果,在此对这些文献作者表示诚挚的谢意!

最后,衷心地希望本系列教材,能够为高等职业教育物流类专业建设和人才培养起到积极重要的推动和引导作用!

中国物流与采购联合会教育培训部主任 郭肇明
全国物流职业教育教学指导委员会秘书长

2019 年 8 月

目　录

项目一　物流信息技术应用认知 ………………………………………………… 1
　　任务一　数据、信息及物流信息认知 …………………………………………… 1
　　任务二　物流信息技术认知 ……………………………………………………… 8

项目二　物流数据采集技术 ……………………………………………………… 14
　　任务一　自动识别技术认知 …………………………………………………… 14
　　任务二　条码技术认知 ………………………………………………………… 22
　　任务三　条码技术在零售商品管理中的应用 ………………………………… 52
　　任务四　条码技术在物流管理中的应用 ……………………………………… 69
　　任务五　RFID 技术的认知 …………………………………………………… 81
　　任务六　RFID 技术标准及应用 ……………………………………………… 88

项目三　物流数据传输技术 ……………………………………………………… 96
　　任务一　EDI 技术的应用 ……………………………………………………… 96
　　任务二　销售时点信息系统的应用 …………………………………………… 108

项目四　物流数据动态跟踪技术 ……………………………………………… 115
　　任务一　GIS 技术的认知及应用 ……………………………………………… 115
　　任务二　GPS 技术的认知及应用 ……………………………………………… 130

项目五　物流数据存储技术 …………………………………………………… 150
　　任务一　数据库技术的认知 …………………………………………………… 150
　　任务二　数据库技术的设计与应用 …………………………………………… 160

项目六　物流企业电子商务的认知及应用 …………………………………… 170

　　任务一　电子商务认知 ……………………………………………………… 170

　　任务二　物流信息平台的应用 ……………………………………………… 184

项目七　物流管理信息系统的认知及应用 …………………………………… 192

　　任务一　物流信息系统概述 ………………………………………………… 192

　　任务二　典型物流管理信息系统认知 ……………………………………… 205

　　任务三　自动化无人物流系统 ……………………………………………… 215

后记 …………………………………………………………………………………… 229

项目一
物流信息技术应用认知

项目目标

1. 知识目标

(1) 掌握数据、信息、物流信息、物流信息技术、物流信息系统的相关理论

(2) 熟悉现代物流信息技术的主要类型

(3) 了解物流企业的信息技术应用现状及发展趋势

2. 技能目标

(1) 能对信息按一定标准进行分类识别

(2) 能按照特点要求进行信息检索与调研

(3) 能编制物流企业的信息技术应用调查报告

任务一 数据、信息及物流信息认知

任务目标

1. 了解数据、信息的相关概念
2. 掌握数据与信息的关系
3. 熟悉物流信息的特征及类型

案例导入

农夫山泉用数据处理分析卖矿泉水

在上海城乡接合部九亭镇新华都超市的一个角落,农夫山泉矿泉水的堆头静静地摆放在这里。农夫山泉的业务员每天都要来到这个地方,拍摄10张照片,研究矿泉水应该怎么摆放、位置有什么变化、高度如何……这样的地方,每个业务员每天要跑15个,按照规定,业务员在下班之前要上传150张照片到农夫山泉公司总部。每个业务员每天产生的数据约量在10MB,数据量似乎并不大。

但农夫山泉在全国有约10000个业务员,这样算来,每天的数据量就是100GB,每月为

3TB。当这些图片如雪片般进入在杭州总部的机房时,农夫山泉的首席信息官就会有这么一种感觉:守着一座金山,却不知道该从哪里挖下第一锹。

首席信息官想知道的问题包括:怎样摆放堆头更能促进销售?什么年龄的消费者在堆头前停留更久,他们一次购买的量有多大?气温的变化让购买行为发生了哪些改变?竞争对手的新包装对销售产生了怎样的影响?不少问题目前也可以回答,但更多是基于经验,而不是基于数据。

2011年6月,SAP公司和农夫山泉开始共同开发基于"饮用水"这个产业形态中运输环境的数据场景。关于运输的数据场景到底有多重要呢?将自己定位成"大自然搬运工"的农夫山泉在全国有十多个水源地。农夫山泉把水灌装、配送、上架,一瓶超市售价2元的550mL饮用水,其中3角钱花在了运输上。在农夫山泉内部,有着"搬上搬下,银子哗哗"的说法。如何根据不同的变量因素来控制自己的物流成本,成为问题的核心。

在采购、仓储、配送这条线上,农夫山泉特别希望数据处理分析解决三个顽症:首先是解决生产和销售的不平衡,准确获知该产多少,送多少;其次,将400家办事处、30个配送中心能够纳入体系中,形成动态网状结构,而非简单的树状结构;最后,让退货、残次品等问题与生产基地能够实时连接起来。

在日常运营中,农夫山泉会产生销售、市场费用、物流、生产、财务等数据,这些数据"展现"的过程长达24小时,也就是说,在24小时后,物流、资金流和信息流才能汇聚到一起,彼此关联形成一份有价值的统计报告。当农夫山泉的每月数据积累达到3TB时,这样的速度导致农夫山泉每个月财务结算都要推迟一天。更重要的是,胡健等农夫山泉的决策者们只能依靠数据来验证以往的决策是否正确,或者对已出现的问题作出纠正,仍旧无法预测未来。胡健选择SAP的目的只有一个,快些,再快些。采用SAP后,同等数据量的计算速度从过去的24小时缩短到了0.67秒,几乎可以做到实时计算结果。

有了强大的数据分析能力做支持后,农夫山泉近年来以30%~40%的营收年增长率,在饮用水领域快速超越了原先的三甲:娃哈哈、乐百氏和可口可乐。根据国家统计局公布的数据,饮用水领域的市场份额,农夫山泉、康师傅、娃哈哈、冰露分别为34.8%、16.1%、14.3%、4.7%,农夫山泉几乎是另外三家之和。

(资料来源于网络,文字有删改)

思考题:
农夫山泉利用什么方式来提高企业市场份额?

一、数据与信息

(一)数据

1. 数据的定义

数据是事实或观察的结果,是对客观事物的逻辑归纳,是可识别的、抽象的符号,是用于表示客观事物的未经加工的原始素材。

在计算机科学中,数据是指所有能输入计算机并被计算机程序处理的符号的介质的总称,是用于输入计算机进行处理,具有一定意义的数字、字母、符号和模拟量等的通称。现在计算机存储和处理的对象十分广泛,表示这些对象的数据也随之变得越来越复杂。在计算机系统中,数据以二进制信息单元0、1的形式表示。

数据的表现形式还不能完全表达其内容,需要对数据含义进行说明。例如,93是一个数据,可以是一个同学某门课的成绩,也可以是某个人的体重,还可以是计算机专业某年级的学生人数。

2. 数据的类型

(1) 按性质分类。

① 定位数据,如各种坐标数据。

② 定性数据,表示事物属性的数据。

③ 定量数据,反映事物数量特征的数据,如长度、面积、体积等几何量或重量、速度等物理量。

④ 定时数据,反映事物时间特性的数据,如年、月、日、时、分、秒等。

(2) 按表现形式分类。

① 数字数据,又称数值型数据,如各种统计或测量数据。

② 模拟数据,又称非数值型数据,可以分为图形数据(如点、线、面)、符号数据、文字数据和图像数据等,如声音的大小和温度的变化等。

(3) 按数字化方式分类。

① 矢量数据,是计算机中以矢量结构存贮的内部数据,是跟踪式数字化仪的直接产物,适用于仪器野外测量、解析和数字摄影测量及地图数字化。

② 格网数据,是计算机中以栅格结构存贮的内部数据,是扫描式数字化仪的直接产物,适用于屏幕显示和行式打印输出。

(二) 信息

1. 信息的定义

在一切通讯和控制系统中,信息是一种普遍联系的形式。信息的应用虽然已经十分广泛,但是对其科学的定义一直存在多种观点,许多研究者从各自的研究领域出发,给出了不同的定义。具有代表意义的表述如下。

信息理论的奠基人香农认为"信息是用来消除随机不确定性的东西",这一定义被人们看作经典性定义并加以引用。

控制论创始人维纳认为"信息是人们在适应外部世界,并使这种适应反作用于外部世界的过程中,同外部世界进行互相交换的内容和名称",它也被作为经典性定义加以引用。

经济管理学家认为"信息是提供决策的有效数据"。

总而言之,信息是对事物或事件的一般属性的描述,是事物的内容、形式及其发展变化的反映。信息是具有时效性的、有一定含义的、有逻辑的、经过加工处理的、对决策有价值的数据流。

信息是由实体、属性、值所构成的三元组,即信息=实体(属性1:值1;属性2:值2;……;属性N:值N)。例如,30箱伊利纯牛奶,信息=纯牛奶(箱数:30;品牌:伊利)。

2. 信息的特征

(1)传递性。信息的传递打破了时间和空间的限制。例如,通过书籍报刊,我们可以了解他人的思想和经验;借助于广播、电视和网络等媒体,我们可以了解发生在世界各地的许多事情。

(2)共享性。信息作为一种资源,通过交流可以在不同个体或群体间分享。信息交流与实物交流有本质上的不同:实物交流,一方有所得,另一方必有所失,如同两个人交换各自手中的一个苹果,每个人手中还是一个苹果;而信息交流则不然,两个人交换所掌握的一份信息,每人便拥有了两份信息。

(3)依附性和可处理性。信息只有依附一定的载体才能够表现出来,为人们所吸收,并按照某种需要进行处理和存储。信息如果经过人的分析和处理,往往会产生新的信息,使信息增值。

(4)价值相对性。信息作为一种特殊的资源,具有相应的使用价值,它能够满足人们某些方面的需要。但信息使用价值的大小是相对的,它取决于接收信息者的需求及其对信息的理解、认识和利用的能力。

(5)时效性。信息不是一成不变的东西,它会随着客观事物的变化而变化。信息如果不能反映事物的最新变化状态,它的效用就会降低,一旦超过其"生命周期",信息就失去原有效用,成为历史记录。

(6)真伪性。人们接收到的信息,并非所有都是对事物的真实反映,因此信息具有真伪性。产生伪信息的原因有很多:有的是出于某种目的,信息被人故意篡改、捏造、夸大等;有的是人们在认识能力或表达能力上的不足导致;有的则是在传递过程中的失误而造成。因此,需要鉴别信息的真伪性。

(三)数据与信息的关系

有一句话是这么说的,"数据是爆炸了,信息却很贫乏"。

数据和信息之间是相互联系的。数据是反映客观事物属性的记录,可以是符号、文字、数字、语音、图像、视频等,是信息的具体表现形式。而信息是数据的内涵,信息是加载于数据之上,对数据作具有含义的解释。数据本身没有意义,数据只有对实体行为产生影响时才成为信息。数据经过加工处理之后,就成为信息;而信息需要经过数字化转变成数据才能存储和传输。

数据和信息不仅有联系,也有区别。从信息论的观点来看,描述信源的数据是信息和数据冗余之和,即:数据=信息+数据冗余。数据是数据采集时提供的,信息是从采集的数据中获取的有用信息。数据经过加工处理变成了信息,未加工处理的数据属于冗余数据。

二、物流信息

(一)物流信息的定义

物流信息是指与物流活动(商品包装、运输、储存、装卸等)有关的一切信息。物流信息是反应物资流动各种活动内容的知识、资料、数据、文件的总称。物流信息是物流活动中各个环节生成的信息,一般是随着从生产到消费的物流活动而产生的信息流,与物流过程中的运输、保管、装卸、包装等各种职能有机组合在一起,是整个物流活动顺利进行所不可缺少的。

从物流信息的来源看,一部分直接来源于物流活动本身,另一部分则来自于商品交易活动和市场。因而,物流信息的定义可以从狭义和广义两个方面来讲。

狭义上的物流信息是指直接产生于物流活动的信息,如运输、保管、包装、装卸、流通加工等活动中产生的信息。在物流活动管理与决策中,如运输工具的选择、运输路线的确定、每次运送批量的确定、在途货物的跟踪、仓库存储的有效利用、最佳库存数量的确定、订单管理、顾客服务水平的提高等,需要详细和准确的物流信息,这是因为物流信息对运输管理、库存管理、订单管理、仓库作业管理等物流活动具有支持、保证的功能。

广义上的物流信息不仅指与物流活动有关的信息,还包括与其他流通活动有关的信息,如商品交易信息和市场信息等。商品交易信息是指与买卖双方的交易过程有关的信息,如销售和购买信息、订货和接受订货信息、发出货款和收到货款信息等。市场与销售活动有关的信息,如消费者的需求信息、同业竞争者或者竞争性商品的信息、与销售促进活动有关的信息、交通通信的需求等基础设施信息。在现代经营管理活动中,物流信息与商品交易信息、市场信息互相交叉、融合,有着密切的关系。如零售商根据对消费者需求的预测及库存状况制定订货计划,向批发商或者直接向生产商发出订货信息。批发商在接到零售商的订货信息后,在确认现有的库存水平能满足订单要求的基础上,向物流部门发出发货配送信息。如果现有库存不能满足订单要求,则马上组织生产,再按订货单上的数量和时间要求向物流部门发出配送信息。

(二)物流信息的分类

物流的分类方式有很多种,因此,物流信息的分类方式也有很多种,大致有以下几种常见分类。

1. 按不同物流功能分类

按信息产生和作用所涉及的不同功能领域分类,物流信息包括仓储信息、运输信息、加工信息、包装信息、装卸信息等。对于某个功能领域还可以进一步细化,例如,仓储信息可分成入库信息、出库信息、库存信息、搬运信息等。

2. 按信息环节分类

根据信息产生和作用的环节,物流信息可分为输入物流活动的信息和物流活动产生的信息。

3. 按信息的作用层次分类

根据信息的作用层次,物流信息可分为基础信息、作业信息、协调控制信息和决策支持信息。基础信息是物流活动的基础,是最初的信息源,如物品基本信息、货位基本信息等。作业信息是物流作业过程中发生的信息,信息的波动性大,具有动态性,如库存信息、到货信息等。协调控制信息主要是指物流活动的调度信息和计划信息。决策支持信息是指能对物流计划、决策、战略具有影响或有关的统计信息或有关的宏观信息,如科技、产品、法律等方面的信息。

4. 按信息加工程度的不同分类

按加工程度的不同,物流信息可以分为原始信息和加工信息。原始信息是指未加工的信息,是信息工作的基础,也是最有权威性的凭证性信息。加工信息是对原始信息进行各种方式和各个层次处理后的信息,加工信息是对原始信息进行提炼、简化和综合,利用各种分析工具在海量数据中发现潜在的、有用的信息和知识。

(三)物流信息的特征

和其他领域信息比较,物流信息的特殊性主要体现在以下三点。

1. 信息传递量大与标准化

由于物流是在一个大范围内的活动,物流信息源也分布于一个大范围内,信息源点多、信息量大。强调在这个大范围内实现统一管理或标准化,实现信息通用性。

2. 信息动态性强,更新快

物流信息动态性特别强,信息的价值衰减速度很快,这就对信息工作及时性要求较高。在物流管理中强调及时性,关注信息收集、加工、处理速度。

3. 信息多样化

物流信息种类多,不仅物流系统内部各个环节有不同种类的信息,还由于物流系统与其他系统,如生产系统、销售系统、消费系统等密切相关,其他系统也会产生信息。这就使物流信息的分类、研究、筛选等难度增加。不同类别的物流信息有不同特点,在收集其他系统信息上要力求全面、完整。

(四)物流信息管理

物流信息管理是对物流信息进行采集、处理、分析、应用、存储和传播的过程,也是将物流信息从分散到集中、从无序到有序的过程。物流信息管理具有以下几个方面的要求。

1. 可得性

保证大量分散、动态的物流信息在需要的时候能够容易获得,并且以数字化的适当形式加以表现。

2. 及时性

随着社会化大生产的发展和面向客户的市场策略变化,社会对物流服务的及时性要求也更加强烈。物流服务的快速、及时又要求物流信息必须及时提供、快速反馈。及时的信息可以减少不确定性,增加决策的客观性和准确性。

3. 准确性

物流信息中不准确的信息带来的决策风险有时比没有信息支撑的决策风险更大。

4. 集成性

物流信息的基本特点就是信息量大,每个环节都需要信息输入,并产生新的信息进入下一环节。所涉及的信息需要集成,并产生互动,实现资源共享,减少重复操作,减少差错,从而使得信息更加准确和全面。

5. 适应性

适应性包含两个方面的内容:一是指适应不同的使用环境、对象和方法;二是指能够描述突发事件或非正常情况,如运输途中的事故、货损、出库货物的异常变更、退货、临时订单补充等。

6. 易用性

信息的表示要明确、容易理解和方便应用,针对不同的需求和应用要有不同的表示方式。

任务实训 1-1

利用 IE 软件进行企业物流信息的搜集和查找

一、实训目标

该项目主要是通过设置和使用 IE 软件来掌握物流信息浏览的方法,并通过下载安装一些常用软件让学生掌握如何在因特网上获取资源并利用资源。

1. 区分哪些信息属于物流信息,按一定标准对物流信息进行分类。
2. 找到可以获得物流信息的专业物流网站。
3. 浏览网站,保存网页及图片文件至本地硬盘。
4. 根据关键词在因特网上搜索信息。

二、实训要求与任务内容

1. 实训要求。

根据实训内容列出的三类与物流活动相关的网站,请同学们分组利用常用搜索引擎找出网站的网址,每位同学每种类型的网站登录 2 个(组内同学不要重复),从网站中找出有价值的物流信息,并根据合理的分类标准进行分类。

2. 实训内容。

(1)物流企业网站。

(要求:首先介绍企业背景,然后将网站中可以提供的物流信息分类列出)

①安得物流股份有限公司　　　　②宝供物流企业集团有限公司
③德邦物流公司　　　　　　　　④中邮物流有限责任公司

⑤中国远洋物流有限公司　　　⑥安吉天地汽车物流有限公司
⑦天津大田集团有限公司　　　⑧中国远洋物流有限公司
⑨中海物流(深圳)有限公司　　⑩招商局物流集团有限公司
⑪深圳市共速达物流股份有限公司　⑫北京东方信捷物流有限责任公司

(2)快递企业网站。

(要求：首先介绍企业背景，然后将网站中可以提供的物流信息分类列出)

①中国邮政速递物流　　　②顺丰速运
③申通快递　　　　　　　④圆通速递
⑤韵达快递　　　　　　　⑥中通快递
⑥宅急送　　　　　　　　⑧天天快递

(3)物流协会网站。

(要求：首先介绍协会的服务对象、服务内容，然后将网站中可以提供的物流信息分类列出)

①中国物流与采购网　　　②中国物流协会
③上海物流企业家协会　　④中国快递协会
⑤中国航运企业协会　　　⑥中国航空运输协会
⑦中国道路运输协会　　　⑧中国交通运输协会
⑨中国国际货运代理协会　⑩中国物流技术协会

任务二　物流信息技术认知

任务目标

1. 了解信息技术、信息系统的基本概念
2. 掌握物流信息技术的基本内涵

案例导入

沃尔玛应用物流信息技术雄踞全球行业榜首

沃尔玛百货有限公司是一家美国的世界性连锁企业，以营业额计算为全球最大的公司。沃尔玛有8500多家门店，分布于全球15个国家和地区。2018年《财富》杂志"美国500强企业"排行榜发布，沃尔玛连续第六年蝉联榜首。沃尔玛之所以能成功，在很大程度上是因为它至少提前10年(较竞争对手)将尖端科技和物流系统进行了巧妙搭配。沃尔玛一直崇尚采用最现代化、最先进的系统，进行合理运输安排。早在20世纪70年代，沃尔玛就开始使用计算机进行管理，建立了物流的管理信息系统(MIS)，负责处理系统报表，从而加快了系统运作速度；20世纪80年代，沃尔玛与休斯公司合作发射物流通讯卫星，实现了全球物流通信卫星联网，获得了跳跃性的发展。1983年，沃尔玛采用了POS机，全称Point Of Sale，就是销售始点数据系统;1985年建立了EDI,即电子数据交换系统,进行无纸化作业,所有信息全部在电脑上运作;1986年,又建立了QR,即快速反应机制,快速拉动市场需求;20世纪90年代,采用了全球领先的卫星定位系统(GPS)来控制公司的物流,提高配送效率,以速度和质量赢得用户的满意度和忠诚度。上述所有系统都基于一个叫作UNIX的配送系统,并采用传送带和开放式平台,这为沃尔玛节省了相当多的成本。沃尔玛一直崇尚采用最现代化、最先进的系统进行合理的运输安排,通过电脑系统和配送中心,获得了最终的成功。

(资料来源于百度百科,文字有删改)

思考题:
沃尔玛使用了哪些技术来提高企业市场竞争力?

一、信息技术与信息系统

(一)信息技术

信息技术(Information Technology,缩写IT)是主要用于管理和处理信息所采用的各种技术的总称。它主要是应用计算机科学和通信技术来设计、开发、安装和实施信息系统及应用软件。它也常被称为信息和通信技术(Information and Communications Technology,ICT)。它主要包括传感技术、计算机与智能技术、通信技术和控制技术。

信息技术的应用包括计算机硬件和软件、网络和通信技术、应用软件开发工具等。计算机和互联网普及以来,人们日益普遍地使用计算机来生产、处理、交换和传播各种形式的信息(如文字、语音、图形等)。

信息技术体系结构是一个为达成战略目标而采用和发展信息技术的综合结构。它包括管理和技术的成分。其管理成分包括使命、职能与信息需求、系统配置和信息流程;技术成分包括用于实现管理体系结构的信息技术标准、规则等。由于计算机是信息管理的中心,计算机部门通常被称为"信息技术部门"。有些公司称这个部门为"信息服务"(IS)或"管理信息服务"(MIS)。也有一些公司选择外包信息技术部门,以获得更好的效益。

物联网和云计算作为信息技术新的高度和形态被提出、发展。根据中国物联网校企联盟的定义,物联网为当下绝大部分技术与计算机互联网技术的结合,让信息更快更准地收集、传递、处理并执行,是科技的最新呈现形式与应用。

(二)信息系统

信息系统科学是一门新兴的科学,其主要任务是最大限度地利用现代计算机及网络通信技术加强企业的信息管理,通过对企业拥有的人力、物力、财力、技术等资源的调查了解,建立正确的数据,加工处理并编制成各种信息资料,及时提供给管理人员,以便进行正确的决策,不断提高企业的管理水平和经济效益。企业的计算机网络已成为企业进行技术改造及提高企业管理水平的重要手段。

1. 信息系统分类

从信息系统的发展和系统特点来看,可分为数据处理系统(Data Processing System,简称 DPS)、管理信息系统(Management Information System,简称 MIS)、决策支持系统(Decision Sustainment System,简称)、专家系统(人工智能的一个子集)和虚拟办公室(Office Automation,简称 OA)五种类型。

一个完整的 MIS 应包括:辅助决策系统、工业控制系统、办公自动化系统以及数据库、模型库、方法库、知识库和与上级机关或外界交换信息的接口。其中,办公自动化系统、与上级机关及外界交换信息等都离不开 Intranet(企业内部网)的应用。可以这样说,现代企业 MIS 不能没有 Intranet,但 Intranet 的建立又必须依赖于 MIS 的体系结构和软硬件环境。

2. 信息系统的内涵

传统的 MIS 系统的核心是 CS(Client/Server——客户端/服务器)架构,而基于 Internet 的 MIS 系统的核心是 BS(Browser/Server——浏览器/服务器)架构。BS 架构比起 CS 架构有着很大的优越性,传统的 MIS 系统依赖于专门的操作环境,这意味着操作者的活动空间受到极大限制;而 BS 架构则不需要专门的操作环境,在任何地方,只要能上网,就能够操作 MIS 系统。这其中的优劣差别是不言而喻的。

3. 信息系统结构

(1)基础设施层,由支持计算机信息系统运行的硬件、软件和网络组成。

(2)资源管理层,包括各类结构化、半结构化和非结构化的数据信息,以及实现信息采集、存储、传输、存取和管理的各种资源管理系统,主要有数据库管理系统、目录服务系统、内容管理系统等。

(3)业务逻辑层,由实现各种业务功能、流程、规则、策略等应用业务的一组信息处理代码构成。

(4)应用表现层,通过人机交互等方式,将业务逻辑和资源紧密结合在一起,并以多媒体等丰富的形式向用户展现信息处理的结果。

(三)物流信息系统

物流信息系统是由人员、计算机硬件、计算机软件、网络通信设备及其他办公设备组成的人机交互系统,其主要功能是进行物流信息的收集、存储、传输、加工整理、维护和输出,为物流管理者及其他管理人员提供战略、战术及运作决策的支持,以获取组织的战略竞争优势,提高物流运作的效率与效益。

对一个企业而言,物流信息系统不是独立存在的,而是企业信息系统的一部分,或者说是其中的子系统,即使对一个专门从事物流服务的企业而言也是如此。例如,对一个企业的 ERP 系统而言,物流管理信息系统就是其中一个子系统。

物流系统包括运输系统、储存保管系统、装卸搬运、流通加工系统、物流信息系统等,其中物流信息系统是高层次的活动,是物流系统中最重要的系统之一,涉及运作体制、标准化、电子化及自动化等方面的问题。由于现代计算机及计算机网络的广泛应用，物流信息系统的发展有了坚实的基础，计算机技术、网络技术及相关的关系型数据库技术、条码技术、EDI技术等的应用使得物流活动中的人工、重复劳动及错误发生率减少，效率增加，信息流转加速，使物流管理发生了巨大变化。

二、物流信息技术

物流信息技术（Logistics Information Technology）是现代信息技术在物流各个作业环节中的综合应用，是现代物流区别于传统物流的根本标志，也是物流技术中发展最快的领域，尤其是计算机网络技术的广泛应用使物流信息技术达到了较高的应用水平。物流信息技术的发展也改变了企业应用供应链管理获得竞争优势的方式，企业可以通过应用信息技术来支持企业的经营战略并选择经营业务。

根据物流的功能及特点，物流信息技术包括计算机技术、网络技术、信息分类编码技术、条码技术、射频识别技术、电子数据交换技术、全球定位系统（GPS）、地理信息系统（GIS）、智能技术等。下面重点介绍常用的几种。

（一）条码技术

条码技术是在计算机的应用实践中产生和发展起来的一种自动识别技术。它为我们提供了一种对物流中的货物进行标识和描述的方法。条形码技术具有输入速度快、内容可靠准确、成本低、信息量大等特点。条码技术是应用 POS 系统、EDI 技术，进行电子商务活动、供应链管理的技术基础，是实现物流管理现代化、提高企业管理水平和竞争能力的重要技术手段。

（二）EDI 技术

EDI（Electronic Data Interchange）是指通过电子方式，采用标准化的格式，利用计算机网络进行结构化数据的传输和交换。由于使用 EDI 技术可以减少甚至消除贸易过程中的纸面文件，EDI 又被人们通俗地称为"无纸贸易"。

EDI 技术的运用改善了贸易伙伴之间的联系，使物流企业内部运作过程合理化，增加了贸易机会，改进了工作质量和服务质量，降低了成本，获得了竞争优势。构成 EDI 系统的三个要素是 EDI 软硬件、通信网络以及数据标准化。

（三）射频技术

射频识别技术（RFID—Radio Frequency Identification）是一种非接触式的自动识别技术，它是基于电磁感应、无线电波或微波进行非接触双向通信，从而达到识别和交换数据的目的。

识别工作无须人工干预，可应用于各种恶劣环境。短距离射频技术可以替代条码，如用在工厂的流水线上跟踪物体。长距离射频技术多用于交通上，识别距离可达几十米，如用于识

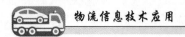

别车辆身份等。

（四）GIS 技术

地理信息系统(GIS－Geographical Information System)是多种学科交叉的产物,它以地理空间数据为基础,采用地理模型分析方法,适时地提供多种空间的和动态的地理信息,是一种为地理研究和地理决策服务的计算机技术系统。其基本功能是将表格型数据(无论数据是来自于数据库、电子表格文件还是直接在程序中输入)转换为地理图形显示,然后对显示结果浏览、操作和分析。其显示范围可以从洲际地图到非常详细的街区地图,显示对象包括人口、销售情况、运输线路和其他内容。

（五）GPS 技术

全球定位系统(GPS－Global Positioning System)是利用空中卫星对地面、海上、空中目标进行精确导航与定位,以达到全天候、高准确度地跟踪目标移动轨迹的目的。它具有在海、陆、空进行全方位实时三维导航与定位能力。

GPS 在物流领域可以应用于汽车自定位、跟踪调度,铁路运输管理及军事物流。

（六）智能技术

智能技术(Intellectual Technology)是利用计算机科学、脑科学、认知科学等方面的知识对物流信息进行分析处理的技术,在物流中主要是人工智能系统、商业智能系统、专家系统和智能交通系统等。

（七）管理软件

物流管理软件包括运输管理系统（TMS）、仓储管理系统（WMS）、货运代理管理系统（FMS）、供应链管理系统（SCM）等。

任务实训 1-2

物流企业信息化现状调研

一、实训目标

1.学生要熟悉信息系统基本内容及常见的物流信息技术类型。
2.学生要认识不同类型物流信息技术在物流企业中的实际应用情况。

二、实训要求与任务内容

1.实训要求。

结合网上查阅和收集的信息,在分析整理不同类型物流信息技术在物流企业应用资料的基础上,撰写完成中国物流企业的物流信息化程度应用调研报告。

2.实训任务内容。

(1)学生以小组(3～4人)为单位,以不同类型物流信息技术为分类依据,了解不同类型物流信息技术在物流企业的应用情况和发展趋势。

(2)相关网站。

中国物流信息网:http://www.china-wl.cn/

中国物流信息中心:http://www.clic.org.cn/

中国物流与采购联合会:http://www.chinawuliu.com.cn/

(3)撰写调研报告,制作PPT演示文稿。

项目二
物流数据采集技术

项目目标

1. 知识目标

(1) 了解自动识别技术概念及类型

(2) 了解不同类型自动识别技术的应用场景

(3) 熟悉条码的特征与类别

(4) 掌握常用条码的编码方法

(5) 熟悉 GS1 标准条码体系

(6) 熟悉不同类型条码的应用范围

(7) 掌握 RFID 的概念、分类、系统组成

(8) 掌握 RFID 的优势及应用场景

2. 技能目标

(1) 能设计制作通用商品条码

(2) 能设计制作储运及物流单元需求的物流条码

(3) 熟练使用条码制作软件打印不同批量的条码

(4) 掌握 RFID 技术设备的操作方法

任务一 自动识别技术认知

任务目标

1. 了解自动识别技术的相关理论

2. 理解各类型自动识别技术的应用场景

3. 能依据实际需要选择合适的自动识别技术

项目二 物流数据采集技术

案例导入

自动识别技术帮助社会走向智慧时代

智慧时代的来临给自动识别技术带来新的发展机遇和挑战。随着进一步的推广和应用,自动识别技术将在人们未来日常生活的各个方面都得到具体的应用,将会发展成为未来信息社会建设的一项基础技术,具有良好的发展前景。自动识别技术在与计算机技术、通信技术、光电技术、互联网技术等高新技术集成的基础上,已经发展成为改变人们生活品质、提高人们工作效率、帮助人们获得便利服务的有力工具和手段。近十年,自动识别技术得到了迅猛发展,已初步形成了一个包括条码识别、磁条磁卡识别、智能卡识别、光学字符识别、射频识别、声音识别及视觉识别等为主要代表的自动识别技术。随着自动识别技术的日趋成熟,其性能越来越稳定,作用和效果已被社会所公认。目前,自动识别技术已广泛应用于身份识别、零售、物流运输、邮政通信、电子政务、工业制造、军事、畜牧管理等各个领域,在我国智慧社会发展中发挥着越来越重要的作用。自动识别技术融合了物理世界和信息世界,可以对每个物品进行标识,并可以将数据实时更新,是构造全球物品信息实时共享的重要组成部分,是智慧社会的基石。

以智慧物流为例,它已经从最初的概念逐步走向实际应用,自动识别技术在仓储、运输、包装及配送等物流环节上都能大显身手,帮助中国物流相关企业完成信息化和自动化建设。

随着移动办公人员的数量增加,尤其是在仓储工作环境下,产品的便携性也很重要,手持产品需求会增多,对产品的功能要求也更高。以读写器为例,现在,普通读写器处理标签信息单一,无法满足企业,尤其是大的制造型企业的繁重任务,这些企业需要更加智能的读写器,读写器要能实现多功能识别,读取高速传送带上的托盘和货箱,且能够过滤数据和控制外围设备,从而高效精确地管理供应链。

除了便携性和可扩展性,物流企业对未来自动产品要求能耗更低、作用距离更远以及读写速度更快更可靠。语音识别功能也将是自动识别设备的一大亮点。

(资料来源于网络,文字有删改)

思考题:
自动识别技术在智慧物流领域的应用价值有哪些?

一、自动识别技术概述

在现实生活中,各种各样的活动或者事件都会产生数据,这些数据包括人的、物质的、财务的数据,也包括采购的、生产的和销售的数据,数据的采集与分析对于我们的生产或者生活决策来讲是十分重要的。如果没有这些实际活动的数据支持,生产和决策就将成为一句空话,缺乏现实基础。

在计算机信息处理系统中,数据的采集是信息系统的基础,这些数据通过数据系统的分析和过滤,最终成为影响我们决策的信息。

在信息系统早期,相当多数据的处理都是通过人工录入的,不但数据量十分庞大,人工劳动强度大,而且数据误码率较高,数据也失去了实时的意义。为了解决这些问题,人们就研究和发展了各种各样的自动识别技术,将人们从烦冗的、重复的但又十分不精确的手工劳动中解放出来,提高了系统信息的实时性和准确性,从而为生产的实时调整,财务的及时总结以及决策的正确制定提供正确的参考依据。

在当前比较流行的物流研究中,基础数据的自动识别与实时采集更是物流信息系统的存在基础,这是因为,物流过程比其他任何环节更接近于现实的物,物流产生的实时数据比其他任何活动都要密集,数据量都要大。

自动识别技术就是应用一定的识别装置,通过被识别物品和识别装置之间的接近活动,自动地获取被识别物品的相关信息,并提供给计算机处理系统来完成相关处理的一种技术。

自动识别技术将计算机、光、电、通信和网络技术融为一体,与互联网、移动通信等技术相结合,实现了全球范围内物品的跟踪与信息的共享,从而给物体赋予智能,实现人与物体以及物体与物体之间的沟通和对话。如超市的条形码扫描系统就是一种典型的自动识别技术系统。收银员通过扫描仪扫描商品的条码,获取商品的名称、价格,输入数量,后台 POS 系统即可计算出该批商品的价格,从而完成结算。当然,顾客也可以采用银行卡支付的形式进行支付,银行卡支付过程本身也是自动识别技术的一种应用形式。

自动识别技术具有三个特点。一是准确性,利用自动识别技术,系统可以自动采集数据,极大地降低人为错误;二是高效性,数据采集快速,信息传递可实时进行;三是兼容性,自动识别技术以计算机技术为基础,与信息管理系统无缝对接。

二、自动识别技术的系统结构及种类

(一)自动识别技术的系统结构

一般来讲,在一个信息系统中,数据的识别完成了系统的原始数据的采集工作,解决了人工数据输入的速度慢、误码率高等问题,为计算机信息处理提供了准确的数据,因此,自动识别技术作为一种革命性的高新技术,正迅速为人们所接受。自动识别系统通过中间件或者接口(包括软件的和硬件的)将数据传输给后台计算机处理,由计算机对所采集到的数据进行处理或者加工,最终形成对人们有用的信息。有时候中间件本身就具有数据处理的功能。中间件还可以支持单一系统不同协议产品的工作。

完整的自动识别计算机管理系统包括自动识别系统(简称 AIDS)、应用程序接口(简称 API)或者中间件以及应用系统软件三个部分。自动识别系统完成数据的采集和存储工作,应用系统软件对自动识别系统所采集的数据进行应用处理,而应用程序接口或者中间件则提供自动识别系统和应用系统软件之间的通信接口及数据格式,将自动识别系统采集的数据信息转换成应用软件系统可以识别和利用的信息并进行数据传递。

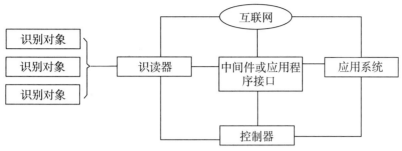

图 2-1 自动识别系统基本架构

(二)自动识别技术的种类

自动识别技术根据识别对象的特征可以分为两大类,分别是数据采集技术和特征提取技术。这两大类自动识别技术的基本功能都是完成物品的自动识别和数据的自动采集。数据采集技术的基本特征是需要被识别物体具有特定的识别特征载体(如电子标签等),而特征提取技术则根据被识别物体的本身的行为特征(包括静态的、动态的和属性的特征)来完成数据的自动采集。

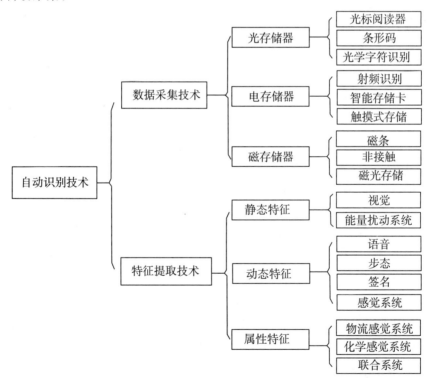

图 2-2 自动识别技术类型

三、典型的自动识别技术简介

(一)条码识别技术

条码识别技术是指利用光电转换设备对条形码进行识别的技术。条形码是一组由宽条、窄条和空白排列而成的序列,这个序列可表示一定的数字和字母代码。条码可印刷在纸面和其他物品上,因此,可方便地供光电转换设备再现这些数字、字母信息,从而供计算机读取。条码技术主要由扫描阅读、光电转换和译码输出三大部分组成。当前条码识别技术广泛应用于商业、邮政、图书管理、仓储、工业生产过程控制、交通等领域。

(二)生物识别技术

生物识别技术是指通过获取和分析人的身体和行为特征来实现人的身份的自动鉴别。人的身体物理特征包括指纹、掌形、视网膜和虹膜、体味、脸型、皮肤毛孔、DNA 等;行为特征包括签名、行走时的步态、击打键盘的力度等。

1. 语音识别技术

语音识别技术,也被称为自动语音识别(ASR)技术,可将人类的语音词汇转换为计算机可识别的内容,如二进制编码或者字符序列。与说话人识别及说话人确认不同,语音识别技术是尝试识别或确认发出语音的说话人而非语音中所包含的词汇内容。作为一种非接触的识别技术,这种技术可以用声音指令实现数据采集,对那些在采集数据的同时还要利用手脚完成工作的场合尤为适用。目前,由于语音识别技术的迅速发展以及高效可靠的应用软件的开发,语音识别技术在很多方面得到了应用。

2. 人脸识别技术

人脸识别技术是指利用分析比较人脸视觉特征信息进行身份鉴别的计算机技术。人脸识别是一项热门的计算机技术研究领域,研究内容包括人脸追踪侦测、自动调整影像大小、夜间红外侦测、自动调整曝光强度等。人脸识别技术属于生物特征识别技术,是利用生物体(一般特指人)本身的生物特征来区分生物体个体。

3. 指纹识别技术

由于指纹具有终身不变性、唯一性和方便性,指纹识别几乎成为生物特征识别的代名词。指纹识别即指通过比较不同指纹的细节特征点来进行自动识别。每个人的指纹都不同,即使是同一人的不同手指的指纹也有明显区别,因此,指纹可用于身份的自动识别。

4. 虹膜识别技术

虹膜识别技术是基于眼睛中的虹膜进行身份识别的技术,可应用于安防设备(如门禁等)以及有高度保密需求的场所。虹膜在胎儿发育阶段形成后,在一个人的整个生命历程中是保持不变的。这个特征决定了虹膜的唯一性,同时也决定了身份识别的唯一性。因此,虹膜特征可作为一个人的身份识别对象。如在影视作品中,通过扫描虹膜开启保密房间或保险箱的场景,一定令大家记忆犹新。

项目二　物流数据采集技术

（三）磁卡识别技术

磁卡是一种磁记录介质卡片,由高强度、高耐温的塑料或纸质涂覆塑料制成,能防潮、耐磨且有一定的柔韧性,携带方便、使用较为稳定可靠。磁条记录信息的方法是利用磁体的磁性,识别器能够在磁条内分辨磁性变化。解码器可以将磁性变化转换成字母或数字的形式,以便由计算机来处理。磁卡能够在较小范围内存储较大数量的信息,在磁条上的信息可以被重写或更改。

（四）IC卡识别技术

IC卡即集成电路卡,是继磁卡之后出现的又一种信息载体。IC卡通过卡里的集成电路存储信息,采用射频技术与支持IC卡的读卡器进行通讯。射频读写器向IC卡发出一组固定频率的电磁波,卡片内有一个LC串联谐振电路,其频率与读写器发射的频率相同,这样在电磁波激励下,LC谐振电路产生共振,从而使电容内有了电荷;在这个电容的另一端,接有一个单向导通的电子泵,将电容内的电荷送到另一个电容内存储,当所积累的电荷达到2 V时,此电容可作为电源为其他电路提供工作电压,将卡内数据发射出去或接受读写器的数据。

按读取界面分类,IC卡可分为以下两种。

一是接触式IC卡,该类卡通过IC卡读写设备的触点与IC卡的触点接触后进行数据的读写。国际智能卡标准ISO7816对该类卡的机械特性、电器特性等进行了严格的规定。

二是非接触式IC卡,该类卡与IC卡读取设备无电路接触,通过非接触式的读写技术进行读写(如光或无线技术)。卡内所嵌芯片除了CPU、逻辑单元、存储单元外,增加了射频收发电路。国际标准ISO10536系列阐述了对非接触式IC卡的规定。该类卡一般用在使用频繁、信息量相对较少、可靠性要求较高的场合。

（五）光学字符识别技术(OCR)

OCR(Optical Character Recognition)属于图形识别的一项技术。它是针对印刷体字符,采用光学的方式将文档资料转换成为原始资料黑白点阵的图像文件,然后通过识别软件将图像中的文字转换成文本格式,以便文字处理软件进一步编辑加工的系统技术。OCR识别系统从影像到结果输出,必须经过影像输入、影像预处理、文字特征抽取、比对识别、人工校正、结果输出的步骤。

（六）射频识别技术(RFID)

射频识别技术是通过无线电波进行数据传递的自动识别技术,是一种非接触式的自动识别技术。它通过射频信号自动识别目标对象并获取相关数据,识别工作无须进行人工干预,可工作于各种恶劣环境。与条码识别技术、磁卡识别技术和IC卡识别技术等相比,它以特有的无接触、抗干扰能力强、可同时识别多个物品等优点,逐渐成为自动识别技术中最优秀的和应用领域最广泛的技术之一,是目前最重要的自动识别技术。

四、典型自动识别技术的优劣势对比

面对各行业的信息化应用,自动识别技术具有广阔的市场前景,各项技术各有所长。这里对前面罗列出的典型自动识别技术的优劣势进行对比分析,并介绍了不同类型自动识别技术的应用场景。

表 2-1 自动识别技术的优劣对比表

自动识别技术类型	优势	劣势	主要应用
条码技术	输入速度快;可靠性高;采集信息大;灵活实用;成本低;便于企业加强管理。	易损坏;信息标识是静态、接触式的;信息内容不可更改;保密性差。	仓储、运输、图书管理、生产过程控制等领域,其中应用最广泛的是通用商品流通销售领域。
语音识别技术	不会遗失和忘记;不需记忆;使用方便;用户接受度高;声音输入设备造价低廉。	可靠性一般;识别易受干扰,输入需要较好的环境。	商务、制造业、医疗等领域。
人脸识别技术	自然性,通过观察比较人脸来区分和确认身份;非接触性,用户不需要和设备直接接触;非强制性,被识别的人脸图像信息可以主动获取;并发性,可进行多个人脸的分拣、判断及识别。	对周围的光线环境敏感,可能影响识别的准确性;人体面部的头发、饰物等遮挡物,人脸变化等因素,需要进行人工智能补偿。	银行、军队、公安等门禁,公共场所身份识别。
指纹识别技术	识别速度最快,应用最方便;成本较低、应用最为广泛;适应能力强;误判率和拒真率低;稳定性和可靠性强;易操作,无须进行特殊培训即可使用;安全性强,系统扫描对身体无害;指纹具备再生性;可持续发展。	对环境的要求很高;对指纹特征要求较高;存在指纹复制的可能性;操作规范要求较高。	普通门禁、日常考勤、身份认证等领域。
虹膜识别技术	便于用户使用;最可靠的生物识别技术;不需物理的接触;可靠性高。	很难将图像获取设备的尺寸小型化;设备造价高,无法大范围推广;镜头可能产生图像畸变而使可靠性降低。	军工业等领域的门禁系统,出入境管理,银行金库门禁系统,运钞车的管理,信贷人员的身份验证,机场与海关的快速通关系统。
磁卡识别技术	使用方便;成本低廉;数据可读写,即具有现场改变数据的能力;数据的存储一般能满足需要;应用领域十分广泛。	数据存储的时间长短受磁性粒子极性的耐久性限制;磁卡存储数据的安全性一般较低。	银行卡、医疗保险、公共交通等领域。

项目二 物流数据采集技术

续表

自动识别技术类型	优势	劣势	主要应用
IC卡识别技术	存储容量大;安全保密性好;CPU卡具有数据处理能力;使用寿命长。	数据存储的时间长短受磁性粒子极性的耐久性限制;易被复制。	银行卡、通讯卡、停车管理系统、医疗保险和公共交通等。
光学字符识别技术	快速自动录入纸质材料信息;文字识别率高。	对信息系统硬件要求较高。	新闻、印刷、出版等行业。
射频识别技术	读取速度快;可靠性高;非接触识别;标签内容可以重写;多件物品同时阅读;防伪性能好。	技术复杂;成本高;易受干扰。	门禁系统、电子溯源系统、产品防伪、物联网等。

目前,自动识别技术发展很快,相关技术的产品正向多功能、远距离、小型化、软硬件并举、信息传递快速安全可靠、经济适用等方向发展,市场上出现了许多新型技术装备。其应用也正在向纵深方向发展,面向企业信息化管理的深层集成应用是未来应用发展的趋势。随着人们对自动识别技术的认识不断加深,自动识别技术应用领域日益扩大、应用层次日益提高,这为自动识别技术产业的发展带来了良机。

任务实训 2-1

自动识别技术应用现状调研

一、实训目标

1. 学生认识自动识别技术在物流企业的发展现状及发展趋势。
2. 在分析整理调研资料的基础上,撰写完成物流企业自动识别技术应用调研报告。

二、实训要求与任务内容

1. 实训要求。

结合网上查阅和收集的信息,理解不同类型自动识别技术的差异,掌握自动识别技术在物流企业中的应用情况。

2. 实训任务内容。

(1)学生以小组(3~4人)为单位,以不同类型自动识别技术为任务分工标准,了解不同类型自动识别技术在物流企业的应用情况和发展趋势。

(2)撰写调研报告,制作PPT演示文稿。

任务二　条码技术认知

任务目标

1. 了解条码技术的历史和发展方向
2. 熟悉一维条码的相关理论及常见类型,掌握一维条码的编码方法
3. 熟悉二维条码的相关理论及常见类型,掌握二维条码的编码方法
4. 熟悉条码的 GS1 标准化体系内容
5. 了解条码的识读原理,熟练操作条码制作软件及条码识读设备

案例导入

条码技术实现企业信息化管理

条码技术是物流向信息化转化的最有力工具,并在全球被广泛应用。因为条码技术具有制作简单、信息收集速度快、准确率高、信息量大、成本低和方便易用等优点,所以从生产到销售的流通转移过程中,条码技术起到了准确识别物品信息和快速跟踪物品历程的重要作用,是整个物流信息管理工作的基础。

在仓库中,物品频繁出入仓库、快速响应使作业交错传递,仓库容量优化也要求物品的合理摆放。如此庞大的信息量使得仓库人员的操作必须符合流程规范,也必须使用手持终端完成准确、及时、交互的操作。在运输过程中,条码技术也非常重要。运输在物流中的概念不能仅仅理解为把产品送达客户的在途过程,而应理解为一个从供应端开始到需求端结束的物流循环中,从上一个环节到下一个环节上所发生的物质、信息的转移,都要有数据记录。

在数据处理方面,条码技术并不是孤立地被使用,它要结合企业的 ERP、MRP Ⅱ、SCM、MIS 等信息系统同时完成对物流的确认、跟踪和控制。条码作为一种数据采集工具,在有大量数据产生的采集点上保证了数据准确、快速地被采集,减少人工差错,有助于实现标准化作业。但所采集的数据如果没有好的软件系统支持,就不会成为企业各级管理者手中有效的资料,更不能为管理者作出生产控制决策、销售决策和市场分析提供有力的数据依据。就目前企业应用来看,国际知名管理软件公司的产品一般都做好了条形码接口,有的软件公司还与专业条形码厂商签订了战略合作伙伴协议;多数"世界500强企业"与国际条码厂家,如 Symbol、Zebra 签有全球供货协议。

(资料来源于网络,文字有删改)

思考题:

1. 谈谈条码技术对企业业务的应用价值。
2. 当前企业在应用条码技术过程中应注意哪些问题?

一、条码技术概述

(一)条码技术的应用发展

1. 条码技术的起源与发展

条形码最早出现在 20 世纪 20 年代,第二次工业革命完成之后,社会上产品供应能力大幅提升,产品种类和数量逐渐增长,随之而来的是对商品的自动化管理要求日益迫切。20 世纪 50 年代,牛眼码(早期条码)在美国实验室实现了扫描,并获得专利授权。但是牛眼码得到实际应用和发展还是在 20 世纪 70 年代,随着激光技术和集成电路技术的发展,在美国辛辛那提市的克罗格超市第一次识读牛眼码,这实现了超市的自动结算,变革了全球商业活动。现在世界上的各个国家和地区都已经普遍使用条形码技术,并且该技术正在快速地向世界各地推广,其应用领域越来越广泛,并逐步渗透到许多技术领域。

1973 年,美国成立统一代码委员会(UCC)在北美地区推广使用 UPC 条形码系统,实现了 UPC 码制标准化,食品杂货行业把 UPC 码作为行业的通用标准码,这为条形码技术在商业流通销售领域的广泛应用,起到了积极推动作用。1976 年,在美国和加拿大超级市场中,UPC 码的成功应用给人们很大的鼓舞,尤其是让欧洲人对此产生了极大兴趣。1977 年,欧洲共同体在 UPC-A 码基础上制定出欧洲物品编码 EAN-13 条码和 EAN-8 条码,签署了欧洲物品编码协议备忘录,并正式成立了欧洲物品编码协会(简称 EAN)。到了 1981 年,EAN 已经发展成为一个国际性组织,改名为"国际物品编码协会",之后 EAN 与 UCC 合并,并于 2005 年正式更名为现在的国际物品编码组织(GS1),该组织是全球性、中立的非营利组织,在全球范围内推广以商品条码为核心的 GS1 系统。目前,GS1 系统已形成一套完整的物品编码技术体系,成为世界通用的商业流通标准,被全球许多国家和地区采用,在诸多行业得到广泛应用。

目前,世界各国特别是经济发达国家条码技术的发展重点正向着生产自动化、交通运输现代化、金融贸易国际化、医疗卫生高效化、票证金卡普及化、安全防盗防伪保密化等领域推进,除大力推行 13 位商品标识代码外,同时重点推广、应用贸易单元 128 码、EAN 位置码、条码应用标识、二维条码等。国际上一些走在前面的国家或地区已在商业批发零售和分配、工业制造、金融服务、政府行政管理、建筑和房地产、卫生保健、教育和培训、媒介出版和信息服务、交通运输、旅游和娱乐服务等领域推广、应用条码技术,取得了十分明显的成果。

2. 我国条码技术的发展历程

1988 年,经我国国务院批准,中国物品编码中心(以下简称编码中心)成立,在 1991 年 4 月加入 EAN,在国内统一组织、协调、推广商品条码的应用,同时积极致力于构建我国的物品编码体系,推广条码技术,推动我国的信息化建设。

我国商品条码技术在 30 年多来的广泛应用过程中,经历了四个重要的发展阶段。第一个阶段的主要任务是保出口。编码中心成立后,帮助我国出口企业产品使用全球统一的商品条码,保障我国货物的顺利出口,促进了我国外贸的增长。第二个阶段的主要任务是促流通。随着我国国民经济的高速发展,商品数量不断增加,使用商品条码推动了零售业的自动化结算,变革了我国商业零售模式,增强了我国零售行业整体竞争力。第三个阶段的主要任务是促进信息化。编码中心通过开展"中国条码推进工程"等一系列的推动工作,实现了条码技术在诸多领域的延伸应用,加快了如物流业、制造业、医疗卫生行业等众多领域的信息化进程。第四个阶段的主要任务是促进数字化,为数字经济的发展提供基础技术支撑。

近年来,我国积极推动以数字经济为代表的新经济蓬勃发展,商品条码在互联网领域服务线上应用。编码中心与以阿里巴巴、京东等为代表的电商开展合作,大力推广商品条码在电商平台应用,这提高了我国零售业和物流业信息化、标准化水平。编码中心还积极投入大量人力物力,在2003年启动建设具有全球统一标准的国家商品信息数据库。目前,我国商品信息化数据总量和应用水平均居全球第一,这将全力助推我国数字经济的发展。截止到2020年年底,我国有超过32万家商品条码系统成员,1亿多种商品采用商品条码,200多万家商超采用商品条码结算,95%以上的快速消费品采用商品条码,商品条码在零售、物流、医疗卫生、电子商务等20多个行业获得广泛应用。我国物品编码工作已经从初期的"跟跑者"发展成为国际先进编码机构的"并跑者",在编码数字化方面成为GS1组织中的"领跑者"。我国正在由物品编码大国向物品编码强国迈进。

(二)条码的基本术语

1. 条码

条码由一组规则排列的条、空及其对应字符组成的,用以表示一定信息的标识。条码通常用来对物品进行标识,物品可以是用来进行交易的一个贸易项目,如一瓶啤酒或一箱可乐,也可以是一个物流单元,如一个托盘,可以标识物品的生产地区、制造厂家、商品名称、生产日期、图书分类号、邮件起止地点、类别、日期等许多信息。条码不仅可以用来标识物品,还可以用来标识资产、位置和服务关系等,因而在商品流通、图书管理、邮政管理、银行管理等许多领域得到广泛应用。常见的条码是由反射率相差很大的黑条(简称条)和白条(简称空)排成的平行线图案,标识在商品上的条码符号如图2-3所示。

图2-3 条码的应用图示

2. 代码

代码也称为编码,是指一组用来表征客观事物的一个或一组有序的符号。在一个分类编码标准中,一个编码对象只能有一个代码,一个代码只能表示唯一一个编码对象,即编码对象与代码间是一一对应的。如按国家标准"人的性别代码"规定,代码"1"表示男性,代码"2"表示女性,并且这种表示是唯一的。在不同的应用系统中,代码可以有含义,也可以无含义,有含义代码可以表示一定的信息属性,如:某厂的产品有多种系列,其中代码60000—

69999 为电器类产品,70000—79999 为汤奶锅类产品,80000—89999 为压力锅类产品等,从编码的规律可以看出,代码的第一位代表了产品的分类信息,是有含义的。无含义代码则只作为分类对象的唯一标识,只代替对象的名称,而不提供对象的其他信息。

商品编码是指用一组阿拉伯数字标识商品,这组数字称为代码。商品编码与商品条码是两个不同的概念。商品编码是代表商品的数字信息,而商品条码是表示这一信息的符号。要制作商品条码,首先要根据一定的编码规则为商品分配一个代码,再用相应的符号将代码表示出来。如图 2-3 中的阿拉伯数字及 6902747050659 即该公司某种产品的商品编码,而在其上方由条和空组成的条码则是该编码的符号表示。

3. 码制

条码的码制是指条码符号的类型,每种类型的条码符号都是由符合特定编码规则的条和空组合而成。每种码制都具有固定的编码容量和所规定的条码字符集。条码字符中字符总数不能大于该种码制的编码容量。常用的一维条码码制包括:EAN 条码、UPC 条码、EAN-128 条码、交叉 25 条码、39 条码、93 条码、库德巴条码等。

4. 字符集

字符集是指某种码制的条码符号可以表示的字母、数字和符号的集合。有些码制仅能表示从 0 到 9 的 10 个数字字符,如 EAN 条码、UPC 条码;有些码制除了能表示 10 个数字字符外,还可以表示几个特殊字符,如库德巴条码。39 条码可表示数字字符 0~9、26 个英文字母 A~Z 以及一些特殊符号。

5. 连续性与非连续性

条码符号的连续性是指每个条码字符之间不存在间隔,相反,非连续性是指每个条码字符之间存在间隔。如图 2-4 所示,该图为 25 条码的字符结构,从图中可以看出,字符与字符间存在着字符间隔,是非连续的。

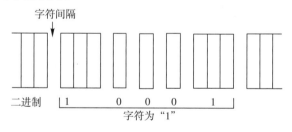

图 2-4 25 条码的字符结构

从某种意义上讲,因为连续性条码不存在条码字符间隔,所以密度相对较高,而非连续性条码的密度相对较低。所谓条码的密度即单位长度的条码所表示的条码字符的个数。但非连续性条码字符间隔引起误差较大,一般规范不给出具体指标限制。而对连续性条码,除了要控制条空的尺寸误差外,还要控制相邻条与条、空与空的相同边缘间的尺寸误差及每一条码字符的尺寸误差。

6. 定长条码与非定长条码

定长条码是指条码字符个数固定的条码,仅能表示固定字符个数的代码。非定长条码是指条码字符个数不固定的条码,能表示可变字符个数的代码。例如:EAN 条码和 UPC 条码是定长条码,它们的标准版仅能表示 12 个字符,39 条码则为非定长条码。

定长条码由于限制了表示字符的个数,其译码的误识率相对较低,就一个完整的条码符号而言,任何信息的丢失总会导致译码的失败。非定长条码具有灵活、方便等优点,但受扫描器及印刷面积的限制,它不能表示任意多个字符,并且在扫描阅读过程中可能产生因信息丢失而引起错误的错误译码。这些缺点在某些码制(如交叉 25 条码)中出现的概率相对较大,可通过提高识读器或计算机系统的校验准确度而克服。

7. 双向可读性

条码符号的双向可读性是指从左、右两侧开始扫描都可被识别的特性。绝大多数码制可双向识读,具有双向可读性。事实上,双向可读性不仅是条码符号本身的特性,还是条码符号和扫描设备的综合特性。对于双向可读的条码,在识读过程中译码器需要判别扫描方向。有些类型的条码符号,其扫描方向的判定是通过起始符与终止符来完成的,如 39 条码、交叉 25 条码、库德巴条码。有些类型的条码,从两个方向扫描起始符和终止符所产生的数字脉冲信号完全相同,如 EAN 条码和 UPC 条码。在这种情况下,扫描方向的判别则是通过条码数据符的特定组合来完成的。对于某些非连续性条码符号,如 39 条码,由于其字符集中存在着条码字符的对称性(如字符"*"与"P","M"与"—"等),在条码字符间隔较大时,很可能出现因信息丢失而引起的译码错误。

8. 自校验特性

条码符号的自校验特性是指条码字符本身具有校验特性。若在一个条码符号中,一个印刷缺陷不会导致替代错误,那么这种条码就具有自校验功能。例如,39 条码、库德巴条码、交叉 25 条码都具有自校验功能;EAN 条码和 UPC 条码、93 条码等没有自校验功能。反过来,自校验功能也能校验出一个印刷缺陷。但对于超过一个的印刷缺陷,任何具备自校验功能的条码都不可能完全校验出来。对于某种码制,是否具有自校验功能是由其编码结构决定的。码制设置者在设置条码符号时,均须考虑自校验功能。

9. 条码密度

条码密度是指单位长度条码所表示条码字符的个数。显然,对于任何一种码制来说,各单元的宽度越小,条码符号的密度就越高,也越节约印刷面积,但由于印刷条件及扫描条件的限制,我们很难把条码符号安排得太密。39 条码的较高密度为:9.4 个/25.4 毫米(9.4 个/英寸);库德巴条码的较高密度为 10 个/25.4 毫米(10 个/英寸);交叉 25 条码的最高密度为:17.7 个/25.4 毫米(17.7 个/英寸)。条码密度越高,所需扫描设备的分辨率也就越高,这必然要提升扫描设备对印刷缺陷的敏感性。

10. 条码质量

条码质量指的是条码的印制质量,其判定主要从外观、条(空)反射率、条(空)尺寸误差、空白区尺寸、条高、数字和字母的尺寸、校验码、译码正确性、放大系数、印刷厚度、印刷位置等方面进行。条码的质量检验需严格按照有关国家标准（如 GB/T 18348－2008《商品条码条码符号印制质量的检验》及 GB/T 14258－2003《信息技术自动识别与数据采集技术条码符号印制质量的检验》）进行。条码的质量是确保条码正确识读的关键,不符合国家标准技术要求的条码,不仅会因被扫描仪器拒读而影响扫描速度,降低工作效率,还可能因被误读而影响信息采集系统正常运行,因此,确保条码的质量十分重要。

（三）条码的符号结构与分类

1. 条码的符号结构

一个完整的条码符号由静区（左右两侧）、起始字符、数据字符（左右两侧）、中间分隔符、校验字符（可选择）以及终止字符组成,如图 2-5 所示。

图 2-5　条码的符号结构

（1）静区（左右两侧）。

静区也称为空白区,它没有任何印刷符号或条码信息,通常是纯白色,位于条码符号的两侧。静区的作用是提示扫描器准备扫描条码符号。

（2）起始字符。

条码符号的第一位字符是起始字符,它的特殊条、空结构用于识别一个条形码符号的开始。扫描器首先确认此字符的存在,然后处理由扫描器获得的一系列脉冲。

（3）数据字符（左右两侧）。

由条码字符组成,用于代表一定的原始数据信息。

（4）中间分隔符。

位于条码中间位置用来分隔左右两侧数据字符的条与空。

（5）校验字符。

有时候在条形码制中定义校验字符。有些码制的校验字符是必需的,有些码制的校验字符则是可选的。校验字符是通过对数据字符进行一种算术运算而确定的。当符号中的各字符被解码时,译码器将对其进行同一种算术运算,并将结果与校验字符比较。若两者一致,则说明读入的信息是有效的。

（6）终止字符。

条码符号的最后一位字符是终止字符,它的特殊条、空结构用于识别一个条码符号的结束。扫描器识别终止字符,可知道条码符号已扫描完毕。如果条码符号有效,扫描器就向计算机传送数据并向用户提供"有效信息读入"的反馈信息。终止字符的使用,可以有效判断不完整信息的输入。

起始字符、终止字符的条、空结构通常是不对称的二进制序列。这种非对称结构允许扫描器进行双向扫描。当条码符号被反向扫描时,扫描器会在进行校验计算和传送信息前把条码各字符重新排列成正确的顺序。

2. 条码的分类

条码按照不同的分类方法和编码规则可以分成很多种,现在已知的世界上正在使用的条码就有250多种。条码的分类方法主要依据条码的编码结构和性质来决定。例如,就一维条码而言,按条码字符个数是否可变来分,条码可分为定长条码与非定长条码;按排列方式来分,条码可分为连续型条码和非连续型条码;从校验方式来分,条码又可分为自校验型条码和非自校验型条码等。

一般按维数分类,条码可分为一维条码和二维条码。一维条码是传统条码,按照其应用范围可分为商品条码和物流条码,商品条码包括 EAN 条码和 UPC 条码;物流条码包括128条码、ITF 条码、39条码、库德巴条码等。二维条码依据构成原理和结构形状的差异可分为两种类型:一种是行排式二维条码,如 Code 16K、Code 49、PDF417 等;另一种是矩阵式二维条码,如 Code One、MaxiCode、QR Code、Data Matrix、Han Xin Code、Grid Matrix 等。

(四)条码的管理

中国物品编码中心是统一组织、协调、管理我国商品条码、物品编码与自动识别技术的专门机构,隶属于国家市场监督管理总局,于1988年成立,在1991年4月代表我国加入国际物品编码协会(GS1),负责推广国际通用的、开放的、跨行业的全球统一编码标识系统和供应链管理标准,向社会提供公共服务平台和标准化解决方案。

中国物品编码中心在全国设有47个分支机构,形成了覆盖全国的集编码管理、技术研发、标准制定、应用推广以及技术服务为一体的工作体系。物品编码与自动识别技术已广泛应用于零售业、制造业、物流业以及电子商务、移动商务、电子政务、医疗卫生、图书音像等领域。全球统一标识系统是全球应用最为广泛的商务语言,商品条码是其基础和核心。截至目前,中国物品编码中心已累计向50多万家企业提供商品条码服务,全国有8000多万种商品印有商品条码。中国物品编码中心的主要职责包括以下几个方面。

1. 统一协调管理全国物品编码工作

中国物品编码中心负责组织、协调、管理全国商品条码、物品编码、产品电子代码(EPC)与自动识别技术工作,贯彻执行我国物品编码与自动识别技术发展的方针、政策,落实《商品条码管理办法》;对接国际物品编码协会(GS1),推广全球统一标识系统和我国统一的物品编码标准;组织领导全国47个分支机构做好商品条码、物品编码的管理工作。

2. 开展物品编码与自动识别技术标准化工作

中国物品编码中心重点加强前瞻性、战略性、基础性、支撑性技术研究,提出并建立国家物品编码体系,研究制定物联网编码标识标准体系,修订多项物品编码与自动识别技术相关国家标准,取得一批具有自主知识产权的科技成果,推动汉信码成为国际 ISO 标准,有力地促进国民经济信息化的建设和发展。

3. 推动物品编码与自动识别技术广泛应用

物品编码与自动识别技术已经广泛应用于我国的零售业、物流业以及电子商务、移动商务等领域。商品条码技术为我国的产品质量安全、市场诚信体系建设提供了可靠产品信息和技术保障。

4. 全方位提供物品编码高品质服务

中国物品编码中心完善商品条码系统成员服务,积极开展信息咨询和技术培训;通过国家条码质量监督检验中心和国家射频识别产品质量监督检验中心,向社会提供质量检测服务;通过中国商品信息服务平台,实现了全球商品信息的互通互联,保障了企业与国内外合作伙伴之间数据传递的准确、及时和高效,提高了我国现代物流效率、电子商务工作效率以及供应链管理效率。

二、一维条码技术

(一)一维条码的基本概念

一维条码是由一个接一个的"条"和"空"排列组成的,"条"指对光线反射率较低的部分,一般印刷的颜色较深;"空"指对光线反射率较高的部分,一般印刷的颜色较浅。条码信息靠条和空的不同宽度和位置来传递,信息量是由条码的宽度和印刷的精度来决定的,条码越宽,包容的条和空越多,信息量越大;条码印刷的精度越高,单位长度内可以容纳的条和空越多,传递的信息量也就越大。一维条码(如图 2-6 所示)只能在一个方向(一般是水平方向)上通过"条"与"空"的排列组合来存储信息,而在其他方向上不表达任何信息,它留有一定的高度通常是为了便于阅读器对准。

图 2-6 一维条码示意图

对于一维条码来说,它要通过数据库建立条码与商品信息的对应关系,当条码的数据传到计算机上时,由计算机上的应用程序对数据进行操作和处理。因此,一维条码仅用于识别信息,它的意义是通过在计算机系统的数据库中提取相应的信息而实现的。由于一维条码制作方法简单,其编码码制较容易被不法分子获得并伪造。另外,一维条码不能表示汉字和图像信息。

世界上约有 225 种一维条码，每种一维条码都有自己的一套编码规则，以规定每个字母（可能是文字或数字或文数字）是由几个条及几个空组成以及字母的排列顺序。较流行的一维条码有 39 条码、EAN 条码、UPC 条码、128 条码以及专门用于书刊管理的 ISBN、ISSN 条码等。目前，一维条码主要应用在商品上，故一维条码又被称为商品条码。

一维条码的应用可以提高信息录入的速度，减少差错率，但是一维条形码也存在一些不足之处：数据容量较小，一般在 30 个字符左右；条码只能包含字母和数字；条码尺寸相对较大（空间利用率较低）；条码遭到损坏后便不能阅读；基本不具备保密功能。

（二）一维条码的编码方法

条码技术包含代码的编码方法与条码符号的编码方法两种类型。其中代码的编码方法规定了由数字、字母或其他字符组成的代码序列的结构；而条码符号的编码方法则规定了不同码制中条、空的编制规则及二进制的逻辑表示设置。表示数字及字符的条码符号是按照编码规则组合排列的，因此，当各种码制的条码编码规则一旦确定，我们就可将代码转换成条码符号。

1. 代码的编码方法

代码的编码系统是条码的基础，不同的编码系统规定了不同用途的代码的数据格式、含义及编码原则。编制代码须遵循有关标准或规范，根据应用系统的特点与需求选择适合的代码及数据格式，并且遵守相应的编码原则。例如，对商品进行标识，我们应该选用由国际物品编码协会（EAN）和统一代码委员会（UCC）规定的、用于标识商品的代码系统。

2. 条码符号的编码方法

条码符号的编码方法是指条码中条、空的编码规则以及二进制的逻辑表示的设置。众所周知，计算机设备只能识读二进制数据（数据只有"0"和"1"两种逻辑表示），条码符号作为一种为计算机信息处理而提供的光电扫描信息图形符号，也应满足计算机二进制的要求。条码的编码方法就是要通过设计条码中条与空的排列组合来表示不同的二进制数据。一般来说，条码的编码方法有以下两种。

(1) 宽度调节编码法。

宽度调节编码法是指条码符号中的条和空由宽、窄两种单元组成的条码编码方法。按照这种方式编码时，窄单元（条或空）表示逻辑值"0"，宽单元（条或空）表示逻辑值"1"。宽窄单元之比一般控制在 2∶1 至 3∶1，即宽单元宽度通常是窄单元宽度的 2～3 倍。对于两个相邻的二进制数位，由条到空或由空到条，均存在着明显的印刷界限。例如，39 条码、库德巴条码及交叉 25 条码均属于宽度调节型条码。

(2) 模块组配编码法。

模块组配编码法是指条码符号的字符由规定的若干个模块组成的条码编码方法。按照这种方式编码，条与空是由模块组合而成的。一个模块宽度的条模块表示二进制的"1"，而一个模块宽度的空模块表示二进制的"0"。例如，EAN 条码、UPC 条码均属于模块组配型条码。商品条码模块的标准宽度是 0.33 毫米，它的一个字符由 2 个条和 2 个空构成，每一个条或空由 1~4 个标准宽度的模块组成,每一个条码字符的总模块数为 7。

(三)常见一维条码介绍

1. EAN 条码

EAN 条码是国际物品编码协会制定的一种商品用条码,通用于全世界。EAN 条码符号有标准版(EAN-13)和缩短版(EAN-8)两种。标准版表示 13 位数字,又被称为 EAN-13 条码,缩短版表示 8 位数字,又被称 EAN-8 条码。两种条码的最后一位为校验位,由前面的 12 位或 7 位数字计算得出。EAN-13 条码与 EAN-8 条码如图 2-5 所示。

图 2-7 EAN-13 条码与 EAN-8 条码

EAN-13 条码由左侧空白区、起始符、左侧数据符、中间分隔符、右侧数据符、校验符、终止符、右侧空白区及供人识别字符组成。其各个组成部分如下:左侧空白区最小宽度为 11 个模块宽;起始符由 3 个模块组成;左侧数据符位于起始符号右侧、中间分隔符左侧,表示 6 位数字信息,由 42 个模块组成;中间分隔符由 5 个模块组成;右侧数据符位于中间分隔符右侧、校验符左侧,表示 5 位数字信息,由 35 个模块组成;校验符由 7 个模块组成;终止符由 3 个模块组成;右侧空白区最小宽度为 7 个模块宽,为保护右侧空白区的宽度,可在条码符号右下角加">"符号;供人识别字符位于条码符号的下方,是与条码相对应的 13 位数字,供人识别字符优先选用 GB/T 12508 中规定的 OCR-B 字符集,字符顶部和条码字符底部的最小距离为 0.5 个模块宽。EAN-13 条码供人识别字符中的前置码印制在条码符号起始符左侧。EAN-13 条码结构如图 2-8 所示。

图 2-8 EAN-13 条码结构示意图

EAN 条码具有以下特性:

(1)只能储存数字;

(2)可双向扫描处理,即条码可由左至右或由右至左扫描;

(3)必须有一个校验码,以防错误读取资料的情形发生,核验码位于 EAN 条码中的最右边;

(4)具有左护线、中线及右护线,以分隔条码上的不同部分;

(5)条码长度一定,较欠缺弹性,但经由适当的途径,可通用于世界各国。

2. UPC 条码

UPC 条码(如图 2-9 所示)是用来表示 UCC－12 商品标识代码的条码符号,是由美国统一代码委员会制定的一种条码码制,主要用于美国和加拿大地区。UPC 码是最早大规模应用的条码,其特性是一种长度固定、连续性的条码,由于其应用范围广泛,故又被称万用条码。我国有些出口到北美地区的产品,为了适应北美地区的需要,也需要申请 UPC 条码,UPC 条码也有标准版和缩短版两种,标准版由 12 位数字构成 UPC－A 条码,缩短版由 8 位数字构成 UPC－E 条码。

图 2-9 UPC 条码示意图

UPC 条码由左侧空白区、起始符、左侧数据符、中间分隔符、右侧数据符、校验符、终止符、右侧空白区及供人识别字符组成,符号结构基本与 EAN－13 条码相同,数字构成比标准版的 EAN 条码少一位,缩短版位数一样。UPC 条码仅可用来表示数字,其字符集为数字 0~9。

UPC－A 条码供人识别字符中的第一位为系统字符,最后一位是校验字符,它们分别在起始符与终止符的外侧,并且表示系统字符和校验字符的条码字符的条高与起始符、终止符和中间分隔符的条高相等。UPC－A 条码左、右侧空白区最小宽度均为 9 个模块宽,其他各组成部分的模块数与 EAN－13 条码相同。按照应用对象分类,UPC 条码共有 A、B、C、D、E 五种版本,如表 2-2 所示。

表 2-2 UPC 码的应用版本

UPC 码版本	应用对象	格式
UPC－A	通用商品	SXXXXX XXXXXC
UPC－B	医药卫生领域	SXXXXX XXXXXC
UPC－C	产业部门	XSXXXXX XXXXXCX
UPC－D	仓库产品批发	SXXXXX XXXXXCXX
UPC－E	通用商品	XXXXXX

注:S-系统码 X-资料码 C-校验码

UPC－A 条码供人识读的数字代码只有 12 位,它的代码结构由厂商识别位(6 位,其中系统字符 1 位)、商品项目代码(5 位)和校验码(1 位)三部分组成。UPC－A 条码没有前缀码,它的系统字符为一位数字,用以标识商品类别。带有规则包装的商品,其系统字符一般为"0、6 或 7"。

3. 25 条码

25 条码是最简单的条码,它研制于 20 世纪 60 年代后期,1990 年由美国正式提出。25 条码是一种只有"条"表示信息的非连续型条码,字符集为数字字符 0~9。表示"123458"的 25 条码结构如图 2-10 所示。

图 2-10 表示"123458"的 25 条码

25 条码由左侧空白区、起始符、数据符、终止符及右侧空白区构成。每一个条码字符由规则排列的 5 个"条"组成。有 2 个"条"为宽单元,其余的"条"和"空"以及字符间隔都是窄单元。空不表示信息,宽单元用二进制的"1"表示,窄单元用二进制的"0"表示。起始符用二进制"110"表示(2 个宽单元和 1 个窄单元),终止符用二进制"101"表示(中间是窄单元,两边是宽单元),相邻字符之间有字符间隔。

25 条码只含数字 0~9,应用比较方便,主要用于各种类型文件处理及仓库的分类管理、标识胶卷包装及机票的连续号等。但 25 条码不能有效地利用空间,在 25 条码的启发下,人们将用条表示信息扩展到也用空表示信息。因此,在 25 条码的基础上,人们又研制出了条、空均表示信息的交叉 25 条码。

4. 交叉 25 条码

交叉 25 条码是由美国的 Intermec 公司于 1972 年发明的一种条、空均表示信息的连续型、非定长、具有自校验功能的双向条码。它的字符集为数字字符 0~9。它初期广泛应用于仓储及重工业领域。1981 年,美国开始将它用于运输包装领域。1987 年,日本引入交叉 25 条码,用于储运单元的识别与管理。交叉 25 码的符号如图 2-11 所示。

图 2-11 交叉 25 码符号

交叉 25 条码是一种密度较高的条码。因条与空均表示信息,没有条码字符间隔,故交叉 25 条码是连续型条码。它可表示不同个数的数字字符,是一种非定长的条码。

交叉 25 条码由左侧空白区、起始符、数据符、终止符及右侧空白区构成。它的每一个条码数据符由 5 个单元组成,包括 2 个宽单元(表示二进制的"1"),3 个窄单元(表示二进制的

"0")。条码符号从左到右,表示奇数位数字符的条码数据符由条组成,表示偶数位数字符的条码数据符由空组成。组成条码符号的条码字符数个数为偶数。当条码字符所表示的字符个数为奇数时,应在字符串左端添加"0"。起始符包括 2 个窄条和 2 个窄空,终止符包括 2 个条(1 个宽条、1 个窄条)和 1 个窄空。图 2-10 为表示"251"的交叉 25 条码。

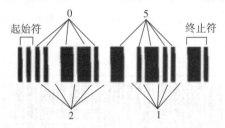

图 2-12　表示"251"的交叉 25 码

交叉 25 条码容易因信息丢失而被误读。当扫描路径没有经过两个空白区的时候,一个条码符号的条与空容易被当成起始符或终止符而引起信息丢失或译码错误。因此,交叉 25 条码常用于标识固定长度的字符,此时译码器或计算机只接收固定长度的信息,长度较短的数据信息可在开头加"0"字符以达到固定长度。另外,交叉 25 条码常采用保护框来防止因不完全扫描而产生的数据误读。

5. ITF－14 码

ITF－14 条码是一种连续型、定长、具有自校验功能,并且条、空都表示信息的双向条码。ITF－14 条码为全球贸易项目代码,始终用 14 位数字编码。

ITF－14 条码可用于标识包装箱,对印刷精度要求不高,比较适合直接印制(热转换或喷墨技术)于表面不够光滑、受力后尺寸易变形的包装材料,如瓦楞纸或纤维板上。

ITF－14 条码的条码字符集和条码字符的组成,与交叉 25 码相同,由矩形保护框、左侧空白区、条码字符和右侧空白区以及供人识别字符组成。

图 2-13　ITF－14 条码的符号

6. 39 条码

1974 年,Intermec 公司研制出条 39 码,39 条码很快被美国国防部采纳,作为军用条码码制。39 条码是第一个字母、数字相结合的条码,被广泛应用于工业领域。39 条码是一种条、空均可表示数字、字母等信息的非连续型、非定长、具有自校验功能的双向条码。我国于 1991 年研究制定了 39 条码标准(GB/T 12908－2002),推荐在运输、仓储、工业生产、图书情报、医疗卫生等领域应用。

39 码(如图 2-12)拥有宽单元和窄单元两种单元宽度。宽单元的宽度为窄单元的 1～3

倍。39条码的每1个条码字符由9个单元组成(5个条单元和4个空单元),其中有3个宽单元(用二进制"1"表示),其余是窄单元(用二进制"0"表示)。标准的39条码是由左右两侧空白区、起始符、数据符、校验码及终止符构成。条码字符间隔是1个空,它将条码字符分隔开。在供人识读的字符中,39条码的起始符和终止符通常用"＊"表示,此字符不能在符号的其他位置作为数据的一部分,并且译码器不应将它输出。

图2-14　39条码的符号

39条码的限制很少,并且支持使用中文数字,特别适用在非正式场合中,因而39条码是国内常见的条形码之一。39条码可编码的字符集包括:数字0~9,大写的英文字母,特殊字符(＋、－、/、％、$、·、空格、＊),共43组编码。39条码具有如下特性:

(1)条码的长度没有限制,可随着需求调整,但在规划长度时,应考虑条码识读器所能允许的范围,避免在扫描时无法读取完整信息;

(2)起始码和终止码必须固定为"＊"字符;

(3)允许条码识读器进行双向扫描处理;

(4)39条码具有自我校验能力,校验码可有可无,不一定要设定;

(5)39条码占用的空间较大。

6. 93条码

1982年,Intermec公司又开发出93条码。93条码是比39条码密度更高、安全性更强的一种条码类型。93条码和39条码具有相同的字符集,都支持使用数字0~9,大写的英文字母及包括空格符(Space)在内的8个特殊字符。93条码的符号结构如图2-15所示。

39条码的编码结构要占用相当大的空间,编码密度较低,能记录的资料有限,符号尺寸大,比一般的条码要宽,因此,常出现印刷面积不足的情况。又因为39条码印列出来的条码比较长,近距离的条码扫描器读取不易,所以需要比较贵的长距离广角度的条码扫描器来读取信息,从而增加了信息识别读取及批量印刷成本。93条码使用双校验符,安全性比条39码高。也就是说,93条码里有2个校验码,以降低条码扫描器读取条码的错误率。93条码与39条码具有相同的字符集,但93条码的条码密度要比39条码高,在面积不足的情况下,可以用93条码代替39条码。

图2-15　93条码的符号

7. 库德巴条码

库德巴条码出现于1972年,是一种条、空均表示信息的非连续型、非定长、具有自校验功能的双向条码,可表示数字和字母信息,主要用于医疗卫生、图书情报等领域。我国于1991年制定了库德巴条码国家标准(GB/T 12907—1991)。

库德巴条码由左侧空白区、起始符、数据符、终止符及右侧空白区构成。每一个字符由7个单元组成(4个条单元和3个空单元),其中2~3个是宽单元(用二进制"1"表示),其余是窄单元(用二进制"0"表示)。

库德巴条码的字符集为数字0~9,4个大写英文字母ABCD以及6个特殊字符(-:/.＋$),共20个字符。其中ABCD只用作起始符和终止符,可任意组合。当A、B、C、D用作终止字符时,也可分别用T、N、♯、E来代替。库德巴条码常用于仓库管理、血库管理和航空快递中。表示"A12345678B"的库德巴条码如图2-16所示。

图2-16　表示"A12345678B"的库德巴条码

8.128条码

128条码是一种长度可变、连续性的字母数字条码,可表示从ASCII0到ASCII127共128个字符,故被称为128条码。128条码由于其字符集大,密度高,应用非常广泛。UCC和EAN组织有专门的关于128条码的条码标识标准,即UCC－128条码与EAN－128条码,从而使128条码在全球范围内有统一的编码规范和解释。目前我国所推行的128条码是EAN－128条码(如图2-17所示)。

128条码包括起始符、数据符、终止符、校验码四部分,其中校验码可有可无。128条码有三种不同类型的编码方式,选择何种编码方式,取决于起始符的内容。128条码有三种不同的版本。

(1)EAN－128A:标准数字和大写字母,控制符,特殊字符。

(2)EAN－128B:标准数字和大写字母,小写字母,特殊字符。

(3)EAN－128C:[00]－[99]的数字对集合,共100个。

图2-17　EAN－128条码的符号

同一个128条码,可以采用不同的方式加以编码,A、B、C三种不同编码规则互换可扩大字符选择范围,也可缩短编码的长度。128条码的每个字符由3个条、3个空、11个单元构成,字符串可变长。无论采用A、B、C哪种编码方式,128条码的终止码均为固定的一种形态。

128条码具有下列特性：

具有A、B、C三种不同的编码方式，可提供标准ASCII中的128个字符的编码使用；

允许双向扫描处理；

可自行决定是否要加上校验码；

条码长度可自由调整，但包括起始符和终止符在内，不可超过232个字符。

128条码在我国的应用也非常广泛，邮政部门使用了128条码，中国输血协会也采用了128条码作为血袋上的标识条码。除此之外，128条码还可用于货运栈板、流通配送标签，以识别生产日期、批号等。

三、二维条码技术

（一）二维条码的基本概念

二维条码又称二维码，是一个近几年来在移动设备上流行的一种编码方式。传统一维条码只能在一个方向（一般是水平方向）上表达信息，而二维码在水平和垂直方向上都可以存储信息。一维条码只能由数字和字母组成，而二维码能存储汉字、数字和图片等信息，因此二维码的应用领域要广得多。

二维码是用某种特定的几何图形按一定规律在平面（二维方向上）分布的黑白相间的图形上记录数据符号信息的；在代码编制上巧妙地利用构成计算机内部逻辑基础的"0""1"比特流的概念，使用若干个与二进制相对应的几何形体来表示文字数值信息，通过图像输入设备或光电扫描设备自动识读以实现信息自动处理。它具有条码技术的一些共性：每种码制有其特定的字符集；每个字符占有一定的宽度；具有一定的校验功能等。它同时具有对不同行的信息自动识别功能及可处理旋转变化图形功能。

相对于一维条码只能包含字母和数字、空间利用率较低以及遭到损坏不能阅读等缺陷，二维码具备如下优点。

一是编码密度高，信息容量大。二维码可容纳多达1850个大写字母或2710个数字或1108个字节或500个汉字，比一维条码信息容量大几十倍。

二是编码范围广。二维码可以把图片、声音、文字、指纹等进行编码，并用条码表示出来。

三是容错能力强，具有纠错功能。这使得二维条码因穿孔、污损等而产生局部损坏时，照样可以被正确地识读，即使损毁面积达30%仍可恢复信息。

四是译码可靠性高。二维码的译码错误率比一维条码低得多，二维码的译码错误率不超过千万分之一。

五是可引入加密措施，保密性、防伪性好。

六是成本低，易制作，持久耐用。

七是条码符号形状、尺寸可变。

八是二维码可以使用激光或 CCD 阅读器识读。

二维码由多行组成,不需要连接数据库,本身可存储大量数据。二维码是一个多行、连续、长度可变、包含大量数据的符号标识。二维码有 3~90 行,每一行都有起始部分、数据部分、终止部分。二维码的字符集包括 128 个字符,最大数据容量是 1850 个字符。

国外对二维码技术的研究始于 20 世纪 80 年代末,在二维码符号表示技术研究方面已研制出多种码制,常见的有 PDF417、QR Code、Code 49、Code 16K、Code One 等。这些二维码的信息密度比传统的一维条码有了较大提高,如 PDF417 的信息密度是一维条码 Code39 的 20 多倍。在二维码标准化研究方面,国际自动识别制造商协会(AIMI)、美国国家标准化协会(ANSI)已完成了 PDF417、QR Code、Code 49、Code 16K、Code One 等码制的符号标准。国际标准化组织(ISO)和国际电工委员会(IEC)已制定了 QR Code 的国际标准(ISO/IEC 18004:2000《自动识别与数据采集技术——条码符号技术规范——QR 码》),起草了 PDF417、Code 16K、Data Matrix、Maxi Code 等二维码的 ISO/IEC 标准。在二维码设备开发研制、生产方面,二维码的设备制造商生产的识读设备、符号生成设备,已广泛应用于各类二维码应用系统。二维码作为一种全新的信息存储、传递和识别技术,自诞生之日起就得到了世界上许多国家的关注。许多国家不仅已将二维码技术应用于各类证件的管理,还将二维码技术应用于海关、税务等部门对各类报表和票据的管理,商务、交通运输等部门对商品及货物运输的管理,邮政部门对邮政包裹的管理,工业生产部门对工业生产线的自动化管理等。

图 2-18　常见二维码图示

中国对二维码技术的研究始于 1993 年。中国物品编码中心对几种常用的二维码(如图 2-18 所示)的技术规范进行了翻译和跟踪研究。随着中国市场经济的不断完善和信息技术的迅速发展,国内对二维码这一新技术的需求与日俱增。中国物品编码中心在国家监督管理总局和其他有关部门的大力支持下,对二维码技术的研究不断深入,制定了二维码网格矩阵码和二维码紧密矩阵码的国家标准。这大大促进了中国具有自主知识产权的二维码技术的研发。

2017 年,中国人民银行发布了《条码支付业务规范(试行)》,旨在规范条码支付市场。这是中国人民银行首次承认二维码的支付地位。

项目二 物流数据采集技术

在企业运营层面,微信和支付宝带领中国的移动支付发展到全民扫码阶段,人们出门在外不论是乘车、吃饭还是购物,统统可以扫码支付,不少餐厅和商场也非常体贴地在收银台前放置了二维码以方便顾客扫码支付。二维码在我国的应用情况大致如下:信息获取,网站入口,广告推送,防伪溯源,会员管理,手机支付等。

尽管二维码应用日趋广泛,但是中国的二维码发展还存在运营商的支持程度、终端适配程度有限,盈利模式单一等制约因素。尽管有些人不看好二维码的应用,但不可否认,只要拥有足够多的用户,再结合良好的商业模式,二维码就将成为连接现实与虚拟最得力的工具之一。

(二)二维码的编码方法

二维码可以分为堆叠式/行排式二维码和矩阵式二维码。

堆叠式/行排式二维码在形态上是由多行短截的一维条码堆叠而成;矩阵式二维码以矩阵的形式组成,在矩阵相应元素位置上用"点"表示二进制的"1",用"空"表示二进制的"0",用"点"和"空"的排列组成代码。

堆叠式/行排式二维码又称堆积式二维码或层排式二维码,其编码方法是建立在一维条码基础之上的,按需要堆积成两行或多行。它在编码设计、校验原理、识读方式等方面继承了一维条码的一些特点,识读设备与一维条码兼容。但随着行数的增加,识读器需要对行进行判定,二维码的译码算法与一维条码也不完全相同。代表性的堆叠式行排式二维码有Code 16K、Code 49、PDF417、MicroPDF417等。

矩阵式二维码又称棋盘式二维码,它是在一个矩形空间内通过黑、白像素在矩阵中的不同分布进行编码的二维码。在矩阵相应元素位置上,用点的出现表示二进制的"1",点的不出现表示二进制的"0",点的排列组合确定了矩阵式二维码所代表的意义。矩阵式二维码是建立在计算机图像处理技术、组合编码原理等基础上的一种新型图形符号自动识读处理码制。具有代表性的矩阵式二维条码有:Code One、MaxiCode、QR Code、Data Matrix、Han Xin Code、Grid Matrix等。

(三)常见二维码介绍

1. PDF417

美国讯宝科技公司于1991年正式推出名为PDF417的二维码,简称为PDF417条码。PDF417条码是一种高密度、高信息含量的便携式数据文件,是实现证件及卡片等大容量、高可靠性信息自动存储、携带并可用机器自动识读的理想手段。PDF417条码具有如下特点。

(1)信息容量大。

根据不同的条空比例,每6.45平方厘米可以容纳250~1100个字符。在国际标准的证卡有效面积上(相当于信用卡面积的2/3,约为76mm×25mm),一个PDF417条码最多可容纳1850个字符或1108个字节的二进制数据,如果只表示数字则可容纳2710个数字。PDF417比普通一维条码信息容量大几十倍。

(2)编码范围广。

PDF417 条码不仅可表示数字、字母或二进制数据,也可表示汉字,甚至可以将照片、指纹、掌纹、签字、声音等可数字化的信息进行编码。

(3)保密、防伪性能好。

PDF417 条码具有多重防伪特性,它可以采用密码防伪、软件加密及利用所包含的信息如指纹、照片等进行防伪,因此,具有极强的保密、防伪性能。

(4)译码可靠性高。

普通条码的译码错误率约为百万分之二,而 PDF417 条码的误码率不超过千万分之一,译码可靠性极高。

(5)修正错误能力强。

PDF417 条码的纠错能力依据纠正码字数的不同分为 0~8 级,共 9 级,级别越高,纠正码字数越多,纠正能力越强,条形码面积越大。当纠正等级为 8 时,即使条形码的污损面积达 50%,信息也能被正确识读出。

(6)容易制作且成本很低。

利用现有的点阵、激光、喷墨、热敏、热转印等打印技术,即可在纸张、卡片、PVC,甚至金属表面上印出 PDF417 条码,由此增加的费用仅是油墨的成本。因此,人们又称 PDF417 条码技术是"零成本"技术。

(7)条码符号的形状可变。

在信息量不变的情况下,PDF417 条码的形状可以根据载体面积及美工设计等进行调整。

每一个 PDF417 条码是由 3~90 个横列堆叠而成,为了扫描方便,其四周皆有空区,空区分为水平空区和垂直空区。PDF417 条码结构如图 2-19 所示。

 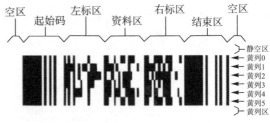

图 2-19　PDF417 条码结构

PDF417 条码每一层都包括下列五个部分:

起始符;

左标区,在起始符后面,为指示符号字符;

数据区,可容纳 1~30 个数据字符;

右标区,在数据区的后面,为指示符号字符;

终止符,在横列最右边。

PDF417条码作为一种新的信息存储和传递技术,从诞生起就受到了国际社会的广泛关注。经过几年的发展,它现已广泛地应用在国防、交通运输、医疗卫生、金融及政府管理等领域。我国已制定了PDF417条码的国家标准。

将身份证件上的个人信息录入二维码,不但可以实现身份证件的自动识读,而且可以有效地防止伪冒证件事件的发生。据不完全统计,已经或准备在身份证或驾驶证上采用PDF417条码技术的国家和地区已达40个。中国香港特别行政区护照就采用了PDF417条码技术。

2. QR Code

QR Code是由日本电装公司于1994年9月研制的一种矩阵二维码符号,它具有一维条码及其他二维码所具有的信息容量大、可靠性高、可表示汉字及图像信息、保密防伪性强等优点。QR Code的深色模块表示二进制的"1",浅色模块表示二进制的"0"。

QR Code的编码字符集可以是数字型数据(数字0~9)、字母数字型数据(数字0~9;大写字母A~Z;9个其他字符 space $ ％ ＊ ＋ － . / :)、8位字节型数据以及汉字字符。QR Code码可表示7089个数字数据字符或4296个字母数据字符或1817个汉字数据字符。

QR Code的纠错能力分为四个等级,其中L级约可纠错7％的数据字符,M级约可纠错15％的数据字符,Q级约可纠错25％的数据字符,H级约可纠错30％的数据字符。

QR Code符号是由正方形模块构成的一个正方形阵列,它由编码区域和包括寻像图形、分隔符、定位图形和校正图形在内的功能图形组成。功能图形不能用于数据编码。符号的四周有空白区包围。图2-20为QR Code的结构图。

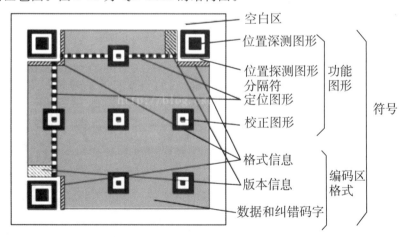

图2-20　QR Code的结构图

(1)位置探测图形、位置探测图形分隔符:用于对二维码的定位,对每个QR Code来说,位置都是固定存在的,只是大小规格会有所差异。这些黑白间隔的矩形块很容易进行图像处理的检测。

(2)校正图形:根据尺寸的不同,矫正图形的个数也不同。矫正图形主要用于QR Code形状的矫正,尤其是当QR Code印刷在不平坦的面上,或者在拍照时发生畸变等。

(3)定位图形:这些小的黑白相间的格子就好像坐标轴,在二维码上定义了网格。

(4)格式信息:表示该二维码的纠错级别,分为 L、M、Q、H。

(5)数据区域:使用黑白的二进制网格编码内容。8 个格子可以编码一个字节。

(6)版本信息:即二维码的规格,QR Code 符号共有 40 种规格的矩阵(一般为黑白色),从 21×21(版本 1),到 177×177(版本 40),每一版本符号比前一版本每边增加 4 个模块。

(7)纠错码字:用于修正二维码损坏带来的错误。

QR Code 识读特性体现在超高速、全方位以及有效表示汉字三个方面。

首先,超高速识读特点是 QR Code 区别于 PDF417、Data Matrix 等二维码的主要特性。在用 CCD 识读 QR Code 码时,整个 QR Code 符号中信息的读取是通过 QR Code 符号的位置探测图形,用硬件来实现,因此,信息识读过程所需时间很短,具有超高速识读特点。用 CCD 二维条码识读设备,每秒可识读 30 个含有 100 个字符的 QR Code 符号;对于含有相同数据信息的 PDF417 符号,每秒仅能识读 3 个符号;对于 Data Matrix 矩阵码,每秒仅能识读 2~3 个符号。QR Code 的超高速识读特性使它能广泛应用于工业自动化生产线管理等领域。

其次,QR Code 具有全方位(360°)识读特点,这是 QR Code 优于行排式二维条码(如 PDF417 条码)的另一个主要特点。PDF417 条码是通过将一维条码符号在行排高度上的截短来实现的,因此,它很难实现全方位识读,识读方位角仅为±10°。

再次,QR Code 用特定的数据压缩模式表示汉字,仅用 13bit 即可表示一个汉字;而 PDF417 条码、Data Matrix 等二维码没有特定的汉字表示模式,需用 16bit 表示一个汉字。QR Code 比其他二维码表示汉字的效率提高了约 20%。

3. 汉信码(Hanxin Code)

2005 年底,我国拥有了一种完全自主知识产权的新型二维条码——汉信码(如图 2-21 所示),它是由中国物品编码中心承担的"十五"国家重大科技专项——"二维条码新码制开发与关键技术标准研究"取得的突破性成果。汉信码填补了我国在二维条码码制标准应用中没有自主知识产权技术的空白。

每个汉信码符号是由 N×N 个正方形模块组成的一个正方形阵列构成。整个正方形的码图区域由信息编码与功能图形区构成,其中功能图形区主要包括寻像图形、寻像图形分割区与校正图形。

图 2-21 汉信码符号

功能信息图形不用于数据编码。码图符号的四周为 3 模块宽的空白区。图 2-22 所示的是版本为 24 的汉信码符号结构图。

汉信码基本技术指标及其特点如下。

(1)信息容量大。

汉信码可以用来表示数字、英文字母、汉字、图像、声音等一切可以二进制化的信息,并且在信息容量方面远远大于其他码制。

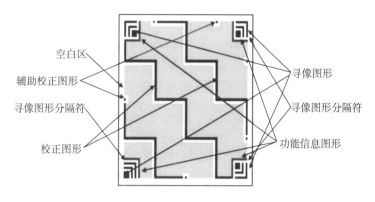

图 2-22 版本为 24 的汉信码符号结构图

表 2-3 汉信码的数据容量表

数字	最多 7829 个字符
英文字母	最多 4350 个字符
汉字	最多 2174 个字符
二进制信息	最多 3262 字节

(2)具有高度的汉字表示能力和汉字压缩效率。

汉信码支持 GB18030 中规定的 160 万个汉字信息字符,并且采用 12 比特的压缩比率,每个符号可表示 12～2174 个汉字字符。

(3)编码范围广。

汉信码可以将照片、指纹、掌纹、签字、声音、文字等凡可数字化的信息进行编码。

(4)支持加密技术。

汉信码是第一种在码制中预留加密接口的条码,它可以与各种加密算法和密码协议进行集成,因此具有极强的保密防伪性能。

(5)抗污损和抗畸变能力强。

汉信码具有很强的抗污损和抗畸变能力,可以被附着在常用的平面或桶装物品上,并且可以在缺失两个定位标的情况下进行识读。

(6)修正错误能力强。

图 2-23

汉信码采用世界先进的数学纠错理论,采用太空信息传输中常采用的 Reed－Solomon 纠错算法,这使得汉信码的纠错能力可以达到 30％。

(7)可供用户选择的纠错能力。

汉信码提供四种纠错能力等级,用户可以根据自己的需要在 8％、15％、23％和 30％的纠错能力等级上进行选择。这使汉信码具有很强的适应能力。

(8)容易制作且成本低。

利用现有的点阵、激光、喷墨、热敏、制卡机等打印技术，即可在纸张、卡片、PVC、甚至金属表面上印出汉信码。由此所增加的费用仅是油墨的成本，这让汉信码技术可以真正称得上是一种"零成本"技术。

(9)条码符号的形状可变。

汉信码支持84个版本，可以由用户自主进行选择，最小码仅有指甲大小。

(10)外形美观。

汉信码在设计之初就考虑到人的视觉接受能力，因此，较之现有国际二维码技术，汉信码在视觉感官上具有突出的特点。

汉信码的研制成功有利于打破国外公司在二维码生成与识读核心技术上的商业垄断，降低我国二维码技术的应用成本，推进二维码技术在我国的应用进程。目前，汉信码已经在医疗、食品追溯、税务发票等领域实现规模化应用，并在物流、制造业信息化、机动车零部件生产、单证票据管理等领域拥有良好的应用前景。

四、条码的 GS1 标准体系

（一）GS1 标准体系发展概述

GS1 系统起源于美国，由美国统一代码委员会（UCC，2005 年更名为 GS1 US）于 1973 年创建。UCC 创造性地采用 12 位的数字标识代码（UPC）。1974 年，标识代码和条码首次在开放的贸易中得以应用。继 UPC 系统成功之后，欧洲物品编码协会，即早期的国际物品编码协会（EAN，2005 年更名为 GS1），于 1977 年成立并开发了与之兼容的系统并在北美以外的地区使用。EAN 系统设计意在兼容 UCC 系统，主要用 13 位数字编码。随着条码与数据结构的确定，GS1 系统得以快速发展。

GS1 系统为在全球范围内标识货物、资产和位置提供了准确的编码。这些编码能够以条码符号来表示，以便进行商务流程所需的电子识读。该系统克服了厂商、组织使用自身的编码系统或部分特殊编码系统的局限性，提高了贸易的效率和对客户的反应能力。

在提供货物唯一的标识代码的同时，GS1 系统也可提供附加信息，例如，保质期、系列号和批号等，并用条码的形式来表示。按照 GS1 系统的设计原则，使用者可以设计应用程序来自动处理 GS1 系统数据。系统的逻辑保证从 GS1 认可的条码采集的数据能生成准确的电子信息，处理过程可完全进行预编程。

GS1 系统适用于任何行业和贸易部门，对于系统的任何变动都会予以及时通告，从而不会对当前的用户有负面的影响。

（二）GS1 标准体系内容

GS1 标准体系是以全球统一的物品编码体系为中心，集条码、射频等自动识别技术系统

项目二　物流数据采集技术

及电子数据交换技术系统等于一体的服务于全球物流供应链的开放标准体系。采用这套系统,可以实现信息流与物流快速、准确地无缝衔接。GS1 标准体系主要包括三部分内容:编码标识标准、数据载体技术标准和数据交换标准,具体如图 2-24 所示。

图 2-24　GS1 标准体系内容

1. GS1 编码标识标准

GS1 标准体系是全球统一的标准化编码体系,其中编码标识标准是 GS1 系统的核心,是流通领域所有的产品与服务(包括贸易项目、物流单元、资产、位置和服务关系等)的标识代码及附加属性代码。因此,GS1 编码体系主要包括标识代码体系、附加信息编码体系和应用标识符体系三项内容,具体如图 2-25 所示。

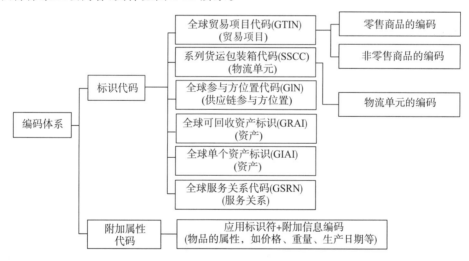

图 2-25　GS1 编码体系

2. GS1 数据载体技术标准

GS1 系统中的各种数据代码必须以适当的形式为载体以实现数据的自动识别。目前,GS1 系统中的数据载体主要有条码符号体系及射频标签两类。

3. GS1 数据交换标准

GS1 标准体系的电子数据交换标准采用统一的报文标准传送结构化数据,通过电子方式从一个计算机系统传送到另一个计算机系统,使人工干预最小化。

为了提高物流供应链的运作效益,在 UN/EDIFACT(联合国关于管理、商业、运输业的电子数据交换规则)标准基础上开发了流通领域电子数据交换规范——EANCOM。EANCOM 是一套以 GS1 编码系统为基础的标准报文集,不管是通过 VAN 还是 Internet,EANCOM 都让 EDI 导入更简单。目前,EANCOM 对 EDI 系统已经可以提供 47 种信息,且对每一个数据域都有清楚的定义和说明,让商业信息交换更简单高效。

五、条码识别技术

(一)条码识别技术类型及工作原理

根据扫描及译码方式的差异,条码识别技术主要包括激光扫描技术和影像扫描技术两大类,其基本情况如下。

1. 激光扫描技术

激光扫描技术由扫描系统、信号整形、译码三部分组成,其基本工作原理如图 2-26 所示。

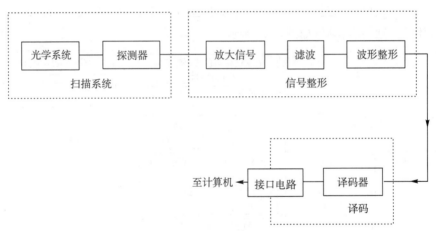

图 2-26 激光扫描技术基本工作原理

激光扫描技术主要是通过激光二极管产生光束,通过摆动镜的摆动将激光折射到条码表面,条码表面反射的漫射光被感光元件接收后,通过光电转换效应转化为电信号;信号整形部分由信号放大、滤波、整形组成,功能在于将电信号处理成与条码条空宽度相对应的高低电平的矩形方波信号;译码部分由集成电路芯片和译码软件实现,功能是对得到的条码矩形方波信号进行译码,并将结果输出到条码应用系统的数据采集终端。

激光扫描技术相比其他条码识别技术而言,具有扫描景深大、扫描角度宽、扫描速度快、识别率高、技术方案成熟等优点,目前在一维码识读设备中占据主导地位。但是,激光扫描技术无法扫描手机屏等自主光源材质显示的条码。同时,激光扫描由于只有水平一个扫描维度,无法扫描二维码。

2. 影像扫描技术

根据图像扫描维度的差异,影像扫描技术可进一步分为线性影像扫描技术和面阵影像扫描技术。线性影像扫描技术只可识读一维码,面阵影像扫描技术对一维码和二维码均可识读。目前,面阵影像扫描技术是影像扫描技术的主要发展趋势,面阵影像扫描技术的基本原理如图 2-27 所示。

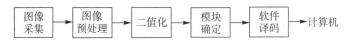

图 2-27 影像扫描技术基本工作原理

影像扫描技术的扫描系统主要为 CCD、CMOS 等图像传感器,条码识读设备通过图像传感器对条码图像进行采集。其中,线性影像扫描技术一般采用 CCD 图像传感器,而面阵影像扫描技术普遍采用 CMOS 图像传感器。图像预处理主要是对采集的图像进行降噪、背景分离、图像校正等。二值化和模块确定环节是将预处理后的图像信息还原为黑白两色的图像,然后定位、分割条码黑白模块,译码软件根据条码编码规则进行比对,确定条码字符值,进而读取二维码所包含的信息。

在手机等智能终端设备中,上述的图像处理和识读过程主要通过共用智能终端中的 MCU 芯片和相应的应用程序实现,即"软解码";在专用的条码识读设备中,上述图像处理和识读过程主要通过独立的 MCU 芯片和嵌入式软件实现,即"硬解码"。

相比激光扫描技术,影像扫描技术的成本较高,技术较复杂,但适用领域更广泛。同时,影像扫描技术利用先进的图像处理技术对于有污染、残缺、产生几何畸变的条码图像进行预处理,再进行条码识别,相比激光扫描技术进一步提高了识读率,优势明显。因此,影像扫描技术是未来条码识别技术的主要发展方向。

(二)条码识读设备类型

条码识读设备作为信息采集的前端设备,是条码技术应用的前提和基础,并且伴随条码技术的不断发展,目前已成为商品零售、物流仓储、产品溯源、工业制造、医疗健康、电子商务和交通运输等系统信息化建设中必不可少的基础设备。按照条码识别设备能够识别码制的能力和识读原理,识读设备可分为光笔式、激光式、图像式三类。光笔式条码扫描器只能识读一维条码。激光式条码扫描器能识读一维条码和行排式二维码(如 PDF417 码)。图像式条码扫描器不仅可以识读一维条码,还能识读行排式和矩阵式二维码。

1. 光笔式条码扫描器

光笔式条码扫描器(如图 2-28 所示)是最先出现的一种手持接触式条码阅读器,它也是最为经济的一种条码阅读器。使用时,操作者需将光笔条码扫描器接触到条码表面,光笔条码扫描器的镜头发出一个很小的光点,当这个光点从左到右划过条码时,在"空"部分,光线被反射,"条"的部分,光线被吸收,因此,在光笔内部产生变化的电压,电压经过处理后用于译码。

与条码接触阅读,能够明确哪一个是被阅读的条码;阅读条码的长度可以不受限制;与其他的阅读器相比,光笔式条码扫描器成本较低,内部没有移动部件,比较坚固,体积小,重量轻。但使用光笔式条码扫描器会受到各种限制,如在一些场合不适合接触阅读条码;另外,只有在比较平坦的表面上阅读指定密度的、打印质量较好的条码时,光笔式条码扫描器才能发挥它的作用;操作人员需要经过一定的训练;阅读角度不好及使用不当都会影响阅读性能;因为光笔式条码扫描器必须接触阅读,所以当条码因保存不当而产生损坏,或者上面有一层保护膜时,光笔式条码扫描器都不能使用;光笔的一次识别率低及误码率较高。

图 2-28　光笔式条形码扫描器

2. 激光式扫描器

激光扫描器是一种远距离条码阅读设备,其性能优越,因而被广泛应用。

(1)手持激光扫描器。

手持激光扫描器又称激光枪,属单线扫描仪,其景深较大,一次识别率和识别精度较高,扫描宽度不受设备开口宽度限制,其外观如图 2-29 所示。

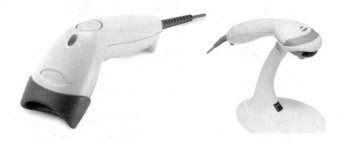

图 2-29　手持激光扫描器

(2)全向激光扫描器。

全向激光扫描器如图 2-30 所示。对于标准尺寸的商品条码以任何方向通过扫描器识读区域时都能被准确地识读。在便利店、书店或药房,收银员通常要将商品拿到柜台上来进行条码扫描。全向激光扫描器结构紧凑,通常安放在收银柜台下或侧面,与 POS 系统连接,通过较大的扫描窗形成多条交叉的网状扫描线,从而实现全方向条码扫描。操作者不需要仔细地调整条码的方向,扫描器也能够快速方便地识读商品条码,加快结账速度。若遇到较大的不太方便被搬到柜台上的商品,收银员则能够很方便灵活地将扫描器拿在手里,接近商品进行条码扫描。

图 2-30　全向激光扫描器

3. 图像式条码扫描器

图像式条码扫描器也被称为固定式工业条码扫描器(如图 2-31 所示),它是通过图像采集装置采集复杂背景下的条码图像,利用智能图像处理技术进行条码的读取和识别,具体包括图像预处理(含图像去噪、图像分割)、条码定位、条码旋转、条码解析等过程。

图 2-31　图像式条码扫描器

在工业自动化领域,与激光式条码扫描产品相比,基于图像的条码扫描系统具有众多优势。首先,图像传感器的采集速度非常快,因此,可以采集与条码相关的更多冗余信息,成功读取损坏、方向错误以及畸变的代码;其次,为消除代码损坏或包装光线反射影响,图像算法处理软件可以根据图像的余留可辨认部分对重要数据进行重组和校正,据测算,条码的有效面积在低于 10% 时,图像式条码扫描器依然可以正常工作;再次,基于图像的条码扫描系统还可以存储图像以便日后检索和分析;最后,基于图像的扫描器更易于安装、维护和升级。

4. 便携式数据采集器

便携式数据采集器(如图 2-32 所示)也称为移动数据采集终端(Portable Data Terminal,PDT)或手持终端(Hand-hold Terminal,HT),它可以将电脑技术与条形码技术完美结合,利用物品上的条形码快速采集信息。

便携式数据采集器是集激光扫描、汉字显示、数据采集、数据处理、数据通信等功能于一体的高科技产品,它相当于一台小型的计算机。简单地说,它兼具了掌上电脑、条码扫描器的功能。硬件上具有计算机设备的基本配置:CPU、内存、电池、外设接口。软件上具有计算机运行的基本要求:操作系统、可以编程的开发平台、独立的应用程序。便携式数据采集器可以将电脑网络的部分程序和数据下载传送至手持终端,程序安装完成后,便携式数据采集器可以脱离电脑网络系统独立进行某项工作。其基本工作原理是:按照用户的应用要求,将应用程序在计算机编制后下载到便携式数据采集器中。便携式数据采集器中的基本数据信息必须通过电脑的数据库获得,而存储的操作结果也必须及时地被导入数据库中。手持终端作为电脑网络系统的功能延伸,满足了日常工作中信息移动采集、处理的任务要求。

图 2-32　便携式数据采集器

严格意义上讲,便携式数据采集器不是传统意义上的条码识读设备,它的性能在更多层面取决于本身的数据计算、处理能力,这恰恰是计算机识读设备的基本要求。与目前很多条码识读设备生产厂商相比,计算机公司生产的数据采集器在技术上有较强的领先优势,如日本 Casio、美国 Palm 等世界流掌上电脑生产厂商的产品,凭借着在微电子、电路设计等方面的领先优势,具有良好的性能。

便携式数据采集器对于传统手工操作的优势是不言而喻的,然而一种更先进的设备——无线数据采集器则将普通便携式数据采集器的性能进一步扩展。无线数据采集器大都是便携式的,除了具有一般便携式数据采集器的优点外,它与计算机的通讯是通过无线电波来实现的,可以把现场采集到的数据实时传输给计算机。相比普通便携式数据采集器,无线数据采集器更进一步地提高了操作员的工作效率,使数据从原来的本机校验、保存转变为远程控制、实时传输。

(三)条码识读设备选择

不同的应用场合对识读设备有不同要求,用户必须综合考虑,以达到较优的应用效果,一般可考虑以下六个因素。

1. 分辨率

对于条码扫描系统而言,分辨率为正确检测读入的最窄条符的宽度。在选择设备时,并不是设备的分辨率越高越好,而是应根据具体应用中使用的条码密度来选取具有相应分辨率的阅读设备。如果所选设备的分辨率过高,则条码上的污点、脱墨等对系统的影响将更为严重。

2. 扫描景深

扫描景深指的是在确保可靠阅读的前提下,扫描头允许离开条码表面的最远距离与扫描器可以接近条码表面的最近距离之差,也就是条码扫描器的有效工作范围。有的条码扫描设备在技术指标中未给出扫描景深指标,而给出扫描距离,即扫描头允许离开条码表面的最短距离。

3. 扫描宽度

扫描宽度指的是在给定扫描距离上扫描光束可以阅读的条码信息物理长度值。

4. 扫描速度

扫描速度是指在单位时间内扫描光束在扫描轨迹上的扫描频率。

5. 一次识别率（首读率）

一次识别率表示的是首次扫描读入的标签数与扫描标签总数的比值。例如，如果每读入一只条形码标签的信息需要扫描两次，则一次识别率为 50%。从实际应用角度考虑，当然希望每次扫描都能通过，但遗憾的是，受多种因素的影响，要求一次识别率达到 100% 是不可能的。

应该说明的是，一次识别率这一测试指标只适用于手持式光笔扫描识别方式。如果采用激光扫描方式，光束对条形码标签的扫描频率高达每秒钟数百次，通过扫描获取的信号是重复的。

6. 误码率

误码率是反映一个机器可识别标签系统错误识别情况的极其重要的测试指标。误码率等于错误识别次数与识别总次数的比值。对于一个条码系统来说，误码率高是比一次识别率低更为严重的问题。

零售领域的识读设备选择，主要考虑扫描速度和分辨率，扫描景深不是关键因素。激光扫描器的价格较高，耐用性一般。CCD 扫描器的价格比激光扫描器便宜，比激光扫描器耐用，但扫描景深一般。

任务实训 2-2

一、实训目标

1. 认知条码设计软件的基本功能。
2. 掌握条码软件的操作方法。

二、实训要求与任务内容

1. 实训要求。

使用 Label MX 软件制作普通条码及批量条码。

2. 实训任务内容。

(1)教师分别演示一维条码、二维条码、流水一维条码以及特定批量一维条码的制作流程。

(2)学生分别制作单一一维条码、单一二维条码、流水一维条码以及特定批量一维条码。

(3)点击打印预览，将制作好的条码文件保存并提交作业。

任务三　条码技术在零售商品管理中的应用

任务目标

1. 熟记零售商品条码的代码结构
2. 熟悉 EAN 码的结构及二进制表示方式
3. 掌握零售商品条码的编码标准
4. 掌握零售商品条码的编码方法及放置方式

一、基本术语

零售商品管理应用条码的基本术语主要有以下几个。

（一）商品条码

商品条码是由国际物品编码协会（GS1）规定的，用于表示零售商品、非零售商品、物流单元、参与方位置等代码的条码标识。在商品条码中，其条、空组合部分称为条码符号，对应的供人识别字符也就是该条码符号所表示的商品标识代码。

（二）零售商品

零售商品是指依据预先定义的特征而进行的定价、订购或交易结算的任何一项产品或服务，一般是指在零售终端通过 POS 系统扫描结算的商品。例如，一瓶饮料、一支牙刷和一盒牙膏都可以视为零售商品。

（三）非零售商品

非零售商品主要是指不通过 POS 系统扫描结算的用于配送、仓储或批发的商品。例如，一个装有 24 瓶矿泉水的纸箱、一个装有 40 箱奶粉的托盘均可作为一个非零售商品进行批发、配送。

（四）商品代码

商品代码是在商业活动中，标识商品身份的唯一代码，具有全球唯一性。

（五）前缀码

商品代码的前 3 位数字，也被称为国别码，由国际物品编码协会统一分配。

（六）放大系数

商品条码的放大系数有着自身的规则，一般从 0.8～0.2。

二、一维条码编码标准

(一)零售商品代码结构

在我国,零售商品的标识代码主要采用全球贸易项目代码的三种数据结构,即 EAN-13、EAN-8 和 UCC-12。通常情况下,选用 13 位的数字代码结构用 EAN-13 条码表示。只有当产品出口到北美地区并且客户指定时,才申请使用 UCC-12 代码(用 UPC 条码表示),中国厂商如需申请 UPC 商品条码,须经中国物品编码中心统一办理。因而这里主要介绍 EAN 码结构。

1. EAN-13 的代码结构

中国的 13 位零售商品代码是由厂商识别码、商品项目代码、校验码三部分组成,其代码由 GS1 系统、中国物品编码中心以及系统成员共同编写完成,主要编码分配模式如表 2-4 所示。

表 2-4　商品条码编码分配模式

商品代码		
第一部分	前缀码	GS1 分配
第二部分	厂商识别代码	中国编码中心分配
第三部分	商品项目代码	系统成员分配
第四部分	校验码	按计算公式生成

EAN-13 的 13 位数字代码按照厂商申请的厂商识别代码位数的不同主要有三种结构形式,如表 2-5 所示。

表 2-5　EAN-13 码的四种结构形式

结构种类	厂商识别代码	商品项目代码	校验码
结构一	X13X12X11X10X9X8X7	X6X5X4X3X2	X1
结构二	X13X12X11X10X9X8X7X6	X5X4X3X2	X1
结构三	X13X12X11X10X9X8X7X6X5	X4X3X2	X1

(1)厂商识别代码。厂商识别代码是由中国物品编码中心统一向申请厂商分配的。厂商识别代码左起三位由国际物品编码协会分配给中国物品编码中心的前缀码。

国际物品编码协会分配给中国物品编码中心的前缀码为 690—699,其中 690—691 采用表 2-5 中的结构一,692—696 采用结构二,697 采用结构三,698—699 暂未启用。国际物品编码协会分配给其他国家或地区物品编码中心的前缀码如表 2-6 所示。

全世界任何两家企业的厂商识别代码互不相同,因此,厂商识别代码确保了商品条码的全球唯一性。一个企业一般只有一个厂商识别代码。但如果因产品项目太多导致编码容量不够用,可以向中国物品编码中心申请增加厂商识别代码。厂商识别代码及相应商品条码的使用要遵守《商品条码管理办法》的有关规定,不得转让、冒用、伪造,也不得擅自使用已注销的厂商识别代码和相应商品条码。

在我国日常购买的商品包装上所印的条码一般是 EAN 码。另外,图书和期刊作为特殊的商品也采用了 EAN-13 码表示 ISBN 和 ISSN。前缀 977 被用于期刊号 ISSN,图书号 ISBN 用 978 为前缀,我国被分配使用 7 开头的 ISBN 号,因此我国出版社出版的图书上的条码全部为 9787 开头。

表 2-6 部分国家或地区物品编码中心的前缀码

前缀码	编码组织所在国家（或地区）/应用领域	前缀码	编码组织所在国家（或地区）/应用领域
000~019 030~039 060~139	美国	627	科威特
020~029 040~049 200~299	店内码	628	沙特阿拉伯
050~059	优惠券	629	阿拉伯联合酋长国
300~379	法国	640~649	芬兰
380	保加利亚	690~699	中国
383	斯洛文尼亚	700~709	挪威
385	克罗地亚	729	以色列
387	波黑	730~739	瑞典
389	黑山共和国	740	危地马拉
400~440	德国	741	萨尔瓦多
450~459 490~499	日本	742	洪都拉斯
460~469	俄罗斯	743	尼加拉瓜
470	吉尔吉斯斯坦	744	哥斯达黎加
471	中国台湾	745	巴拿马
474	爱沙尼亚	746	多米尼加
475	拉脱维亚	750	墨西哥
476	阿塞拜疆	754~755	加拿大
477	立陶宛	759	委内瑞拉
478	乌兹别克斯坦	760~769	瑞士
479	斯里兰卡	770~771	哥伦比亚
480	菲律宾	773	乌拉圭
481	白俄罗斯	775	秘鲁

续表

前缀码	编码组织所在国家（或地区）/应用领域	前缀码	编码组织所在国家（或地区）/应用领域
482	乌克兰	777	玻利维亚
484	摩尔多瓦	778～779	阿根廷
485	亚美尼亚	780	智利
486	格鲁吉亚	784	巴拉圭
487	哈萨克斯坦	786	厄瓜多尔
488	塔吉克斯坦	789～790	巴西
489	中国香港特别行政区	800～839	意大利
500～509	英国	840～849	西班牙
520～521	希腊	850	古巴
528	黎巴嫩	858	斯洛伐克
529	塞浦路斯	859	捷克
530	阿尔巴尼亚	860	南斯拉夫
531	马其顿	865	蒙古国
535	马耳他	867	朝鲜
539	爱尔兰	868～869	土耳其
540～549	比利时和卢森堡	870～879	荷兰
560	葡萄牙	880	韩国
569	冰岛	884	柬埔寨
570～579	丹麦	885	泰国
590	波兰	888	新加坡
594	罗马尼亚	890	印度
599	匈牙利	893	越南
600～601	南非	896	巴基斯坦
603	加纳	899	印度尼西亚
604	塞内加尔	900～919	奥地利
608	巴林	930～939	澳大利亚
609	毛里求斯	940～949	新西兰
611	摩洛哥	950	GS1总部
613	阿尔及利亚	951	GS1总部(产品电子代码)
615	尼日利亚	955	马来西亚

续表

前缀码	编码组织所在国家（或地区）/应用领域	前缀码	编码组织所在国家（或地区）/应用领域
616	肯尼亚	958	中国澳门特别行政区
618	象牙海岸	960~969	GS1总部（缩短码）
619	突尼斯	977	连续出版物
621	叙利亚	978~979	图书
622	埃及	980	应收票据
624	利比亚	981~983	普通流通券
625	约旦	990~999	优惠券
626	伊朗		

注：数据截止到2016年底

(2) 商品项目代码。商品项目代码由3~5位数字组成，一般由厂商根据有关规定自行分配，也可由编码中心负责编制。在使用同一厂商识别代码的前提下，厂商必须确保每个商品项目代码的唯一性。

当前缀码为690~691时，商品项目代码为5位，数据容量为100000，可标识100000种商品；当前缀码为692~696时，商品项目代码为4位，数据容量为10000，可标识10000种商品；当前缀码为697时，商品项目代码为3位，数据容量为1000，可标识1000种商品。

(3) 校验码。校验码为1位数字，是用来校验其他代码编码的正误的。零售商品标识代码的编码图例如表2-7所示。

假设分配给某制药企业的厂商识别代码为6901234，表2-7给出了部分产品标识代码的编码方案。

表2-7 某制药企业的编码图例

产品种类	商标	剂型、规格与包装				商品标识代码
清凉油	天坛牌	剂	固体	棕色	3.5g/盒	6901234 00000 9
					3.5g/盒	6901234 00001 6
					19g/盒	6901234 00002 3
				白色	19g/盒	6901234 00003 8
			液体		3mL/瓶	6901234 00004 7
					8mL/瓶	6901234 00005 1
					18mL/瓶	6901234 00006 1

续表

产品种类	商标	剂型、规格与包装		商品标识代码
	龙虎牌	吸剂(清凉油鼻舒)	1.2g/支	6901234 00007 8
		黄色	3.0g/盒	6901234 00007 8
			10g/盒	6901234 00008 5
		白色	10g/盒	6901234 00009 2
			18.4g/盒	6901234 00000 8
		棕色	10g/盒	6901234 00001 5
			18.4g/盒	6901234 00002 2
		吸剂(清凉油鼻舒)	12g/支	6901234 00003 9
	BOYAL BALM	运动型棕色强力装	18.4g/支	6901234 00004 6
		关节型原始白色装	18.4g/支	6901234 00005 3
风油精	龙虎牌	8mL/瓶		6901234 00006 0
		3mL/瓶		6901234 00007 7
家友(组合包装)	龙虎牌	风油精1mL,清凉鼻舒0.5g/支		6901234 00008 8
				6901234 00009 1

根据表2-7所示可知。

①商品品种不同应编制不同的商品项目代码。如:清凉油与风油精是不同的商品品种,其商品项目代码应不同。

②即使是同一企业生产的同一品种的商品,如果商标不同,也应编制不同的商品项目代码。如:天坛牌风油精与龙虎牌风油精,二者商标不同,应编制不同的商品项目代码。

③商标相同、品种相同,但剂型不同,商品项目代码也应不同。如:天坛牌清凉油,搽剂与吸剂的商品项目代码不同。

④品种、商标、剂型都相同的商品,如果商品规格或包装规格不同,也应编制不同的商品项目代码。如:天坛牌清凉油棕色固体搽剂中,3.5g/盒与19g/盒、3.5g/盒与3.5g/袋,其商品项目代码各不相同。

⑤对于组合包装的商品,如龙虎牌家友组合,也应分配一个独立的商品项目代码。如果包装内的风油精与清凉鼻舒也有单卖的产品,则风油精、清凉鼻舒以及二者组合包装后的产品应分别编制不同的商品项目代码。

2. EAN-8 的代码结构

EAN-8码代码由8位数字组成,其结构如表2-8所示。

表2-8 EAN-8码结构

商品项目识别代码	校验码
X8X7X6X5X4X3X2	X1

(1)商品项目识别代码。它是 EAN 编码组织在 EAN 分配的前缀码($X_8X_7X_6$)的基础上分配给厂商特定商品项目的代码。为了保证代码的唯一性,EAN-8 的商品项目识别代码须由中国物品编码中心统一分配。

(2)校验码。校验码为 1 位数字,是用来校验其他代码编码的正误。它的计算方法为在 X_8 前补足 5 个"0"后按照 EAN-13 码的方式计算。

(二)商品代码编码原则

1. 唯一性

唯一性是商品编码的基本原则:相同的商品应分配相同的商品代码,基本特征相同的商品视为相同的商品;不同的商品必须分配不同的商品代码,基本特征不同的视为不同的商品。一般商品的基本特征包括商品名称、种类、规格、数量和包装类型等。

2. 稳定性

稳定性原则是指商品标识代码一旦分配,只要商品的基本特征没有发生变化,就应保持不变。同一商品无论是长期连续生产还是间断式生产,都必须采用相同的商品代码。即使该商品停止生产,其代码也应至少在 4 年之内不能用于其他商品上。对于服装类商品,最低期限可为 2 年半。若商品项目的基本特征发生了明显的、重大的变化,就必须分配一个新的商品标识代码。

在某些行业,如医药保健业,只要产品的成分有变化,就必须分配不同的代码。但在其他行业则要尽可能地减少商品标识代码的变更,保持稳定性。

3. 无含义性

无含义性是指商品代码中的每一位数字不表示任何与商品有关的特定信息。有含义的代码通常会导致编码容量的损失。厂商在编制商品代码时,最好使用无含义的流水号,这样可以最大限度地利用商品项目代码的编码容量。

对于一些商品,在流通过程中可能需要了解它的附加信息,如生产日期、有效期、批号及数量等,此时可采用应用标识符来满足附加信息的标注要求。应用标识符由 2~4 位数字组成,用于标识数据的含义和格式。

(三)商品代码的编制

1. 独立包装的单个零售商品代码的编制

独立包装的单个零售商品是指单独的、不可再分的独立包装的零售商品。其商品代码的编制通常采用 13 位代码结构。当商品的包装很小,符合以下 3 种情况任意之一时,可申请采用 8 位代码结构。

(1)EAN-13 码印刷面积超过印刷标签最大面面积的 1/4 或全部可印刷面积的 1/8 时;

(2)印刷标签的最大面面积小于 40cm^2 或全部可印刷面积小于 80cm^2 时;

(3)产品本身是直径小于 3cm 的圆柱体时。

2. 组合包装的零售商品代码的编制

（1）标准组合包装的零售商品代码的编制。

标准组合包装的零售商品是指由多个相同的单个商品组成的标准的、稳定的组合包装的商品。其商品代码的编制通常采用13位代码结构，但不应与包装内所含单个商品的代码相同。

（2）混合组合包装的零售商品代码的编制。

混合组合包装的零售商品是指由多个不同的单个商品组成的标准的、稳定的组合包装的商品。其商品代码的编制通常采用13位代码结构，但不应与包装内所含商品的代码相同。

如果商品是一个稳定的组合单元，则每一部分都要有相应的商品标识代码。一旦任意一个组合单元的商品标识代码发生变化，或者单元组合有所变化，则应分配一个新的商品标识代码。

如果组合单元变化微小，其商品标识代码一般不变，但如果需要对商品实施有效地订货、营销或跟踪，那么就必须进行分类标识，另行分配商品标识代码。例如：某一特定地理区域的促销品，某一特定时期的促销品，或用不同语言进行包装的促销品。

某一产品的新变体取代原产品，消费者已从变化中认为两者截然不同，这时就必须给新产品分配一个不同于原产品的商品标识代码。

3. 促销商品代码的编制

促销是企业为提高市场占有率和产品知名度所采取的一种营销手段，促销一般会保持一定的时间，属于暂时性变动，促销品与标准产品在外观上有明显的改变。通常促销变体和标准产品在市场中共同存在。

商品的促销变体如果影响产品的尺寸或重量，必须另行分配一个不同的、唯一的商品标识代码。例如：加量不加价的商品，或附赠品的包装形态。

包装上明显地注明了减价的促销品，必须另行分配一个唯一的商品标识代码。针对时令的促销品要另行分配一个唯一的商品标识代码。例如，春节促销的糖果包装。其他的促销变体不必另行分配商品标识代码。

4. 变量零售商品代码的编制

变量零售商品的代码用于商店内部或其他封闭系统中的商品消费单元。其商品代码的选择见 GB/T 18283—2008。

三、一维商品条码符号表示标准

（一）一维商品条码的符号结构

1. EAN-13 码的符号构成

EAN-13 码由左侧空白区、起始符、左侧数据符、中间分隔符、右侧数据符、校验符、终止符、右侧空白区及供人识别字符组成，其符号构成如图 2-33 所示。

图 2-33 EAN-13 码的符号构成

(1) 左侧空白区。

位于条码符号最左侧的与空的反射率相同的区域,其最小宽度为 11 个模块宽。

(2) 起始符。

位于条码符号左侧空白区的右侧,表示信息开始的特殊符号,由 3 个模块组成。

(3) 左侧数据符。

位于起始符号右侧,中间分隔符左侧的一组条码字符。表示 6 位数字信息,由 42 个模块组成。

(4) 中间分隔符。

位于左侧数据符的右侧,是平分条码字符的特殊符号,由 5 个模块组成。

(5) 右侧数据符。

位于中间分隔符右侧,校验符左侧的一组条码字符,表示 5 位数字信息,由 35 个模块组成。

(6) 校验符。

位于右侧数据符的右侧,表示校验码的条码字符,由 7 个模块组成。

(7) 终止符。

位于条码符号校验符的右侧,表示信息结束的特殊符号,由 3 个模块组成。

(8) 右侧空白区。

位于条码符号最右侧的与空的反射率相同的区域,其最小宽度为 7 个模块宽。为保护右侧空白区的宽度,可在条码符号右下角加">"符号,">"符号的位置见图 2-34。

图 2-34 EAN-13 码符号右侧空白区中">"的位置及尺寸

(9)供人识别字符。

位于条码符号的下方,与条码相对应的 13 位数字。供人识别字符优先选用 GB/T 12508 中规定的 OCR-B 字符集;字符顶部和条码字符底部的最小距离为 0.5 个模块宽。EAN-13 商品条码供人识别字符中的前置码印制在条码符号起始符的左侧。

2. EAN-8 码的符号构成

EAN-8 码也是由左侧空白区、起始符、左侧数据符、中间分隔符、右侧数据符、校验符、终止符、右侧空白区及供人识别字符组成。其中 EAN-8 码的起始符、中间分隔符、校验符、终止符的结构同 EAN-13 码。其符号构成如图 2-35 所示。

图 2-35 EAN-8 码的符号构成

(1)左侧数据符表示 4 位信息,由 28 个模块组成。
(2)右侧数据符表示 3 位数字信息,由 21 个模块组成。
(3)供人识别字符是与条码相对应的 8 位数字,位于条码符号的下方。

EAN-8 码左侧空白区与右侧空白区的最小宽度均为 7 个模块宽。为保护左右侧空白区的宽度,可在条码符号左下角加"＜"符号,在条码符号右下角加"＞"符号,"＜"和"＞"符号的位置见图 2-35 所示。

(二)一维商品条码的二进制表示

以 EAN 码为代表的一维商品条码,每一条码数据字符由 2 个条和 2 个空构成,每一条或空由 1～4 个模块组成,每一条码字符的总模块数为 7。用二进制"1"表示条的模块,用二进制"0"表示空的模块。商品条码可表示 0～9 共 10 个数字字符(如图 2-36、2-37 所示),二进制表示方法有三个子集:A、B 和 C,如表 2-9 所示。

图 2-36 EAN-8 码符号空白区中"＜""＞"的位置及尺寸

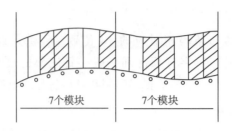

图 2-37　条码字符的结构

表 2-9　一维商品条码字符集的二进制表示

数字字符	A 子集	B 子集	C 子集
0	0001101	0100111	1110010
1	0011101	0110011	1100110
2	0010011	0011011	1101100
3	0111101	0100001	1000010
4	0100011	0011101	1011100
5	0110001	0111001	1001110
6	0101111	0000101	1010000
7	0111011	0010001	1000100
8	0110111	0001001	1001000
9	0001011	0010111	1110100

1. EAN-13 码的二进制表示

EAN-13 码的起始符、终止符的二进制表示都为"101"，中间分隔符的二进制表示为"01010"，如图 2-38 所示。

起始符、终止符　　　　　　　　中间分隔符

图 2-38　EAN-13 码起始符、终止符、中间分隔符示意图

EAN-13 码的左侧第一位前置码不用条码字符表示，不包括在左侧数据符内。左侧数据符有 A、B 两种字符子集表示方式，选用 A 子集还是 B 子集表示左侧数据符由前置码数值决定。右侧数据符及校验符均用字符集中的 C 子集表示。表 2-10 中列出了左侧数据符的字符集的选择规则。

表 2-10　EAN-13 码左侧数据符的字符集的选择规则

前置码数值	EAN-13 码左侧数据符的字符集					
	代码位置序号					
	12	11	10	9	8	7
0	A	A	A	A	A	A
1	A	A	B	A	B	B
2	A	A	B	B	A	B
3	A	A	B	B	B	A
4	A	B	A	A	B	B
5	A	B	B	A	A	B
6	A	B	B	B	A	A
7	A	B	A	B	A	B
8	A	B	A	B	B	A
9	A	B	B	A	B	A

2. EAN-8 码的二进制表示

EAN-8 码的左侧数据符用 A 子集表示，右侧数据符和校验符用 C 子集表示。

（三）一维商品条码符号的颜色搭配

条码的颜色搭配是指条码的条和空应分别采用何种颜色以组成一个完整条码。条码识读设备大都用红光作为扫描光源，因此，不是任意的颜色搭配都适用于条码扫描识读设备，一般遵循"条用深色，空用浅色"的原则，以颜色搭配参考表提供的搭配方案为主。但是，颜色本身是千差万别的，颜色有深浅（即灰度级别），油墨与承印材料存在差别，于是很可能发生这样的情况，即条码条空颜色搭配正确，但条码识读设备无法识读条码。

例如，红色的反射光与红光照射白色物体所得的反射光两者是相同的，因此，红色在这里视为白色，红色不能用作条码的条；金属色泽材料属于镜像反射材料，一般情况下不能直接作为印制条码的材料，若须在金属色泽材料（如金卡纸、铝箔纸）上印制，则必须先在材料上打一层浅色的底，再印条形码。条码的有效性一般要到条码质检机构通过条码检测设备来作最后判定。

一维商品条码的识读是通过分辩条空的边界和宽窄来实现的，因此，条与空的颜色反差越大越好。条色应采用深色，空色应采用浅色。白色用作空、黑色用作条是较理想的颜色搭配。通常条码符号的条空颜色可参考表 2-11 进行搭配，且应符合 GB12904 商品条码标准文本中规定的符号光学特性要求。

表 2-11 条形码符号条空颜色搭配参考表

序号	空色	条色	能否采用	序号	空色	条色	能否采用
1	白色	黑色	√	17	红色	深棕色	√
2	白色	蓝色	√	18	黄色	黑色	√
3	白色	绿色	√	19	黄色	蓝色	√
4	白色	深棕色	√	20	黄色	绿色	√
5	白色	黄色	×	21	黄色	深棕色	√
6	白色	橙色	×	22	亮绿	红色	×
7	白色	红色	×	23	亮绿	黑色	×
8	白色	浅棕色	×	24	暗绿	黑色	×
9	白色	金色	×	25	暗绿	蓝色	×
10	橙色	黑色	√	26	蓝色	红色	×
11	橙色	蓝色	√	27	蓝色	黑色	×
12	橙色	绿色	√	28	金色	黑色	×
13	橙色	深棕色	√	29	金色	橙色	×
14	红色	黑色	√	30	金色	红色	×
15	红色	蓝色	√	31	深棕色	黑色	×
16	红色	绿色	√	32	浅棕色	红色	×

注1:"√"表示能采用;"×"表示不能采用

注2:此表仅供条码符号设计者参考

在进行条码符号的颜色搭配时,注意以下基本要求:

浅色可作底色的有白色、橙色、黄色;

深色可作条色的有黑色、深蓝色、暗绿色、深棕色;

最安全的对比色有白色、黑色;

禁止作条色的颜色有红色。

(四)商品一维条码符号选择及位置

1. 不同编码的商品条码选用

(1)13位编码的零售商品代码采用EAN-13的条码符号表示。

(2)8位编码的零售商品代码采用EAN-8的条码符号表示。

2. 商品条码符号位置

根据《商品条码 条码符号放置指南》,零售商品条码位置的选择应以符号位置相对统一、符号不易变形、便于扫描操作和识读为准则。首选的条码符号位置宜在商品包装背面的右侧下半区域内,宜横向放置(从左向右识读),若包装背面不适宜放置条码符号,则可选择商品包装其他面的右侧下半区域放置条码符号。

对于体积大的或笨重的商品，条码符号不应放置在商品包装的底部。不应把条码符号放置在穿孔、冲切口、开口、装订、接缝、折叠、折边、交叠、隆起、波纹、转角等地方。

常见类型包装条码符号的放置位置如下，其他类型详见 GB/T 14257－2009。

(1) 箱型包装。

箱型包装的条码符号最好印在包装背面的右侧下半区域，靠近边缘处。背面不合适的，可印在正面的右侧下半区域。条码位置如图 2-39 所示。

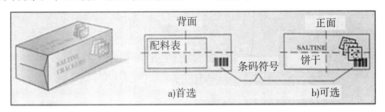

图 2-39　箱型包装的条码位置示意图

(2) 罐装、瓶装。条码符号最好印在包装背面或正面的右侧下半区域，如图 2-40 所示。

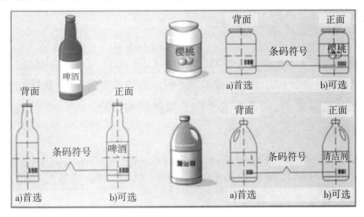

图 2-40　罐型包装的条码位置示意图

(3) 桶型包装。

条码符号最好印在桶型包装的侧面。若侧面无法印，条码符号则可印在桶型包装的盖子上，但盖子深度不可超过 12 mm。如果内装易泄漏的液体，条码符号不可印在盖子上。具体如图 2-41 所示。

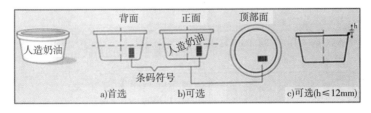

图 2-41　桶型包装的条码位置示意图

(4)袋型包装。

体积大的袋包装,条码符号印在背面或正面的右侧下方,但应避免印在过低的位置,以免防条码符号扭曲,可印在填充后不起皱折、不变形处。不应将条码符号放在接缝处或折边的下面。具体如图 2-42 所示。

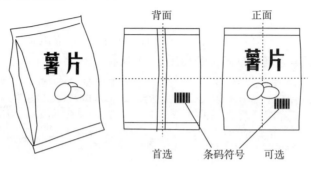

图 2-42　袋型包装的条码位置示意图

四、商品二维条码符号表示标准

(一)商品二维条码的结构标准

《商品二维码》(GB/T 33993—2017)国家标准已于 2018 年 2 月 1 日正式实施,这是我国针对产品与商品二维码开放应用的首个国家标准。二维商品条码的数据结构分为编码数据结构、国家统一网址数据结构、厂商自定义网址数据结构三种。

1. 编码数据结构

编码数据结构由一个或多个取自表 2-12 中的单元数据串按顺序组成,每个单元数据串由 GS1 应用标识符和 GS1 应用标识符数据字段组成。其中全球贸易项目代码单元数据串为必选项,其他单元数据串为可选项。

表 2-12　商品二维码的单元数据串

单元数据串名称	GS1 应用标识符(AI)	GS1 应用标识符(AI)数据字段的格式	可选/必选
全球贸易项目代码	01	N_{14} *	必选
批号	10	$X\cdots_{20}$ b	可选
系列号	21	$X\cdots_{20}$	可选
有效期	17	N_6	可选
扩展数据项*	AI(见 GB/T 33993-2017 附录中表 A.1)	对应 AI 数据字段的格式	可选
包装扩展信息网址	8200	遵循 RFC1738 协议中关于 URL 的规定	可选

续表

单元数据串名称	GS1 应用标识符(AI)	GS1 应用标识符(AI)数据字段的格式	可选/必选

N:数字字符,N_{14}:14 个数字字符,定长。
X:GB/T 33993-2017 附录 B 中表 B.1 中任意字符
$X\cdots_{20}$:最多 20 个 GB/T 33993-2017 附录 B 中表 B.1 中的任意字符,定长。
扩展数据项:用户可从 GB/T 33993-2017 附录 A 中 A.1 选择 1～3 个单元数据串,标识产品的其他扩展信息。

(1)全球贸易项目代码单元数据串。

全球贸易项目代码单元数据串由 GS1 应用标识符"01"及应用标识符对应的数据字段组成,应作为第一个单元数据串出现。全球贸易项目代码数据字段由 14 位数字代码组成,包括包装指示符、厂商识别代码、项目代码和校验码,其中厂商识别代码、项目代码和校验码的分配和计算详见国家标准 GB 12904－2008。

(2)批号单元数据串。

批号单元数据串由 GS1 应用标识符"10"及商品的批号数据字段组成。批号数据字段为厂商定义的字母数字字符串,长度可变,最大长度为 20 个字节,可包含商品二维条码国家标准除"％/＆/＜＞?"之外的字符。

(3)系列号单元数据串。

系列号单元数据串由 GS1 应用标识符"21"及商品的系列号数据字段组成。系列号数据字段为厂商定义的字母数字字符串,长度可变,最大长度为 20 个字节,可包含商品二维条码国家标准除"％/＆＜＞?"之外的字符。

(4)有效期单元数据串。

有效期单元数据串由 GS1 应用标识符"17"及商品的有效期数据字段组成。有效期数据字段位为 6 位长度固定的数字,由年(取后 2 位)、月(2 位)和日(2 位)按顺序组成。

(5)包装扩展信息网址单元数据串。

包装扩展信息网址单元数据串由 GS1 应用标识符"8200"及对应的包装扩展信息网址数据字段组成。包装扩展信息网址数据字段为厂商授权的网址,遵循 RFC1738 协议中的相关规定。

2.国家统一网址数据结构

国家统一网址数据结构由国家二维码综合服务平台服务地址、全球贸易项目代码和标识代码三部分组成,其中国家二维条码综合服务平台地址为 http://2dcode.org/和 https://2dcode.org/;全球贸易项目代码为 16 为数字代码;标识代码为国家二维条码综合服务平台通过对象网络服务(OWS)分配的唯一标识商品的代码,最大长度为 16 个字节。具体如表 2-13 所示。

表 2-13 国家统一网址数据结构

国家二维码综合服务平台	全球贸易项目代码	标识代码
http://2dcode.org/ https://2dcode.org/	AI＋全球贸易项目代码数据字段 如:0106901234567892	长度可变,最长 16 个字节

3.厂商自定义网址数据结构

厂商自定义网址数据结构由厂商或厂商授权的网络服务地址、必选参数和可选参数三部分组成,其中全球贸易项目单元为必选。具体如表 2-14 所示。

表 2-14 厂商自定义网址数据结构

网络服务地址	必选参数		可选参数
http://example.com httpa://example.com	全球贸易项目代码查询关键字"gtin"	全球贸易项目代码数据字段	取自 GB/T 33993-2017 附录 A 中表 A.1 的一对或多对查询关键字与对应数据字段的组合
注:example.com 仅为示例			

(二)二维码码制选择

商品二维条码应采用具有 GS1 或 FNC1 模式的国家标准或国际 ISO 标准的二维码码制。满足要求的主要有汉信码、快速响应矩阵码(简称 QR 码)和数据矩阵码(Data Matrix 码)等。

假设某商品二维条码的编码信息字符串为:(01)06901234567892(10)ABC001(21)20170817ASDFghjk,其中 QR 码采用 FNC1 模式编制,纠错等级设置为 L 级(3％),Data Matrix 码采用 GS1 模式。汉信码如图 2-43(a)、QR 码如图 2-43(b)、Data Matrix 码如图 2-43(c)所示。

(a)汉信码

(b)QR 码

(c)Data Matrix 码

图 2-43 二维码的码制

(三)商品二维条码的位置

用户可选择在商品二维条码周围加上图形标识,图形标识大小要保证符号不影响被识读。若图形标识过大,则会导致符号印制面积过大;若图形标识过小,则会导致消费者无法辨认。

在商品二维条码中间加入图形标识,中间图形标识的大小根据二维条码符号的纠错等级决定,纠错等级越高,允许中间图案占整个二维条码符号的比例越大。

任务实训 2-3

商品条码的编码

一、实训目标

1.认识商品条码的编码过程。

2.熟练掌握 EAN-13 码的校验码计算及二进制转换。

二、实训要求与任务内容

1.实训要求。

结合条码的基本编码规则,理解 EAN-13 码的编码过程,掌握 EAN-13 码的校验码计算步骤以及转换成二进制的方法。

2.实训任务内容。

(1)请每位同学根据下列方式制定商品条码的前 12 位。

[宿舍楼号(1 位)+寝室号(3 位)+学号(8 位)],并按照如下规则计算出校验码,需要将计算过程表示出来。

商品条码的校验码有固定的计算方法,计算规则如下:

第一步,将代码最右边一个数位作为奇数位,从右向左为每个字符指定奇数/偶数位;

第二步,对所有奇数位上的数值求和,再将求和值乘以 3;

第三步,对所有偶数位上的数值求和;

第四步,将第二步和第三步计算的结果求和;

第五步,用 10 减去第四步求和值的个位数即为校验位的数值,如果第四步的求和值的个位数为 0,则校验位的数值就是"0"。

(2)请各位同学再将第一题校验码规则编写出来的 13 位商品代码,按照本次课讲述的商品条码二进制转换规则翻译成二进制代码。

(3)将校验码计算过程及最终的商品条码二进制代码整理在 Word 文档中并提交作业。

任务四 条码技术在物流管理中的应用

任务目标

1.了解储运单元、物流单元的相关概念

2.掌握储运单元条码以及物流单元条码结构

3.熟悉储运单元条码以及物流单元条码的编制规范

4.了解物流单元条码的放置要求

案例导入

现代物流业将会成为中国经济发展的重要产业和新的经济增长点。今天的规模化物流业早已采用了条码技术,条码技术提供了一种对流通中的物品进行标识和描述的方法,借助于自动识别技术、POS系统、EDI等现代技术手段,企业可以随时了解有关产品在供应链上的位置,并即时作出反应。ECR、QR、自动连续补货等供应链管理策略,都离不开条码技术的应用。

条码技术为快速准确的数据采集、数据录入提供了有效、可靠的手段,它与计算机、网络通信等一起构成了现代商业自动化的基础,主要满足企业针对仓储运输、市场销售、快件跟踪等方面的应用。

对于物流企业,仓库管理系统根据货物的品名、型号、规格、产地、包装等划分货物品种,并且分配唯一的条码。物流企业根据条码管理货物库存,并进行仓库的各种操作,包括出库、入库、盘库、移库等。不同业务以各自的方式进行,完成仓库的进、销、存管理。对于流通企业,通过在销售、配送过程中采集产品的单品条码信息,根据产品单件标识条码记录产品销售过程,完成产品销售链跟踪,防止串货现象发生。对于快递公司,把运单号用条码表现出来,可以有效防止人工抄录单号错误,方便快递公司运单、货物的管理。另外,在货物处理的任何状态,如在快递收件人收到客户的货物或货物在转送到某个中转站后,可以使用数据采集器扫描运单上的条码,数据通过GPRS实时传送到公司的服务器上,客户或收件人通过快递公司的在线查询系统,可以了解货物的状态。

(资料来源于网络,文字有删改)

思考题:
物流企业及快递公司分别在哪些业务环节应用了条码技术?

一、基本术语

(一)储运包装条码基本术语

1. 储运包装商品

储运包装商品是指由一个或若干个零售商品组成的,用于订货、批发、配送及仓储等活动的各种包装的商品。储运包装商品一般由消费商品组成的商品包装单元构成。储运包装商品分为定量储运包装商品和变量储运包装商品。

2. 定量零售商品

定量零售商品是指按相同规格(类型、大小、重量、容量等)生产和销售的零售商品。

3. 变量零售商品

变量零售商品是指在零售过程中,无法预先确定销售单元,按基本计量单位计价销售的零售商品。

4. 定量储运包装商品

定量储运包装商品是指由定量零售商品组成的稳定的储运包装商品。

5. 变量储运包装商品

变量储运包装商品是指由变量零售商品组成的储运包装商品。

（二）物流单元条码基本术语

1. 物流单元

物流单元是在供应链过程中为运输、仓储、配送等建立的包装单元。例如，一箱装有不同颜色和尺寸的裙子和夹克的组合包装，一个含有 40 箱饮料的托盘（每箱 12 盒装）都可以视为一个物流单元。

2. 标签单元

标签单元是物流单元标签中用文字表示的信息。

3. 物流单元信息流程

物流单元的信息流程是在产品制造、货物配储、运输和市场调度的全过程中形成的与物流单元相关的信息，物流单元的基本信息流程是从供应商到承运商再到客户。

二、储运业务的编码标准

（一）储运代码结构

储运包装商品的编码采用 EAN-13 或 ITF-14 代码结构。

1. 13 位代码结构

储运包装商品的 13 位代码结构与零售商品的 EAN-13 代码结构完全一致。

2. 14 位代码结构

当储运包装商品不是零售商品时，应在 EAN-13 代码前补上"包装指示符"变成 ITF-14 码，ITF-14 码的代码结构如表 2-15 所示。

表 2-15 储运包装商品 ITF-14 代码结构

储运包装商品包装指示符	内部所含零售商品代码前 12 位	校验码
V	$X_{13} X_{12} X_{11} X_{10} X_9 X_8 X_7 X_6 X_5 X_4 X_3 X_2$	C

ITF-14 代码结构中的第 1 位数字为包装指示符，用于指示储运包装商品的不同包装级别，取值范围为 1~9。其中 1~8 用于定量的储运包装商品，9 用于变量的储运包装商品。

储运包装商品 ITF-14 代码中的第 2~13 位数字为内部所含零售商品代码前 12 位，是指包含在储运包装商品内的零售商品代码去掉校验码后的 12 位数字。

ITF-14 码的校验码是代码最后 1 位，这里以代码 1690123400005C 为例，计算步骤如下所示。

(1)自右向左按顺序编码。

位置序号	14	13	12	11	10	9	8	7	6	5	4	3	2	1
代码	1	6	9	0	1	2	3	4	0	0	0	0	5	C

(2)从序号2开始求出偶数位上数字之和。

5＋0＋0＋3＋1＋9＋1＝19

(3)将步骤2求得的数字之和乘以3。

19×3＝57

(4)从序号3开始求出奇数位上数字之和。

0＋0＋4＋2＋0＋6＝12

(5)将步骤3求得的值与步骤4求得的值相加

57＋12＝69

(6)用10减去步骤5求得的值的个位数作为校验码,如果个位数为0,则校验码为0。

10－9＝1

本例中校验码 C＝1

(二)储运代码编制

1. 定量非零售商品

(1)单个包装的非零售商品。

单个包装的非零售商品是指独立包装但又不适合通过零售端POS扫描结算的商品项目,如独立包装的冰箱、洗衣机等。其标识代码可以采用EAN-13码或ITF-14码。

(2)含有多个相同包装等级的非零售商品。

要标识的货物内由多个相同零售商品组成不同的包装等级,如装有24条香烟的一整箱烟,或装有6箱烟的托盘等。其标识代码可以选用ITF-14码或EAN-13码。当采用EAN-13码时,其标识方法与零售贸易项目的相同。若采用ITF-14码,就是在原有的EAN-13码(不含校验码)前添加包装指示符,并生成新的校验码。包装指示符的取值范围为1～8。

(3)含有多个不同包装等级的非零售商。

要标识的货物内由多个不同零售商品组成标准的组合包装商品,这些不同的零售商品的代码各不相同。其标识代码可采用与所含各零售商品的代码均不相同的EAN-13码,与零售贸易项目的标识方法相同。

例如,多级包装的药品,其标识代码选择方案如图2-44所示。

2. 变量非零售商品

变量非零售商品是指其内所含物品是以基本计量单位计价,数量随机的包装形式,如待分割的猪肉。变量非零售商品的标识代码采用ITF-14结构,如表2-16所示。

EAN-13:6901234000047

ITF-14:16901234000044或
EAN-13:6901234000054

ITF-14:26901234000041或
EAN-13:6901234000061

图 2-44　不同包装等级的药品的编码方案

表 2-16　变量非零售商品 ITF-14 代码结构

指示符	厂商识别代码＋项目代码	校验码
9	$X_{13} X_{12} X_{11} X_{10} X_9 X_8 X_7 X_6 X_5 X_4 X_3 X_2$	X_1

（1）包装指示符为 9：此代码是对变量贸易项目的标识。

（2）厂商识别代码、项目代码和校验码与零售商品相同。

3. 非零售商品附加属性信息的编码

EAN-128 条码可用于表示商品附加属性信息。当非零售商品在流通过程中需要标识附加信息时，如生产日期、有效期、批号及数量等，可采用应用标识符。应用标识符是一个 2～4 位的代码，用于定义其后续数据的含义和格式。使用应用标识符可以将不同内容的数据表示在一个 EAN－128 条码中。不同的数据间不需要分隔，这既节省了空间，又为数据的自动采集创造了条件。EAN－128 条码标识定量储运单元为 14 位数字代码，标识变量储运单元时代码区由 14 位数字的主代码和 6 位数字的附加代码组成，代码结构如图 2-45 所示。

(01) 9 6901234 50009 0 (3101) 000844

图 2-45　重量是 84.4kg 的变量储运包装商品的 EAN-128 码

图 4-2 中 EAN-128 代码区的(01)、(3101)为应用标识符，其中(01)表示全球贸易项目代码，(3101)表示所含零售商品重量。应用标识符的含义、组成及格式可查阅 GB/T 15425－2014《商品条码 128 条码》及 GB/T 16986－2018《商品条码 应用标识符》等国家标准。

(三)非零售商品条码位置

每个完整的非零售商品包装上至少应有一个条码符号,该条码符号到任何一个直立边的间距应不小于 50mm。物流过程中的包装项目最好使用两个条码符号,分别放置在相邻的两个面上(即边缘线较短的面和边缘线较长的面),以便在物流仓储时可以保证在包装转动时,总能看到其中的一个条码符号。

ITF-14 条码的符号位置如图 2-46 所示。条码符号下边缘距印制面下边缘的最小距离为 32mm,条码符号的第一个和最后一个条的外边缘距印制面垂直边的最小距离为 34mm,保护框外边缘距垂直边的最小距离为 19mm。

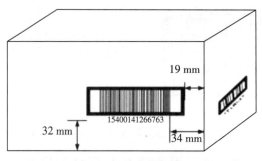

图 2-46　ITF-14 条码符号位置

三、物流单元的编码标准

(一)物流单元的代码结构

1. 物流单元的标识

物流单元条码是为了便于运输或仓储而建立的临时性组合包装,在供应链中需要进行个体的跟踪与管理。通过扫描每个物流单元上的条码标签,物流与信息流可实现链接,以分别追踪每个物流单元的实物移动。物流单元的编码采用系列货运包装箱代码(SSCC-18)进行标识。系列货运包装箱代码(SSCC)是为物流单元(运输或仓储)提供唯一标识的代码,具有全球唯一性。SSCC 用 UCC/EAN-128 条码符号表示。

2. SSCC

不管物流单元本身是否标准,所包含的贸易项目是否相同,SSCC 都可标识所有的物流单元。厂商如果希望在 SSCC 数据中区分不同的生产厂(或生产车间),可以通过分配每个生产厂(或生产车间)SSCC 区段来实现。SSCC 在发货通知、交货通知和运输报文中公布。

SSCC 由扩展位、厂商识别代码、系列号(项目代码)和校验码四部分组成,是 18 位的数字代码,具有四种结构,如表 2-17 所示。

表 2-17　SSCC 结构

结构种类	扩展位	厂商识别代码	系列号(项目代码)	校验码
结构一	N_1	$N_2 N_3 N_4 N_5 N_6 N_7 N_8$	$N_9 N_{10} N_{11} N_{12} N_{13} N_{14} N_{15} N_{16} N_{17}$	N_{18}
结构二	N_1	$N_2 N_3 N_4 N_5 N_6 N_7 N_8 N_9$	$N_{10} N_{11} N_{12} N_{13} N_{14} N_{15} N_{16} N_{17}$	N_{18}
结构三	N_1	$N_2 N_3 N_4 N_5 N_6 N_7 N_8 N_9 N_{10}$	$N_{11} N_{12} N_{13} N_{14} N_{15} N_{16} N_{17}$	N_{18}
结构四	N_1	$N_2 N_3 N_4 N_5 N_6 N_7 N_8 N_9 N_{10} N_{11}$	$N_{12} N_{13} N_{14} N_{15} N_{16} N_{17}$	N_{18}

其中,扩展位由 1 位数字组成;厂商识别代码由 7～10 位数字组成;系列号(项目代码)由 6～9 位数字组成;校验码为 1 位数字。

在大多数情况下,SSCC 与应用标识符一起使用。SSCC 符号如图 4-4 所示,应用标识符表示后跟系列货运包装箱代码。

(00)069014141234567898

图 2-47　SSCC 的符号示意图

3. 物流单元的附加信息代码

在通常情况下,物流单元除了需要标明 SSCC 外,还需要明示一些其他的附加信息,如:运输目的地、物流包装重量、物流单元的长宽高尺寸等。在物流单元条码中,对这些属性信息的编码采用"应用标识符＋附加属性信息代码"表示,并且属性数据必须与物流单元相关联,单独出现没有意义。常见的附加信息代码数据格式可参考《商品条码 应用标识符》国家标准(GB/T 16986—2018)。

(二)物流单元标识代码的编制规则

1. 基本编制规则

(1)唯一性。每个物流单元都应分配一个独立的 SSCC,并在供应链流转过程中及整个生命周期内保持唯一不变。

(2)稳定性。一个 SSCC 被分配以后,从货物起运日期起的一年内,不应重新分配给新的物流单元。有行业惯例或其他规定的可延长期限。

2. 附加信息代码的编制规则

物流单元标识代码的附加信息代码由用户根据实际需求按照附加信息代码结构的规定编制。

(1)扩展位。SSCC 的扩展位表示包装类型,用于增加 SSCC 的容量,由建立 SSCC 的厂商自行分配,取值范围为 0～9。

(2)厂商识别代码。SSCC 的厂商识别代码与 EAN-13 码的厂商识别代码编码规则一致。

(3)系列号(项目代码)。系列号是厂商自行分配的一个连续号,与 EAN-13 码的项目代码编码规则一致。

(4)校验码。校验码的计算方法与 EAN-13 码及 ITF-14 码校验码计算步骤完全一致。

3. SSCC 编码示例

假设分给 A 厂的厂商识别代码为 6901234,其部分产品的编码如图 2-48 所示。

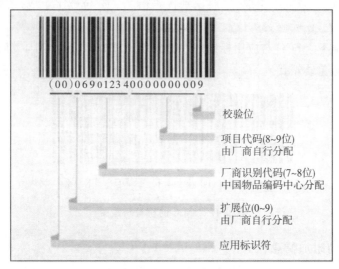

图 2-48　SSCC 编码示

四、物流单元标签使用规范

(一)物流单元标签内容

每个物流单元都要有自己唯一的 SSCC。SSCC 作为物流标签的唯一必要要素,由 UCC/EAN-128 条码符号表示,在物流单元形成时制作并粘贴。在物流单元标签上物流单元的信息有两种基本的形式:由文本和图形组成的供人识读的信息以及为实现自动数据采集而设计的机读信息。

一个完整的物流单元标签可划分为三个区段:供应商区段、客户区段和承运商区段。当获得相关信息时,每个标签区段可在供应链上的不同结点使用。此外,为便于人、机分别处理,每个标签区段的条码与文本信息是分开的。标签制作者,即负责印制和应用标签者,决定标签的内容、形式和尺寸。

对所有 EAN/UCC 物流单元标签来说,SSCC 是唯一的必备要素。如果需要增加其他信息,则应符合 EAN/UCC 通用规范的相关规定。

一个标签区段是信息的一个合理分组。标签上一般有三个标签区段,每个区段表示一组信息。一般来说,标签区段从顶部到底部的顺序依次为:承运商区段、客户区段和供应商区段,根据需要可作适当调整。

1. 承运商区段

承运商区段所包含的信息,如到货地邮政编码、托运代码、承运商特定运输路线、装卸信息等,通常是在装货时知晓的。

2. 客户区段

客户区段所包含的信息,如到货地、购货订单代码、客户特定运输路线和装卸信息等,通常是在订购和供应商处理订单时知晓的。

3. 供应商区段

供应商区段所包含的信息一般是供应商在包装时知晓的。SSCC 在此作为物流单元的标识。如果过去使用 GTIN,在此也可以与 SSCC 一起使用。包含供应商、客户、承运商区段的完整物流单元标签如图 2-49 所示。

图 2-49　完整物流单元标签

对供应商、客户和承运商都有用的信息,如生产日期、包装日期、有效期、保质期、批号、系列号等,皆可采用 UCC/EAN—128 条码符号表示。物流单元标签的内容和次序可以根据物流单元的尺寸和贸易过程来作调整。每个标签区段中的条码与文本信息是分开的。在物流单元标签中,表示 SSCC 的 UCC/EAN-128 条形码作为主符号,其后不能直接链接有关该物流信息单元的附加信息,附加信息应以另外的 UCC/EAN-128 条码来表示,含有不同内容的物流单元标签如图 2-50、图 2-51 所示。

图 2-50 包含链接数据的供应商区段的物流标签

图 2-51 包含供应商和承运商区段的物流标签

(二)物流单元标签的放置

1.标签放置方向

物流单元标签条形码的条与空应垂直于物流单元的底面。SSCC条码符号应位于标签的最下端。每个物流单元至少有一个标签。如果有两个标签,最好均固定在相邻的两个侧面的右上区域,条码符号横向放置,使条码符号的条垂直于所在直立面的下边缘,以方便扫描,如图 2-52 所示。

图 2-52 物流单元标签的放置方向

2. 标签放置位置

(1)高度低于 1m 的物流单元。

对于高度低于 1m 的纸板箱与其他的物流单元,标签中 SSCC 的底边应距离物流单元的底部不小于 32mm,标签与物流单元垂直边线的距离不小于 19mm,如图 2-53 所示。

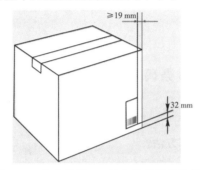

图 2-53 高度低于 1m 的物流单元标签放置

如果物流单元已经使用 EAN-13、UPC-A、ITF-14 或 UCC/EAN-128 条码等标识贸易项目的条码符号,则标签应贴在上述条码的旁边,不能覆盖原有的条码,并保持一致的水平位置,如图 2-54 所示。

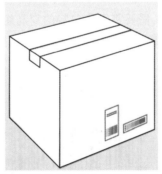

图 2-54 物流单元标签与其他条码符号放置

(2)高度高于 1m 的物流单元。

托盘和其他高度超过 1m 的物流单元,标签应位于距离物流单元底部或托盘表面 400～800mm 的位置,标签与物流单元垂直底部边线的距离应不小于 50mm,如图 2-55 所示。

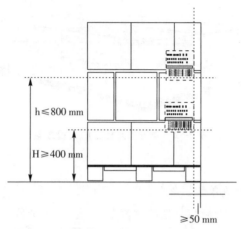

图 2-55　高度高于 1m 的物流单元标签放置

任务实训 2-4

ITF-14 条码及 EAN-128 条码编制

一、实训目标

1. 认知 ITF-14 条码及 EAN-128 条码的基本规范。
2. 熟练掌握条码软件的操作方法。

二、实训要求与任务内容

1. 实训要求。

(1) 依据特定要求设计 ITF-14 条码及 EAN-128 条码的代码区信息。

(2) 使用 Label MX 软件制作储运单元条码及物流单元条码。

2. 实训任务内容。

某家物流企业为了方便运输,需要将零售包装的商品组合成统一标识的运输包装。

(1) 请选择合适的码制为运输包装制作对应的条码。商品零售包装上的条码如下图所示。

(2) 该商品为了实现跨境销售,需要增加更多补充性标识信息,如每箱内放置 10 件商品,商品的生产日期是 2020 年 10 月 28 日,保质期到 2022 年 2 月 10 日。请选择合适的码制为包装制作对应的条码。

项目二 物流数据采集技术

任务五 RFID 技术的认知

任务目标

1. 知道 RFID 的基本概念
2. 掌握 RFID 的工作原理、分类
3. 了解 RFID 读写器工作原理、RFID 在物流管理中的作用

案例导入

RFID 智能电子车牌应用

智能电子车牌是将普通车牌与 RFID 技术相结合形成的一种新型电子车牌。一个智能电子车牌由普通车牌和电子车牌组成。电子车牌实际上是一个无线识别的电子标签。电子车牌中存储了经过加密处理的车辆数据。其数据只能由经过授权的无线识别器读取。同时在各交通干道架设监测基站(监测基站由摄像机、射频读卡器和数据处理系统三部分构成),监测基站通过 GPRS 与中心服务器相连,通过 WLAN 与警用掌上电脑相连。执法人员携带掌上电脑,站在监测基站前方,车辆经过监测基站,摄像机会拍摄车辆的物理车牌,经监测基站图像识别系统处理后,得到物理车牌的车牌号码;与此同时,射频读卡器读取电子车牌中加密的车辆信息,经监测基站解密后,得到电子车牌的车牌号码。

由于经过硬件设计、软件设计、数据加密后的电子车牌是不可能被仿制的,且每辆车只配备一个,如果是套牌车辆,则物理车牌的车牌号码必然没有与之相对应的电子车牌的车牌号码,监测基站立即将物理车牌的车牌通过 WLAN 发送到前方交警的掌上电脑上,提示交警进行拦截。利用类似的原理,智能车牌系统可同时完成对黑名单车辆、非法营运车辆的识别。

(资料来源于网络,文字有删改)

一、RFID 技术基本概念

射频(RF)是 Radio Frequency 的缩写,表示可以辐射到空间的电磁频率,频率范围从 300kHz～300GHz 之间。每秒变化小于 1000 次的交流电称为低频电流,大于 10000 次的称为高频电流。射频属于高频电流。

射频识别(RFID)是一种无线通信技术,可以通过无线电讯号识别特定目标并读写相关数据,而无须识别系统与特定目标之间建立机械或者光学接触。

从概念上来讲,RFID 类似于条码扫描,但条码技术是将已编码的条形码附着于目标物并使用专用的扫描读写器,利用光信号将信息由条形磁传送到扫描读写器,而 RFID 则使用专用的 RFID 读写器及专门的可附着于目标物的 RFID 标签,利用频率信号将信息由 RFID 标签传送至 RFID 读写器。

目前许多行业都运用了射频识别技术。将标签附着在一辆正在生产中的汽车,以方便

追踪汽车在生产线上的进度。射频标签也可以附于牲畜与宠物上,方便对牲畜与宠物的积极识别(防止数只牲畜使用同一个身份)。

二、RFID 技术工作原理与流程

无线电的信号是通过调成无线电频率的电磁场,把数据从附着在物品上的标签上传送出去,以自动辨识与追踪该物品。某些标签在识别时从识别器发出的电磁场中就可以得到能量,并不需要电池;也有标签本身拥有电源,并可以主动发出无线电波(调成无线电频率的电磁场)。标签包含了电子存储的信息,在数米之内都可以识别。与条形码不同的是,射频标签不需要处在识别器视线之内,也可以嵌入被追踪物体之内。

阅读器通过发射天线发送一定频率的射频信号,当射频卡进入发射天线工作区域时产生感应电流,射频卡获得能量被激活;射频卡将自身编码等信息通过卡内置发送天线发送出去;系统接收天线接收到从射频卡发送来的载波信号,经天线调节器传送到阅读器,阅读器对接收的信号进行解调和解码然后送到后台主系统进行相关处理;主系统根据逻辑运算判断该卡的合法性,针对不同的设定作出相应的处理和控制,发出指令信号控制执行机构动作。

在耦合方式(电感-电磁)、通信流程(FDX、HDX、SEQ)、从射频卡到阅读器的数据传输方法(负载调制、反向散射、高次谐波)以及频率范围等方面,不同的非接触传输方法有根本的区别,但所有的阅读器在功能原理及设计构造上都很相似,所有阅读器均可简化为高频接口和控制单元两个基本模块。高频接口包含发送器和接收器,其功能包括产生高频发射功率以启动射频卡并提供能量;对发射信号进行调制,用于将数据传送给射频卡;接收并解调来自射频卡的高频信号。不同射频识别系统的高频接口设计具有一些差异,电感耦合系统的高频接口原理图如图 2-56 所示。

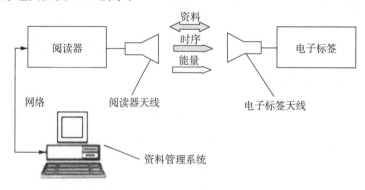

图 2-56 RFID 系统的组成

RFID 系统一般由信号发射机(射频标签)、信号接收机(阅读器)、天线等部分组成。

RFID 系统的基本工作流程:

RFID 读写器将无线电载波信号经过发射天线向外发射;

当 RFID 电子标签进入发射天线的工作区域时,电子标签被激活,将自身信息的代码经天线发射出去;

RFID 系统的接收天线接收电子标签发出的载波信号,经天线的调节器传输给 RFID 读写器,读写器对接收到的信号进行解调解码,送往后台的计算机控制系统;

计算机控制系统根据逻辑运算判断该电子标签的合法性,针对不同的设定作出相应的处理和控制,发出指令信号控制执行机构的动作;

执行机构按照计算机系统的指令动作;

通过计算机通信网络将各个监控点连接起来,构成总控信息平台,根据不同的项目设计不同的软件来完成要实现的功能。

三、RFID 的系统构成与分类

(一)信号发射机(射频标签)

RFID 标签分为被动式、半被动式(也称作半主动式)、主动式三类。

1. 被动式

被动式标签没有内部供电电源。其内部集成电路通过接收到的电磁波进行驱动,这些电磁波是由 RFID 读写器发出的。当标签接收到足够强度的讯号时,可以向读写器发出数据。这些数据不仅包括 ID 号(全球唯一标识 ID),还包括预先存在标签内的 EEPROM 中的数据。

由于被动式标签具有价格低廉,体积小巧,无须使用电源的优点,市场中的 RFID 标签主要是被动式的。

2. 半主动式

一般而言,被动式标签的天线有两个任务。第一,接收读写器所发出的电磁波,借以驱动标签 IC;第二,标签回传信号时,只有靠天线的阻抗作切换,才能产生 0 与 1 的变化。问题是,想要有最好的回传效率的话,天线阻抗必须设计"开路与短路",这样又会使信号完全反射,无法被标签 IC 接收,半主动式标签可以解决这样的问题。半主动式标签类似于被动式,不过多了一个小型电池,电力恰好可以驱动标签 IC,使得 IC 处于工作的状态。这样的好处在于,天线可以不用管接收电磁波的任务,充分作为回传信号之用。比起被动式,半主动式有更快的反应速度、更高的效率。

3. 主动式

与被动式和半主动式不同的是,主动式标签本身具有内部电源供应器,用以供应内部 IC 所需电源以产生对外的讯号。一般来说,主动式标签拥有较长的读取距离和较大的记忆体容量可以用来储存读写器所传送来的一些附加讯息。

射频识别技术包括了一整套信息技术基础设施,包括:射频识别标签,又称射频标签、电子标签,主要由存有识别代码的大规模集成线路芯片和收发天线构成,主要为无源式,使用时的电能取自天线接收到的无线电波能量;射频识别读写设备及与相应的信息服务系统,如进销存系统的联网等。

将射频识别技术与条码技术相互比较,射频识别技术拥有许多优点,如:容量大、通讯距离长、对环境变化有较高的忍受力、可同时读取多个标签等。相对地,射频识别技术也有缺点,即建设成本较高。不过,若该技术被大量使用,生产成本就可大幅降低。

（二）信号接收机

在RFID系统中,信号接收机一般叫作阅读器。根据支持的标签类型不同与完成的功能不同,阅读器的复杂程度是显著不同的。阅读器基本的功能就是提供与标签进行数据传输的途径。另外,阅读器还提供相当复杂的信号状态控制、奇偶错误校验与更正功能等。标签除存储需要传输的信息外,还必须含有一定的附加信息,如错误校验信息等。识别数据信息和附加信息按照一定的结构编制在一起,并按照特定的顺序向外发送。阅读器通过接收到的附加信息来控制数据流的发送。一旦到达阅读器的信息被正确地接收和译解后,阅读器通过特定的算法决定需要让发射机对已发送的信号重发一次,或者让发射器停止发送信号,这就是"命令响应协议"。使用该协议,即便在很短的时间、很小的空间内阅读多个标签,也可以有效地防止"欺骗问题"的产生。

（三）天线

天线是标签与阅读器之间传输数据的发射、接收装置。在实际应用中,除了系统功率,天线的形状和相对位置也会影响数据的发射和接收,专业人员需要对系统的天线进行设计、安装。

（四）编程器

只有可读可写标签系统才需要编程器。编程器是向标签写入数据的装置。编程器写入数据一般来说是离线完成的,预先在标签中写入数据,等到开始应用时直接把标签黏附在被标识物体上。

RFID标签的分类如下。

1. 低频率的 RFID 标签

对于低频率的RFID标签来说,它的频率大多在30~300MHz之间,而在我们常见的频率中,124kHz和133kHz就是典型的低频率RFID,而对于低频率标签来说,它的工作距离也限定在1米以内的距离当中。

2. 中高频段 RFID 标签

对于中高段的RFID标签来说,我们将它定位在3~30MHz之前。其中,我们经常遇到的典型频率为13.56MHz,与低频频率一样,中高频段也同样采用电感耦合的方式,由于有着更高的射频能力,它的应用领域也常常定位于电子车票、身份证、遥控锁等对效率要求较高的领域。

3. 超高频率 RFID 标签

对于超高频率标签来说,它同时被称为微波电子标签。433.92MHz,862(902)~928MHz,2.45GHz,5.8GHz是典型的超高频率。超高频率RFID标签可以进一步分为有源标签和无源标签。

由于有着更强的射频能力,超高频率 RFID 标签可以满足多信号在同一时间同一环境内实现正常的识别与工作。另外,它的工作距离也在原有的基础上延伸到更远的范围,并且发挥着更强的影响力。因此,包括纽扣电池等设备的应用都是基于这类技术完成的。

四、RFID 技术的优势

RFID 以无线方式进行双向通信,其最大的优点在于非接触,可实现批量读取和远程读取,能可靠识别 100km/h 的高速移动目标,可实现真正的"一物一码"。

RFID 阅读器利用无线电波全自动瞬间读取标签上的信息,并且可以同时识别多个 RFID 电子标签,从而能够对标签所对应的目标对象实施跟踪定位。

RFID 电子标签是将数据存储在芯片中,不会或者比较少受到环境因素的影响,从而可以保证在环境恶劣的情况下的正常使用。同时,RFID 所利用的电磁波可以穿透纸张、木材和塑料等非金属或者非透明的材质,由此具有很强的穿透性,可以长距离通信,进一步增强环境的适应性。

RFID 电子标签中的信息内容可以设置密码保护,不易被人为伪造修改,在使用上具有安全性。

五、RFID 技术在物流管理中的作用

(一)入库和检验

当贴有电子标签的货物被运送至配送中心时,配送中心入口处的阅读器就将自动识读标签,根据识别的信息,管理系统会自动更新存货清单,同时,根据订单的需要,将相应货物发往正确的地点。这一过程将传统的货物验收入库程序简化了,省去了繁琐的检验、记录、清点等大量需要人力的工作。

(二)整理和补充货物

装有移动阅读器的运送车自动对货物进行整理,根据计算机管理中心的指示自动将货物运送到正确的位置上,同时将计算机管理中心的存货清单更新,记录下最新的货物位置。存货补充系统将在存货不足指定数量时自动向管理中心发出申请,根据管理中心的命令,在适当的时间补充相应数量的货物。在整理货物和补充存货时,如果发现货物被堆放到了错误位置,阅读器就将随时向管理中心报警,根据指示,运送车将把货物重新堆放到指定的正确位置。

(三)订单填写

通过 RFID 系统,存货和管理中心紧密联系在一起,发货、出库、验货、更新存货目录被整合成一体,最大限度地降低了错误的发生概率,同时节省了人力。

（四）货物出库运输

应用 RFID 技术后，货物运输将实现高度自动化。当货物在配送中心出库，经过仓库出口处阅读器的有效范围时，阅读器自动读取货物标签上的信息后就可以直接出库。

任务实训 2-5

一、实训目标

RF 上架就是用 RF 程序终端对组托后的托盘（货品）进行上架。

二、操作方法

需要用 RF 程序终端来操作，以下是具体的操作步骤。

1. 用登录物流大赛软件的账号登录 RF 程序。

登录 RF 的界面如下。

2. 在 NOS-WMS-RF 主界面页面，点击"入库作业"按钮，进入 NOS－WMS－RF 入库作业页面。

3. 在 NOS－WMS－RF 入库作业页面，如下图，选择一个入库单状态是已组托的入库单，点击"上架"按钮，进入 NOS－WMS－RF 入库作业—上架页面。

4. 在 NOS－WMS－RF 入库作业—上架页面,将光标移动到"托盘"的输入框内,输入托盘的标签。

5. 输入托盘标签之后,将光标移动到"仓位"的输入框内,输入仓位的标签,点击"确定"后,结果如下图。

6. 重复第四步和第五步,上架本入库单上其他的托盘,本入库单所有托盘上架完毕,点击"提交上架"按钮,如下图所示。

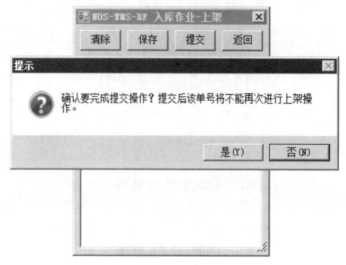

7. 点击"返回"按钮,关闭当前窗口。

任务六　RFID 技术标准及应用

任务目标

1. RFID 的技术标准
2. RFID 的技术应用

一、RFID 技术标准体系

RFID 是从 20 世纪 80 年代开始逐渐走向成熟的一项自动识别技术。近年来由于集成电路的快速发展,RFID 标签的价格持续减低,因而在各个领域的应用发展十分迅速。为了更好地推动这一新产业的发展,国际标准化组织 ISO、以美国为首的 EPCglobal、日本 UID 等标准化组织纷纷制定 RFID 相关标准,并在全球积极推广这些标准。

（一）ISO 制定的 RFID 标准体系

RFID 标准化工作最早可以追溯到 20 世纪 90 年代。1995 年,国际标准化组织 ISO/IEC 联合技术委员会设立了子委员会 SC31(以下简称 SC31),负责 RFID 标准化研究工作。SC31 委员会由来自各个国家的代表组成,如英国的 BSI IST34 委员、欧洲 CEN TC225 成员。他们既是各大公司内部咨询者,也是不同公司利益的代表者。因此,在 ISO 标准化制定过程中,有企业、区域标准化组织和国家(或地区)三个层次的利益代表者。RFID 标准可以分为四个方面:数据标准(如编码标准 ISO/IEC15691、数据协议 ISO/IEC 15692、ISO/IEC15693 等)、空中接口标准(ISO/IEC18000 系列)、测试标准(性能测试标准 ISO/IEC 18047 和一致性测试标准 ISO/IEC18046)、实时定位系统(RTLS)(ISO/IEC 24730 系列应用接口与空中接口通信标准)方面的标准。

这些标准涉及 RFID 标签、空中接口、测试标准、读写器与到应用程序之间的数据协议，考虑的是所有应用领域的共性要求。

ISO 对于 RFID 的应用标准是由应用相关的子委员会制定。RFID 在物流供应链领域中的应用方面标准由 ISO/TC 122/104 联合工作组负责制定，包括 ISO17358 应用要求、ISO 17363 货运集装箱、ISO 17364 装载单元、ISO17365 运输单元、ISO 17366 产品包装、ISO 17367 产品标签。RFID 在动物追踪方面的标准由 ISO/TC23/SC19 来制定，包括 ISO "11784/11785 动物 RFID 技术在畜牧业的应用""ISO14223 动物 RFID 技术在畜牧业的应用"高级标签的空中接口、协议定义。

从 ISO 制定的 RFID 标准内容来说，RFID 应用标准是在 RFID 编码、空中接口协议、读写器协议等基础标准之上，针对不同使用对象，确定了使用条件、标签尺寸、标签粘贴位置、数据内容格式、使用频段等方面特定应用要求的具体规范，同时也包括数据的完整性、人工识别等其他一些要求。通用标准提供了一个基本框架，应用标准是对通用标准的补充和具体规定。应用标准既保证了 RFID 技术具有互通性与互操作性，又兼顾了应用领域的特点，能够很好地满足应用领域的具体要求。

（二）EPCglobal 制定的 RFID 标准体系

与 ISO 制定的 RFID 标准相比，EPCglobal 标准体系是面向物流供应链领域的，可以看成一个应用标准。EPCglobal 的目标是解决供应链的透明性和追踪性。透明性和追踪性是指供应链各环节中所有合作伙伴都能够了解单件物品的相关信息，如位置、生产日期等信息。EPCglobal 制定了 EPC 编码标准，从而实现对所有物品提供单件唯一标识。空中接口协议、读写器协议与 ISO 标准体系类似。在空中接口协议方面，目前 EPCglobal 的策略尽量与 ISO 兼容，如 G1G2 UHF RFID 标准递交 ISO 将成为 ISO 18000－6C 协议。但 EPCglobal 空中接口协议有其局限范围，仅仅关注 UHF 860～930MHz。

除了信息采集以外，EPCglobal 非常强调供应链各方之间的信息共享，为此制定了信息共享的物联网相关标准，包括 EPC 中间件规范、对象名解析服务 ONS（Object Naming Service）、物理标记语言 PML（Physical Markup Language）。这样从信息的发布、信息资源的组织管理、信息服务的发现以及大量访问之间的协调等方面作出规定。物联网的信息量和信息访问规模大大超过普通的因特网。物联网系列标准是根据自身的特点参照因特网标准制定的。物联网是基于因特网的，与因特网具有良好的兼容性。

物联网标准是 EPCglobal 所特有的，ISO 仅仅考虑自动身份识别与数据采集的相关标准，数据采集以后如何处理、共享并没有作规定。物联网是未来的一个目标，对当前应用系统建设来说具有指导意义。

（四）UID 制定的 RFID 标准体系

日本 UID 制定 RFID 相关标准的思路类似于 EPCglobal，目标也是构建一个完整的标准体系，即从编码体系、空中接口协议到泛在网络体系结构，但是每一个部分的具体内容存在差异。

为了制定具有自主知识产权的 RFID 标准，UID 在编码方面制定了 uCode 编码体系，该体系不仅能够兼容日本已有的编码体系，还能兼容其他国际编码体系。UID 在空中接口方面积极参与 ISO 的标准制定工作，也尽量考虑与 ISO 相关标准兼容；在信息共享方面主要依赖泛在网络，它可以独立于因特网实现信息的共享。

UID 的泛在网络与 EPCglobal 的物联网还是有区别的。EPC 采用业务链的方式，面向企业，注意产品信息的流动，比较强调与互联网的结合。UID 采用扁平式信息采集分析方式，强调信息的获取与分析，比较强调前端的微型化与集成。

二、RFID 技术在物流中的应用

RFID 库存跟踪系统是指将 RFID 标签贴在托盘、包装箱或元器件上，进行元器件规格、序列号等信息的自动存储和传递。RFID 标签能将信息传递给约 3 米长的射频读写器上，使仓库和车间不再需要使用手持条形码读卡器对元器件和在制品进行逐个扫码，这在一定程度上减少了遗漏的发生，并大幅提高了工作效率。RFID 的应用可大幅削减成本和清理供应链中的障碍。该技术正与物流供应链紧密联系在一起，有望在未来取代条形码扫描技术。

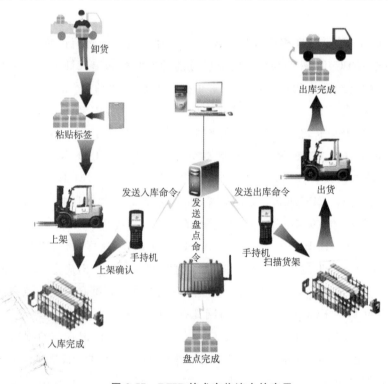

图 2-57　RFID 技术在物流中的应用

物流领域一直是 RFID 关注的重点，这是因为该领域每天都有较大的商品流转量，如果将每件物品都贴上电子标签，那么标签用量非常可观。另外，物流企业也非常希望用一种速度快、稳定性好的技术取缔传统技术，对此，物联网、RFID、语音拣选等技术已逐渐融入物流行业。

（一）RFID 在仓储管理中的应用

RFID 技术作为实现仓储管理的基础和手段，贯穿于物流仓储管理的各个业务流程。

1. 发卡贴标

对新购置的货物进行贴标的操作，并配备电子标签。标签的唯一 ID 号或用户写入数据可作为货物的标识码，数据用于记录货物名称、购入时间、所属仓库、货物属性等信息。当安装在各个通道的读写器识别到标签时便可自动获取货物的所有信息。

2. 入库

在货物进入仓库前，工人先将 RFID 电子标签贴在包装箱盒上，在货物成批装箱后贴上箱标，需托盘打包的也可在托盘打包后贴上托盘标。包装好的产品经由 RFID 阅读器与天线组成的通道入库，RFID 设备自动获取入库数量并记录于系统中，如贴有托盘标，每个托盘的货物信息通过进货口读写器写入托盘标，同时形成订单数据关联，通过计算机仓储管理信息系统运算出库位（或人工在一开始对该批入库货物指定库位），网络系统将存货指令发到仓库客户端（或叉车车载系统），叉车员按照要求将货物存放到相应库位。入库完成后，系统更新库存资料，并标注各批次货物的库位信息。

3. 出库

物流部门根据发货单生成出库单，即根据出库优先级向仓库查询出库货物存储仓位及库存状态，如有客户指定批号则按指定批号查询，并生成出库货物提货仓位及相应托盘货物和装货车辆信息。提货人携出库单至仓库管理员处，仓库管理员核对信息，安排叉车司机执行对应产品出库。叉车提货后，经过出口闸，出口闸 RFID 阅读器读取托盘上的托盘标获取出库信息，仓库管理员核实出库产品与出库单中所列产品的批号与库位。出库完毕后，仓储终端提示出库详细信息供仓库管理员确认，并自动更新资料到数据库。

4. 调拨和移库

要进行调拨移库的货物在经通过进出通道时，会被安装在通道旁的读写器所识别，读写器记录当前标签信息，并发送至后台中心。后台中心根据进出通道识别标签的先后顺序等判断操作为入库、出库还是调拨等。

物流部门还可以通过手持机进行货物移位的操作。当仓库管理员发现某个货物被放错位置时，可手动安放好货物，同时通过手持机更改标签信息并发送给服务器，实现快捷便利移位。

5. 库存盘点

工作人员可采用手持阅读器定期盘库，近距离读取货物标签信息，并与后台管理系统比对，人工盘点库位货物品种、数量、生产日期，并与后台系统记录比对。如果信息不一致，则可现场对系统信息进行修正。

利用 RFID、无线局域网、数据库等先进技术，物流部门能够高效地完成各种业务操作，大幅度减少现有模式中查找货位、定位货物的时间，大大加快了出入库的流转速度，增强了仓储系统的处理能力,提高了人员和设备的利用率,减少了不必要的耗费,降低了物流成本。因此,在物流仓储管理中应用RFID技术可以满足现代物流管理模式下仓储管理发展的需求。

(二)RFID在运输环节中的应用

RFID在交通运输领域具有其他技术不可替代的优势和特点,其发展前景极其广阔。基于RFID的货物管理系统能够对货物运输的物流和信息流进行实时跟踪,从而消除货物在运输过程中可能产生的错箱、漏箱事故,加快通关速度,提高运输安全性和可靠性,从而全面提升货物运输质量。货物上的电子标签可以记录固定信息,包括序列号、持货人、尺寸等;还可以记录可改写信息,如货品信息、运单号、起运港、目的港、船名航次等。

货物RFID自动识别系统完成装货点数据输入、货物信息实时采集和自动识别;通信系统完成数据无线传输;货物信息管理系统完成对货物信息的实时处理和管理,完成数据统计与分析,向客户提供货物信息查询服务。而港口货物管理系统可以监测、记录经过道口的货物、拖运车辆、事件发生时间、操作人员、货物堆放位置等信息。

(三)RFID在配送环节中的应用

当贴有电子标签的货物被运送至配送中心时,配送中心入口处的阅读器将自动识读标签,根据读别的信息,管理系统会自动更新存货清单,同时,根据订单的需要,将相应货物发往正确的地点。这一过程将传统的货物验收入库程序简化了,省去了繁琐的检验、记录、清点等大量需要人力的工作。

装有移动阅读器的运送车自动对货物进行整理,根据计算机管理中心的指示自动将货物运送到正确的位置上,同时将计算机管理中心的存货清单更新,记录下最新的货物位置。存货补充系统将在存货不足指定数量时自动向管理中心发出申请,根据管理中心的命令,在适当的时间补充相应数量的货物。在整理货物和补充存货时,如果发现有货物被堆放到了错误位置,阅读器则将随时向管理中心报警,根据指示,运送车将把货物重新堆放到指定的正确位置。

通过RFID系统,存货和管理中心紧密联系在一起,将发货、出库、验货、更新存货目录整合成一个整体,最大限度地降低了错误的发生概率,同时也节省了人力。

应用RFID技术后,货物运输将实现高度自动化。当货物在配送中心出库,经过仓库出口处阅读器的有效范围时,阅读器自动读取货物标签上的信息,不需要扫描,就可以直接将出库的货物运送到零售商手中。

目前,在智能仓储领域,亚马逊、京东、菜鸟、苏宁等仓储系统均是物联网的最佳应用体现。在智能配送及整个供应链上,依靠物联网技术,物流全过程透明可视化、产品的可追溯管理、智能配送等成为了可能,这为智慧供应链、智慧物流的实现奠定了基础。

任务实训 2-6

一、实训目标

RF 组托就是用 RF 程序终端对入库确认过的货品进行组托。

二、操作方法

需要用 RF 程序终端来操作,以下就是具体的操作步骤。

1. 用登录物流大赛软件的账号登录 RF 程序。

登录 RF 的界面如下。

2. 在 NOS-WMS-RF 主界面页面,如下图,点击"入库作业"按钮,进入 NOS-WMS-RF 入库作业页面。

3. 在 NOS-WMS-RF 入库作业页面,如下图,选择一个入库单状态是待组托的入库单,点击"组托"按钮,进入 NOS-WMS-RF 入库作业－组托页面。

4. 在 NOS-WMS-RF 入库作业-组托页面，如下图，将光标移动到"托盘"的输入框内，输入托盘的标签。

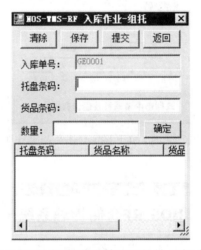

5. 输入托盘标签之后，将光标移动到"货品条码"的输入框内，输入货品的标签。

6. 将光标移动到数量处，输入数量后点击"确定"按钮。

7.重复第四步、第五步和第六步,组托本入库单上其他的货品,本入库单所有货品组托完毕,点击"提交组托"按钮,出现如下图所示窗口。

8.提交组托成功后点击"返回",页面显示状态如下图。

如果想取消用 RF 程序终端完成提交的组托,方法如下:
在本软件上,选择入库单,点击"取消组托"按钮即可。

项目三 物流数据传输技术

项目目标

1. 掌握 EDI 技术的定义
2. 熟悉 EDI 技术在物流中的应用

任务一 EDI 技术的应用

任务目标

1. EDI 技术的概述
2. EDI 的类型
3. EDI 技术在物流中的应用

一、EDI 的概念

EDI（Electronic Data Interchange，电子数据交换），国际标准组织（ISO）对 EDI 的定义：商业或行政事务处理，按照一个公用的标准，形成结构化的事务处理或信息数据结构，从计算机到计算机的电子数据传输。

美国国家标准协会将 EDI 定义为：独立组织之间通过电脑，以标准的语义结构来传输明确的业务或政策性信息。

EDI 是一套报文通信工具，它利用计算机的数据处理和通信功能，将交易双方彼此往来的文档转成标准格式，并通过通信网络传为对方。因此，EDI 是一个电子平台。

（一）物流 EDI

物流 EDI 是指货主、承运人以及其他的单位之间，通过 EDI 系统进行物流数据交换，并以此为基础实施物流作业活动。

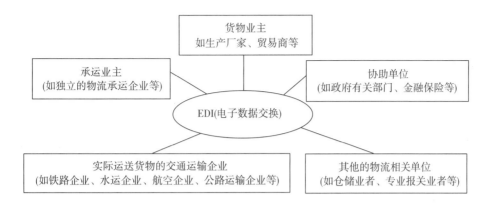

图 3-1　物流 EDI 示意图

（二）EDI 的特点

EDI 的使用对象是不同的计算机系统，具有固定格式的业务信息和具有经常性业务联系的单位。

EDI 所传送的资料是一般业务资料，如订单、发票等，而不是一般性的通知。

EDI 采用共同标准化的格式，这也是它与一般 E-mail 的区别。

EDI 尽量避免人工的介入操作，由收送双方的计算机，系统直接传送，交换资料。

EDI 可以与用户计算机系统的数据库进行光滑连接，直接访问数据库或从数据库生成 EDI 报文。

EDI 对于传送的文件具有跟踪、确认、防篡改、防冒领、电子签名等一系列安全保密功能。

EDI 文本具有法律效力。

EDI 建立在分组数据通信网上，在计算机通信网开放式系统互联通信参考模型（OSI）的第七层的 MHS（消息处理系统）通信平台之上。

（三）EDI 处理贸易单证的方式

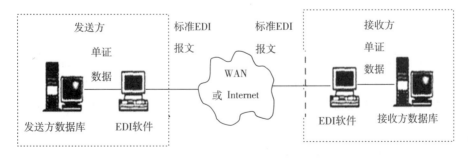

图 3-2　EDI 处理贸易单证的方式

二、EDI 的分类

贸易数据交换系统（Trade Data Interchange，TDI）：用电子数据文件传输订单、发货票和各类通知。

电子金融汇兑系统(Electronic Fund Transfer,EFT)：即在银行和其他各种组织之间实行电子汇兑。

交互式应答系统(Interactive Query Response,IQR)：例如,旅行社或航空公司的机票预订系统。

带有图形资料自动传输功能的 EDI 系统：例如,计算机辅助设计(CAD)图形的自动生成。

三、EDI 技术在企业物流管理中的应用

在互联网环境下,EDI 能为客户提供跨地域、7×24 小时的不间断服务,能提供运输委托、出入库委托、配送委托及其他增值服务功能,实现"以客户为中心"的服务体系,保证物流体系的高效运作和不断优化供应链管理。

EDI 最初是由美国企业应用在企业间订货业务活动中的电子数据交换系统,其后 EDI 的应用范围从订货业务向其他业务扩展,如 POS 销售信息传送业务、库存管理业务、发货送货信息和支付信息的传送业务等。

近年来,EDI 在物流中被广泛应用。物流 EDI 的参与单位有发送货物业主(如生产厂家、贸易商、批发商、零售商等)、承运业主(如独立的物流承运企业等)、实际运送货物的交通运输企业(铁路企业、水运企业、航空企业、公路运输企业等)、协助单位(政府有关部门、金融企业等)和其他的物流相关单位(如仓库业者、专业报送业者等)。

（一）主要流程

第一,发送货物业主在接到订货后制定货物运送计划,并把运送货物的清单及运送时间安排等信息通过 EDI 发送给物流运输业主和接收货物业主,以便物流运输业主预先制定车辆调配计划和接收货物业主制定货物接收计划。

第二,发送货物业主依据顾客订货的要求和货物运送计划下达发货指令、分拣配货、打印物流条形码的货物标签(即 SCM 标签,Shipping Carton Marking)并贴在货物包装箱上,同时把运送货物品种、数量、包装等信息通过 EDI 发送给物流运输业主和接收货物业主,依据指示下达车辆调配指令。

第三,物流运输业主在向发货货物业主取运货物时,利用车载扫描读数仪读取货物标签上的物流条形码,并与先前收到的货物运输数据进行核对,确认运送货物。

第四,物流运输业主在物流中心对货物进行整理、集装,生成送货清单并通过 EDI 向收货业主发送发货信息。在货物运送的同时进行货物跟踪管理,并在货物交纳给收货业主之后,通过 EDI 向发货物业主发送完成运送业务信息和运费请示信息。

第五,收货业主在货物到达时,利用扫描读数仪读取货物标签的条形码,并与先前收到的货物运输数据进行核对确认,开出收货发票,同时通过 EDI 向物流运输业主和发送货物业主发送收货确认信息。

（二）EDI 的应用领域

物流 EDI 的优点是通过 EDI 共同分享信息、提高流通效率、降低物流成本。EDI 应用领域如下。

1. EDI 在生产企业的应用

相对于物流公司而言，生产企业与其交易伙伴间的商业行为大致可分为接单、出货、催款及收款作业，其间往来的单据包括采购进货单、出货单、催款对账单及付款凭证等。

（1）生产企业引入 EDI 是为在数据传输时，可选择低成本的方式引入采购进货单，接收客户传来的 EDI 订购单报文，将报文转换成企业内部的订单形式。

（2）如果生产企业应用 EDI 的目的是改善作业，则可以同客户合作，依次引入采购进货单、出货单及催款对账单，并与企业内部的信息系统集成，逐渐改善接单、出货、对账及收款作业。

2. EDI 在批发商中的应用

批发商因其交易特性，其相关业务包括向客户提供产品以及向厂商采购商品。

（1）批发商如果是为了数据传输而引入 EDI，则可选择低成本方式。

（2）批发商若为改善作业流程而引入 EDI，则可逐步引入各项单证，并与企业内部信息系统集成，改善接单、出货、催款的作业流程，或改善订购、验收、对账、付款的作业流程。

3. EDI 在运输业务中的应用

运输企业以其强大的运输工具和遍布各地的营业点在流通业中扮演了重要的角色。

（1）运输企业为数据传输而引入 EDI，可降低成本。

（2）若运输企业引入 EDI 是为改善作业流程，则可逐步引入各项单证，且与企业内部信息系统集成。这可进一步改善托运、收货、送货、回报、对账、收款等作业流程。

因为单证在贸易伙伴之间的传递是完全自动的，所以不再需要重复输入、传真或电话通知等重复性的工作，从而可以极大地提高企业的工作效率，降低运作成本，使沟通更快、更准。将 EDI 技术与企业内部的仓储管理系统、自动补货系统、订单处理系统等企业 MIS 系统集成使用之后，企业可以实现商业单证快速交换和自动处理，简化采购程序，减少营运资金支出及存货量，改善现金流动情况等。企业也可以更快地对客户的需求作出响应。

4. EDI 在通关中的应用

在外贸领域，通过采用 EDI 技术，口岸监管部门与外贸公司、来料加工企业等紧密地联系起来，从而可以避免企业在多个管理部门间多次往返进行申报、审批等。这大大简化了进出口贸易程序，提高了货物通关的速度，最终起到改善经营投资环境、提高企业在国际贸易中的竞争力的作用。

5. EDI 在其他领域中的应用

在税务、银行、保险等领域之中，EDI 技术有着广泛的应用前景，EDI 技术可以实现电子报税、电子资金划拨等多种应用。

任务实训 3-1

一、实训目标

掌握 EDI 操作流程。

二、实训要求及步骤

1. 掌握 EDI 的用户注册。

2. 掌握贸易伙伴添加方法。

(1)进入 EDI 模块。

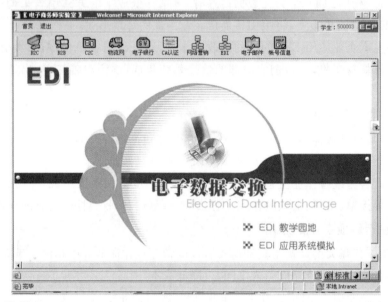

(2)用户注册。

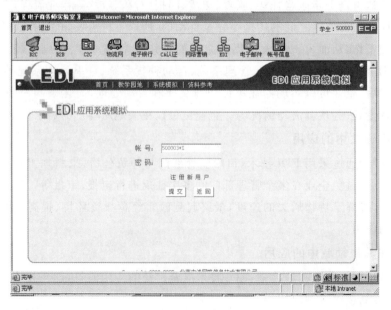

项目三 物流数据传输技术

(3) 浏览 EDI 系统结构。

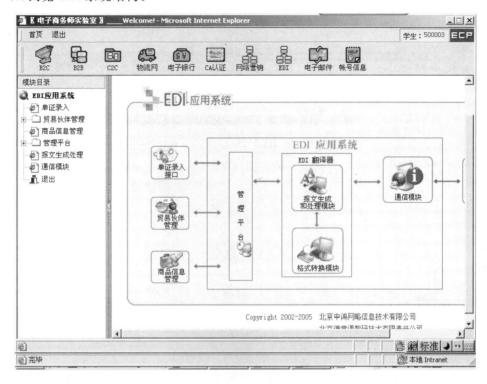

(4) 添加贸易伙伴类型。

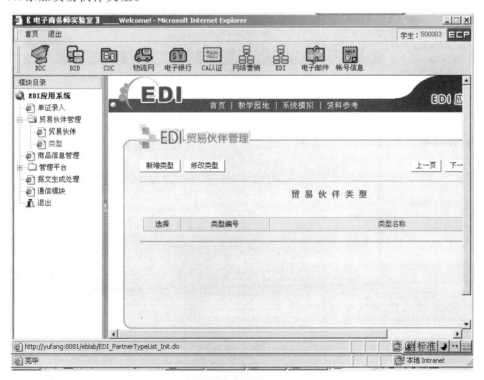

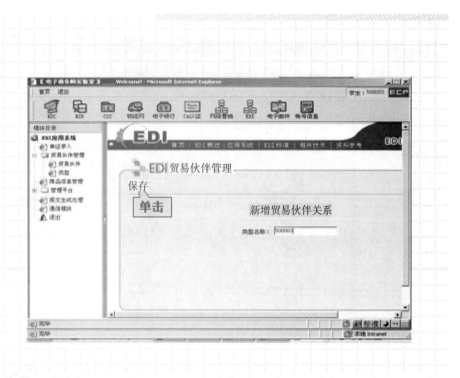

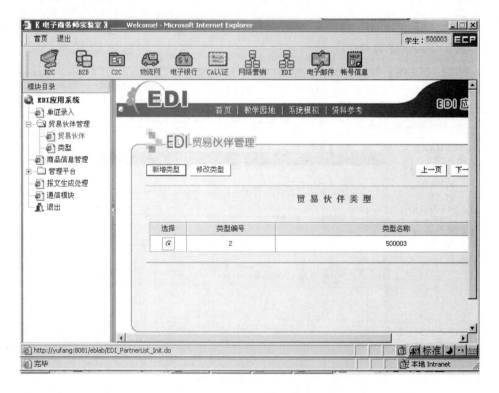

(5)添加贸易伙伴。

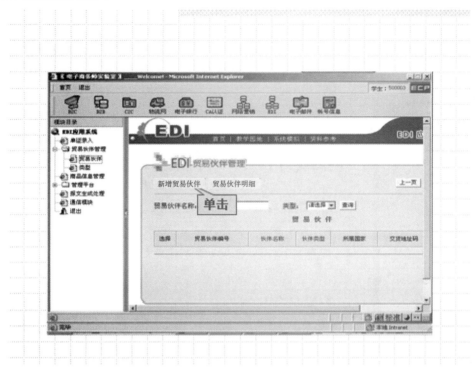

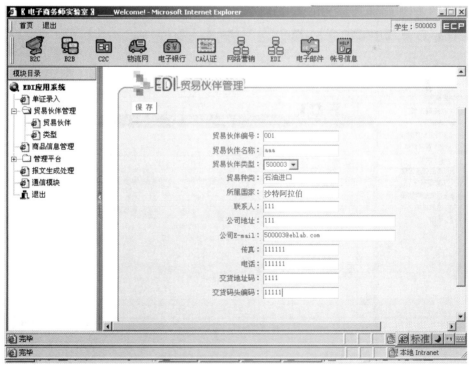

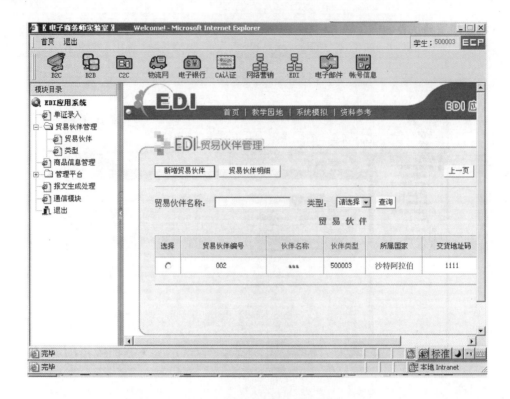

（6）选择、添加商品。

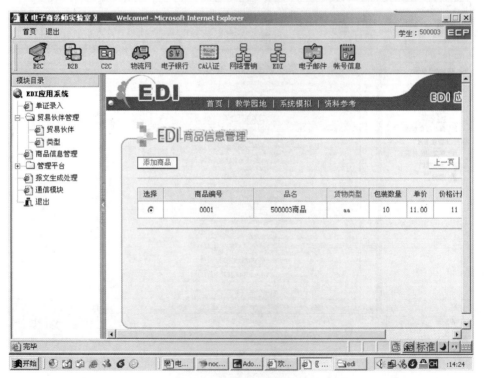

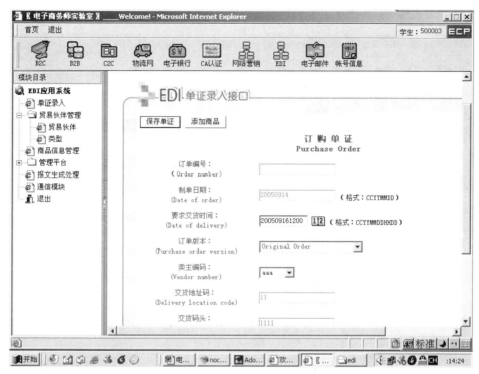

(7)保存单证。

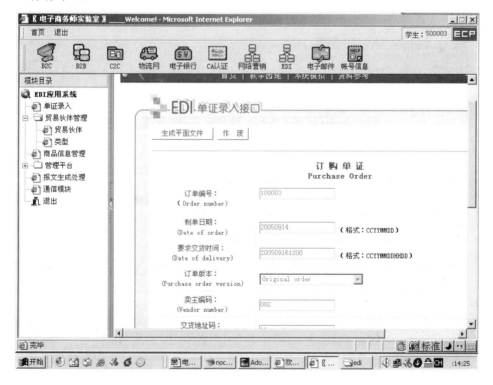

(8)生成平文。

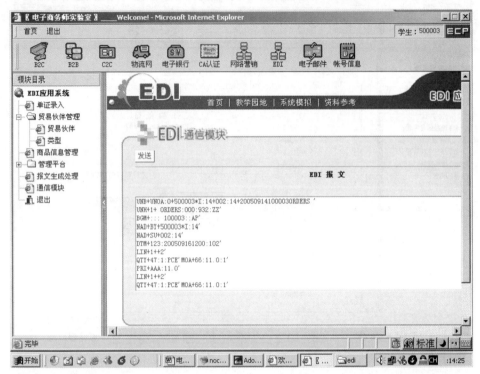

(9)翻译成原始报文。

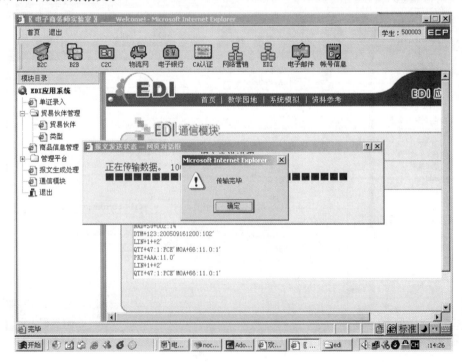

（10）发送报文。

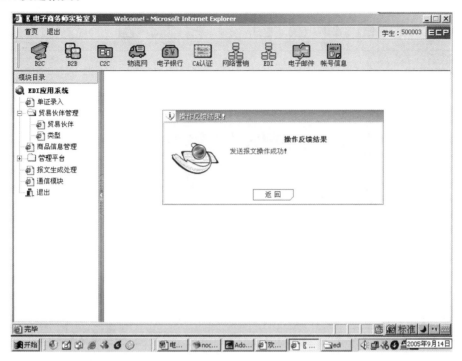

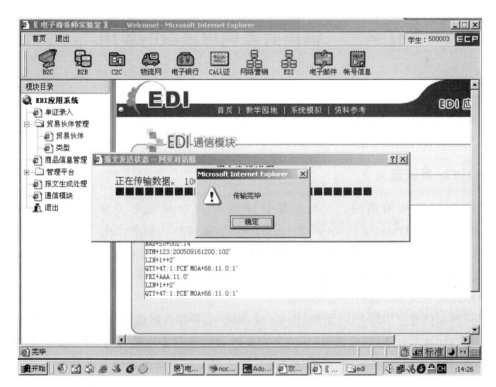

任务二　销售时点信息系统的应用

任务目标

1. 掌握 POS 系统组成
2. 掌握销售时点信息系统在物流中的应用

一、POS 系统定义

目前，POS 系统有两种。一种是银行应用的 POS 机或电子资金转账 POS 系统 (Electronic Fund Transfer Point of Sales System)，也被称为销售点电子转账服务作业系统，它是由银行设置在商业网点或特约商户的信用卡授权终端机和银行计算机系统通过公用数据交换网联机构成的电子转账服务系统。它能提供持卡人在销售点购物或消费，通过电子转账系统直接扣账或信用记账的服务。

另一种是商业应用的 POS 系统(Point of Sales)，即销售时点信息系统，简称销售终端，是指通过自动读取设备(如收银机)在销售商品时直接读取商品销售信息(如商品名、单价、销售数量、销售时间、销售店铺、购买顾客等)，分析加工以提高经营效率的系统。POS 系统最早通过通信网络和计算机系统传送至有关部门应用于零售业，以后逐渐扩展至其他领域，如金融、酒店住宿等领域，POS 系统的覆盖范围也从企业内部扩展到整个供应链。

二、商业 POS 系统的作用

POS 系统在零售业的广泛应用，使大家认识到现代的零售业操作系统、商业企业经营管理离不开 POS 系统的运用。POS 系统为商业企业经营管理带来了巨大的利益。

POS 系统的主要作用如下：

提高商店的运营水平；

提高数据的收集能力；

提高商店运营的效率；

实现企业规范化管理；

提高客户服务的质量；

提升企业经营管理水平。

三、POS 系统组成

（一）整体由硬件＋软件组成

硬件为软件提供运行环境和提供输入输出功能。

软件丰富和增强硬件的功能。

广义的软件分操作系统、数据库软件、收银软件、驱动程序等。

（二）硬件由"主要设备＋周边设备"组成

收款机为主要设备，包括"主机＋屏幕"，触屏使用或键盘操作。

小票打印机、钱箱、扫描枪、客显为标配。

其他周边设备视需要可装配。

四、POS 设备简介

（一）收款机

收款机可分为一类、二类、三类，其中一、二类为电子收款机，三类为 PC 收款机。

一类收款机：能够管理少量商品单品的收款机。只能单机使用不可以联网，存储数据极为有限，目前已基本被淘汰。

二类收款机：具有商品管理能力和联网通信功能。一般屏幕较小、处理能力弱、反应速度慢、扩展能力弱、售价低廉。收款机处理程序固定在收款机内不可改变，功能简单。

三类收款机：基于 PC 机的电子收银机，由电脑主机、显示器、钱箱、高速打印机、标准键盘等组成，具备标准电脑接口。三类收款机既有计算机的通用接口，可以连接多种网络，又有适用于商业环境的专用接口，如磁卡阅读器、钱箱、条形码阅读器外设接口，管理软件更是完全可以根据具体需要进行设计。因此，三类收款机功能强大，可满足丰富、不断发展的需求。

  a. 二类收款机   b. 分体式收款机   c. 触屏一体机

图 3-3 收款机

（二）收银软件

图 3-4 收银软件

  在 POS 系统中运行的收银软件一般为商业管理软件的前台（只负责销售业务），与负责信息和业务单据录入的后台组合成完整的商业管理信息系统。

（三）微型票据打印机

图 3-5 微型票据打印机

（四）条码阅读设备

a. 按扫描模式：手动/自动

b. 按连接方式：有线/无线

c. 按扫描技术：激光/红外

d. 按条码类型：条形码/二维码

图 3-6　条码阅读设备

（五）卡片读写设备

a. ID卡读卡器

b. 磁条卡读卡器

图 3-7　卡片读写设备

五、销售时点信息系统在物流中的应用

随着电子商务的发展，物流行业日益壮大，条码技术的应用也越来越广泛。条码技术已融入物流行业的各个环节，为物流工作带来了便利。

（一）条码技术的概念和特点

1. 概念

条码技术是一种符号自动识别技术，它的产生和发展基于现代信息技术和电子商务的发展，全称是条码自动识别技术（Barcode Auto-Identification Tech），具有符号编码、采集数据、自动识别和录入数据、信息存储等多方面功能。条码技术结合 POS 系统、EDI 技术，发挥着自己独有的作用。

2. 特点

（1）灵活性强。条码标签功能强大，可以被任何扫描设备识别扫描，这是其他装置所不能比拟的。用户可以把条码印刷在外包装上，以便于扫描。获取条形标签的渠道广泛，条形标签的印刷机械多种多样，各类印刷机械的应用程序十分简单，用户自己就可以设置使用。

（2）信息的准确度高。根据调查，用键盘录入信息，出错的概率是三百分之一，通过光学字符识别技术输入信息，出错的概率比键盘的要低很多，为万分之一，更惊人的是，条码技术出错率仅为百万分之一。利用条码技术录入信息，准确度高，安全可靠。

（3）简单易行。条形符号容易制作，扫描操作十分简便，制作成本低。

（二）在物流工作中的应用

1. 进货

在进货时，对产品的数量和种类进行归纳和采集，需要用到 POS 机。第一步，必须有进货单据和产品的信息，材料管理员在 POS 机的提示下，把购货单上的号码准确地输入进去。如果材料管理员在输入单号的过程中出现错误，警示系统会立刻作出反应，提示材料管理员输入错误。第二步，在全部输入正确的情况下，用 POS 机扫描材料单子上的项目号，检测系统会自动监测是否出现错误。第三步，每个物料都有规格信息和唯一的标识号，材料管理员只需扫描一下即可。

2. 存储

在产品生产完成之后，在产品存储过程中也需要用到条码技术。利用条码技术区分不同的产品信息，将这些信息利用计算机技术进行处理，这对商品的采购、保管和销售都有重要意义。计算机处理信息比手工书写计算更加方便快捷，减少了人力的投入，生产和工作效率都得到提高。使用条码技术保障了库房信息的及时更新，避免因交货日期不清而出现交货延迟的情况。物流工作要求信息必须高度准确，而条码技术信息准确度高的特点，为商家和客户避免了不必要的麻烦，从而提高了商家的服务质量，有利于商家提高信誉。在管理系统中，将数据进行归纳管理，对于仓库中一些需要分类的零散货物，按一定的标准，使用移动 POS 系统进行定期盘存。

3. 出库

货物出库时，包装上的条码标签需要被扫描识读，这就需要用移动 POS 机对出库的货物一一进行扫描识读后，将所得的货物信息发送给计算机，计算机在收到的信息中，把出库货物的规格、数目、编号等信息汇编成出库信息表，根据表查漏补缺，出现的问题由人工解决。全部出库的货物经过仔细检查，全部确定无误后，做好出库登账工作，及时更新剩余货物的储存信息。

项目三　物流数据传输技术

任务实训 3-2

一、实训目的

掌握 POS 收款机硬件组成。

二、实训要求与任务内容

掌握收款机的日常操作流程。

1. 收款机硬件的组成。

前台收款机主要由主机、显示器、钱箱、键盘、打印机、顾客显示牌等组成。

（1）主机：主要考虑其防震性。

（2）显示器：分为单显、彩显及液晶显示屏。

（3）钱箱：各种钱箱均为电控钱箱，有些钱箱中的隔挡可调整。钱箱作为收银装钱的设备，其容量是有限的，无论多大的钱箱都不可能完全满足超市大流量的收银需求，因此，超市收银部门应及时对各收银台进行钱票收取或配置钱袋等，以避免钱箱开关被卡无法打开。同时，收银员在收银时，需保证钱票平整放入钱箱，否则容易把钱票推入钱箱底盒后部缝隙，从而导致钱箱开关被卡或在结算时钱票不一致。

（4）键盘：收银员用于输入的专用设备，分可编程和不可编程两种。

（5）打印机：收款机所用的打印机多为卷纸式打印机。目前主要以 POS58 及兼容微型打印机为主。在更换打印纸或色带时须先关掉电源，并参照打印机说明书进行。热敏打印机无须使用色带等较贵耗材。

（6）顾客显示牌：为可选配件，可在收银时为顾客提示应收及找零信息。

2. 收款机键盘功能介绍。

收款机键位说明

键名	功能	键名	功能
F1	功能同普通键盘上 F1	F5	重复打印
赠品	赠品操作键	会员	会员付款键
F1+1	下载商品基本信息	退格	游标前移并删除字符
切换	游标快速切换	回车	确认、游标跳向下一行
立即更正	删除单品	交易取消	取消某笔交易
Y/N	是/否	开钱箱	无交易开钱箱
清除	删除资料或提示信息	退货	进行退货操作
折扣	单品交易给予百分比折扣	折让	单品交易给予金额折让
小计折扣	小计后给予百分比折扣	小计折让	小计后给予金额折让
货号	确定此项录入为货号	数量	多品交易乘号
小计	一笔交易合计总金额	现金	现金交易的金额

3.日常操作流程。

上班前的准备工作如下。

(1)确定收款机的电源完全接好。

(2)检查打印机是否有足够多的打印纸。

(3)确定后台服务器及集线器(交换机)进入正常工作状态后,按顺序打开收款机电源。

(4)处于等待状态,直至出现POS软件窗口。

(5)注意检查前台系统时间是否正确,若不正确,则应通知系统管理员。

(6)收款员登录:按"回车或F4",进行收款员登录,依次输入用户编码、密码并按"回车"键确定。

(7)下载商品基本信息:"F1"+"1"。

项目四 物流数据动态跟踪技术

项目目标

1. 知识目标

(1) 掌握 GIS 和 GPS 的概念、特点

(2) 熟悉 GIS 和 GPS 的构成、工作原理、工作流程

(3) 了解 GIS 和 GPS 在物流领域中的应用及其他主要卫星定位技术

2. 技能目标

(1) 能够识别生活中常见的 GIS 和 GPS 应用

(2) 能够正确使用 GIS 和 GPS 技术

任务一 GIS 技术的认知及应用

任务目标

1. 掌握 GIS 的概念、特征、分类、作用
2. 熟悉 GIS 的构成、工作流程
3. 了解 GIS 在物流领域中的应用

案例导入

海尔集团:利用 GIS 大力降低服务成本

海尔的服务质量有目共睹,但是这并不意味着它为高质量要付出很高的成本。那么,它是怎么有效控制成本的呢?

海尔集团的顾客服务实行网上派工制,电话中心收到客户信息后,利用全国联网的派工系统在 5 分钟之内将信息同步派送到距离用户最近的专业维修服务网点。在海尔的服务管理中,用户报修的流程是这样的:首先,用户打电话报修,之后登记用户信息,关键是确定用户所处的位置;其次,工作人员手工选择距离该用户最近的维修网点,手工操作在网络上分派任务;最后,维修工程师上门服务。

乍一看，流程非常完美，但仔细看，其中却有不少漏洞。在登记用户信息时，接线员可能对该地址一点都不熟悉，怎样才能快速、准确地定位用户的位置？而在手工选择离该用户最近维修网点的环节，接线员又怎样知道哪个网点距离报修地点最近？海尔为上门维修的服务商按照距离配发津贴，而怎么确定距离？

1. 手工堵漏洞效果不好

这些漏洞用常规手段解决很困难。刚开始，海尔使用的是"人海＋人脑"的战术。工作人员要先记住各个城市网点的分布情况，然后根据用户提供的信息，将维修任务派送到业务员认为最近的网点。之后，业务员使用纸质地图量出用户点至维修网点的大概距离进行费用结算。这种通过手工方法得到的信息，在准确性、正确性和详细程度上都有很大问题。而同时，人海战术直接带来的是成本的上升。

2. 纳入 GIS 自动堵漏洞

2006 年，海尔引入了由中科院旗下的超图公司的 Super Map GIS 的空间分析功能，在售后服务系统中提升了地理信息处理能力。该 GIS 系统包含了全国所有的县级道路网和 200 多个城市的详细道路信息，还记录了全国 100 多万条地址信息。在如此海量的地理信息基础上，售后服务系统可以在很短时间内计算出距离用户最近的网点以及网点到用户地址的详细路径描述和距离，并及时将这些信息派送到最合理的服务网点。

应用 GIS 之后，海尔的售后服务流程变为下面这样。用户打电话报修，之后接线员登记用户信息，关键是位置信息。接线员记录后，系统自动匹配用户地址，计算出距离用户最近的服务网点，之后自动将维修信息派送到网点，网点维修工程师再上门服务。整个地址匹配和服务商挑选工作由系统自动完成，无须手工操作，堵住了服务漏洞。而同时，系统的反应速度也远不是手工能比的，以前要花几十秒甚至几分钟来人工查阅信息，现在系统自己可以匹配信息，每次处理的时间缩短到 0.1 秒以内，这大大提高了客服部门的工作效率。在 GIS 系统的支持下，海尔客服部门现在每天可以处理 10 万次左右的服务请求，得以满足全国用户的需求。

（资料来源于网络，文字有删改）

思考题：
海尔是如何利用 GIS 系统降低服务成本的？

一、GIS 技术概述

（一）地理信息

地理信息是指空间地理分布的有关信息，它表示地理环境诸要素的数量、质量、分布特征及其相互联系和变化规律的数字、文字、图形、图像等的总称。

地理信息属于空间信息，它具有区域性、多维性和动态性的特点，这是地理信息区别于其他类型信息的显著标志。区域性是指地理信息的定位特征，且这种定位特征是通过公共的地理基础来体现的。例如，用经纬坐标来识别空间位置，并指定特定的区域。多维性是指在二维空间的基础上实现多个专题的三维结构,例如,在一个地面点上可取得高程(海拔高度)、空气污染、交通状况等多种信息。动态性是指地理信息的动态变化特征,即时序特征。

(二)GIS 的概念

地理信息系统(Geographic Information System,GIS)是 20 世纪 60 年代开始迅速发展起来的综合应用系统。它能把信息、地理位置和有关视图结合起来,并将地理学、空间科学、计算机科学、测绘遥感学、环境科学、信息科学、程序科学、管理科学与 CAD 技术、GPS 技术、Internet 技术、多媒体技术及虚拟现实技术等融为一体,利用计算机图形与数据库技术来采集、存储、编辑、显示、转换、分析和输出地理图形及其属性数据。

从技术和应用的角度看,GIS 是解决空间问题的工具、方法和技术。它可以将获取的空间数据分层、分类叠加在电子地图上,并且将地图对象和数据库属性数据建立连接关系。这样通过 GIS 就可以轻松实现地图与数据库的双向查询,以直观的方式显示所有移动或固定目标的位置和状态,便于直接在图形界面上对目标进行指挥和调度。

GIS 是将多个学科集成、融合并应用于众多领域的基础平台,它以地理空间为基础,利用地理模型的分析方法,及时提供多种空间动态的地理信息。用户可以根据自身需要,利用 GIS 获取图文并茂的地理信息。GIS 在物流领域的应用,有助于企业合理调配和充分利用各种资源,提高运营效率和经济效益。同时,GIS 也可广泛应用于金融、电信、交通、电力、水利、环境保护等领域。

(三)GIS 的特征

1. 公共的地理定位基础

GIS 具有采集、分析、管理和输出多种地理空间信息的能力,它在二维空间编码基础上,实现多专题的第三维信息结构的组合。所有的地理要素,要按照经纬度或者特有的坐标系统进行严格空间定位,对具有区域性、多维性和动态性特征的空间要素进行复合和分解,将隐含的信息变为显性表达,形成空间和时间上连续分布的综合信息基础,从而产生高层次的地理数据信息。

2. 信息标准化

GIS 能够从多渠道获取数据信息并进行分类整理,具有统一的标准和规格,从而适应计算机输入和输出的要求,也便于进行社会经济和自然资源、环境要素之间的对比和相关分析。GIS 数据库中不仅包含丰富的地理信息,还包含与地理信息有关的其他信息,如人口分布、环境污染、区域经济和交通情况等。

3. 动态预测和环境分析能力

货物运输是动态的,与外界环境密切相关并随着环境的变化而变化。在进行货物运输的过程中需要考虑地理因素的影响,GIS 可以通过地理编码功能,将相关数据与地图建立联系,用户只要点击地图上的任意对象,就可以看到与该对象相关联的所有数据。GIS 具有极强的动态预测和环境分析的能力,信息的流动和流动的结果完全由计算机程序来运行。GIS

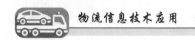

还可以通过数据的变化快速模拟出自然过程的演变,取得地理预测和实验的结果,完成人类难以完成的任务,并且为管理部门提供实时显示和多层次分析的决策支持。

（四）GIS 的分类

地理信息系统按照内容、功能和作用不同可分为工具型 GIS 和应用型 GIS 两类。

1. 工具型 GIS

工具型 GIS 也称为地理信息系统开发平台,它具有图形图像数字化、存储管理、查询检索、分析运算等地理信息系统的基本功能,供其他系统调用或用户进行二次开发的操作平台。

在应用地理信息系统解决实际问题时,会存在大量的软件开发任务,如果每个用户都重复开发,在人力、财力、时间上将是很大的浪费。工具型 GIS 为地理信息系统的使用者提供一种技术支持,使用户能在工具型 GIS 中导入地理空间数据,再加上专题模型和界面就可以完成应用任务。工具型 GIS 适合用于建立专题或区域性实用 GIS 的支撑软件,也可作教学软件。目前,国外已有很多商品化的工具型 GIS,如 Arc/Info、GenaMap、MapInfo、MGE 等。国内近几年正在迅速开发工具型 GIS 并取得了很大的成绩,例如,MapGIS、GeoStar、CityStar 等。

2. 应用型 GIS

应用型 GIS 是根据用户的需求和应用目的而设计的一种解决实际问题的地理信息系统,除了具有地理信息系统的基本功能外,它还是一种能够解决地理空间实体及空间信息分布规律、分布特性及相互依赖关系的应用模型和方法,可以在比较成熟的工具型 GIS 基础上二次开发完成。应用型 GIS 也可以是为某特定部门专门设计研制的,针对性和专业性较强。应用型 GIS 按研究对象的性质和内容又可分为专题 GIS 和区域 GIS。

(1)专题 GIS(Thematic GIS)：它是为特定的目的服务的,以某一专业、任务或者现象为主要内容的地理信息系统。例如,水资源管理信息系统、矿产资源信息系统、环境保护和监测系统、城市管网系统等都属于专题地理信息系统。

(2)区域 GIS(Regional GIS)：它主要以区域综合研究和全面信息服务为目标。区域可以是国家级、省级、市级和县级等不同级别的行政区;也可以是自然地理区域,如黄土高原地区、长江流域等;还可以是经济区域,如长三角经济区。

（五）GIS 的作用

GIS 本身所具有的综合性,决定了它具有广泛的用途。GIS 在各方面的应用主要是通过系统中的多要素空间数据、各种数学模型以及应用软件来实现。概括起来,GIS 的主要作用如下。

1. 统计与量算

由于地物的空间位置具有客观性,而地物本身纷繁复杂,除了具有自然特性以外,还具有社会经济特性。描述这些特性的属性数据非常丰富,但都可以通过具有同一坐标参考系统的空间位置进行统一组织。GIS为各种数据的集成提供了统一的框架,通过系统统计和叠置分析功能,按多种边界和属性条件的组合形式进行资源统计,可以直观地表达地物及其空间关系。

GIS是一种空间信息系统,空间信息的查询和分析是GIS的基本功能。GIS不仅能提供静态的查询和检索,还可以进行动态的分析。GIS的有关应用程序,分别可以在一维、二维和三维空间里实现对各种研究对象的长度、面积、体积的快速量算,为用户提供各种有用的数据。

2. 规划与管理

规划与管理是GIS应用的一个重要方面,地理信息系统通过对跨地域的资源数据进行处理和分析,并将空间与信息结合起来,发现其中隐含的规律,揭示发展趋势,使用户在短时间内对数据资源有全面而直观的了解。通过这种方式,各个行业的信息资源都可以按各自的要求进行处理,从而提高信息资源的管理能力和利用效率。各行业信息系统的建设就是典型的例子,如林业资源管理信息系统、自来水设施管理信息系统、污染源管理信息系统、旅游资源管理信息系统等。

3. 监测与预测

监测是指借助于遥感遥测数据,利用GIS对环境污染、森林火灾、洪灾等进行监视推测,为环境治理和救灾抢险决策提供及时准确的信息。预测主要是采用统计方法,通过分析历史资料和建立数学模型,对采集的数据进行定量分析,并对事物的未来作出判断和预测,如洪水预报模型。

4. 辅助决策

采用GIS的重要目的是辅助解决空间问题,其核心功能是空间分析。GIS在其多要素空间数据库的支持下,通过构建一系列决策模型,并对这些决策模型进行比较分析,为各部门决策提供科学的依据,辅助政府部门制定决策。GIS技术已经被用于辅助完成一些任务,如以最小化视觉干扰为原则设置路标等。所有的这些数据都可以用地图的形式简洁而清晰地显示出来,或者呈现在相关的报告中,使决策的制定者不必再浪费精力在分析和理解数据上。GIS能够快速地获取结果,使多种方案和设想都可以得到高效评估。

5. 制图功能

GIS是在计算机辅助制图基础上发展起来的一门技术,高效、高性能、高度自动化是GIS制图的重要特点。GIS的综合制图功能包括专题地图制作,在地图上显示出地理要素,并赋予数值范围,同时可以放大和缩小以表现不同的细节层次。GIS不仅可以为用户输出全要素图,还可以根据用户需要分层输出各种专题地图,以显示不同要素和活动的位置或有关属性内容,如矿产分布图、旅游图等。通常这种含有属性信息的专题地图有多边形图、线状图、点状图三种基本形式,也可由这几种基本图形综合组成各种形式和内容的专题图。

总之,GIS一方面通过高效处理海量信息,快速响应社会需求,直接创造社会财富;另一方面通过赢得预测、预报的时间,减少损失,间接获得经济效益。随着社会的进步、科技的发展,GIS的应用将越来越广泛,将创造更大的经济效益和社会效益。

二、GIS 的构成及工作流程

（一）GIS 的构成

一个完整的 GIS 主要由五部分构成,主要包括硬件系统、软件系统、数据、专业人员和应用模型,可以用来支持空间数据的采集、管理、处理、分析、建模和显示等功能。

1. 硬件系统

GIS 的硬件系统是指操作 GIS 所需的一切计算机资源,包括数据的处理设备、输入设备和输出设备等。数据的处理设备是计算机系统硬件核心,输入设备包括数字化仪、扫描仪、数字化遥感等,数据的输出设备包括绘图仪、打印机和高分辨率显示装置等。根据硬件配置规模的不同,GIS 硬件系统可以分为简单型、基本型、网络型三种。目前的 GIS 软件可以在很多类型的硬件上运行,如从中央计算机服务器到桌面计算机,从单机到网络环境等都可运行。

2. 软件系统

软件系统是整个系统的核心,用于实现 GIS 的各种功能。为保证 GIS 顺畅地运行需要多种软件协同配合,其中包括计算机系统软件、地理信息系统软件、应用分析程序等。

计算机系统软件是运行 GIS 所必须用到的软件,通常包括操作系统、汇编程序、编译程序、诊断程序、库程序以及各种维护使用手册等。GIS 软件包括数据库管理系统、计算机图形软件包、计算机图像处理系统等,用于支持空间数据的输入、存储、转换、输出和与用户对接等操作。应用分析程序是透明和动态的,与系统的物理结构无关,能随着系统应用水平的提高而不断优化和扩充,应用分析程序是从空间数据中提取地理信息的关键。

3. 数据

数据是 GIS 应用系统最基础的组成部分,是现实世界经过模拟抽象后的实质性内容。GIS 应用系统必须建立在合理准确的数据基础上,它的数据来源包括室内信息的数字化、野外采集的数据和对其他数据进行转换。

GIS 的数据是地理数据,是用来描述地球表面所有要素的数量、质量、分布、联系和规律信息的数字、文字、图像、图形以及声音符号的总称。例如,我国的领土面积、大兴安岭的植被数据、珠穆朗玛峰的海拔高度,这些都属于地理数据。

GIS 的操作对象是地理数据,主要描述地理现象的空间特征、属性特征和时间特征,由此产生的数据分别是空间数据、属性数据和时态数据。空间数据是描述目标的空间位置、几何形态以及与其他目标空间关系的数据,如描述一条河流的坐标数据。空间数据可以采用矢量和栅格两种数据形式来表达,它通常是通过遥感、GPS 等测绘手段获取的。属性数据指描述空间目标的社会或自然属性的数据,如房子的建筑年代和建筑材料等。时间数据是用来反映现象和物体随时间的变化而产生的一系列数据,比较典型的是社会经济数据。

4. 专业人员

GIS 是一个动态的地理模型,硬件系统、软件系统和数据仅仅是构成 GIS 的基础要素部分,应用人员的专业素质和业务能力才是通过 GIS 技术解决现实问题的关键。GIS 需要专业人员进行系统组织、管理、维护、数据更新、系统完善以及应用程序开发,并采用空间分析模型提取多种信息。GIS 的应用人员既包括从事设计、开发和维护 GIS 系统的技术专家,也包括使用该系统并完成专业领域任务的某领域专家,还包括进行系统运行与维护的程序员和操作员。

5. 应用模型

GIS 应用模型是为某一特定的工作目标而建立的 GIS 解决方案,它在对专业领域的具体对象与过程进行大量研究的基础上,通过建立应用模型来解决实际问题,如基于 GIS 的灾害评价模型等。

（二）GIS 的工作流程

GIS 的功能框架如图 4-1 所示。

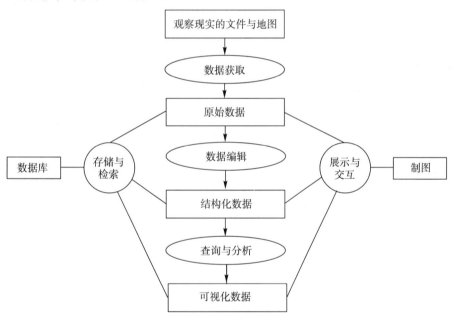

图 4-1　GIS 的功能图

从横向上来看,其功能主要是在数据库中进行数据的存储和检索,并对这些信息进行编辑、查询、分析、可视化等展示与交互处理,最终实现制图。

从纵向上来看,其功能主要是通过对现实的文件和地图进行观察,从而获得原始数据,并对这些原始数据进行编辑,使原始数据变成结构化的数据,方便后期的查询和分析,并转化成可视化的数据供用户使用。

与之相对应的 GIS 的工作流程图,也相应需要完成以下五个任务:数据采集与输入、数据编辑与处理、数据存储与管理、空间统计与分析、可视化表达与输出。

1. 数据采集与输入

数据的采集与输入是建立地理数据库的基础。GIS 可用的数据非常广泛,包括现有的地图、以计算机图形图像文件形式存放的影像资料(卫星遥感图片、航摄像片等)和表格资料,以及绘图软件(如 Auto CAD)绘制的图形等。数据根据状态不同可分为静态数据和动态数据,静态数据指货物、仓库、铁路的分布和区域面积等;动态数据则是指货物的流量、流向等不断变化的数据。

数据采集是通过把各层实体的地物要素按顺序转化为 X、Y 坐标及对应的代码输入计算机中,将各种系统外部的原始数据转化为 GIS 软件可以识别的格式并加以利用的过程。数据采集的方式包括纸质地图的数字化,通过 GPS 采集数据,直接获取坐标数据等。

数据采集的主要技术有两种,即使用数字化仪的手持跟踪数字化技术和使用扫描仪的扫描技术。手持跟踪数字化曾在相当长的时间内是数据采集的主要方式,例如,通过数字化仪对现有的地理图形进行数字化处理并输入相应的描述性信息。随着扫描仪技术性能的提高及扫描处理软件的完善,扫描数字化技术的应用越来越广泛,其中扫描数据的自动化编辑与处理是空间数据采集技术研究的重点。

数据采集与输入功能主要用于获取数据,同时确保地理信息系统数据库的数据在内容与空间上的完整性、数值逻辑一致性与正确性。对于多种来源、不同形式的数据,可以通过多种方式进行数据输入,例如,图形数据输入(如管网图的输入)、栅格数据输入(如遥感图像的输入)、测量数据输入(如全球定位系统 GPS 数据的输入)和属性数据输入(如数字和文字的输入)。

构建和维护空间数据库是一项复杂、工作量巨大的工程,地理信息系统数据库的建设通常要占整个系统建设投资的 70% 甚至更多,因此,信息共享与自动化数据输入成为地理信息系统研究的重要内容。

2. 数据编辑与处理

由于 GIS 中的数据类型繁多,同一类型数据的质量也可能有较大的差异,为了保证系统数据的统一规范,创建能够满足用户需求的数据文件,这要求现代的 GIS 技术必须提供多种工具来编辑和处理系统数据。

数据编辑主要包括属性编辑和图形编辑。属性编辑主要与数据库管理结合在一起,图形编辑主要包括拓扑关系建立、图形编辑、图形整饰、图幅拼接、图形变换、投影变换、误差校正等功能。数据处理的任务和操作内容有数据变化、数据重构和数据抽取。

3. 数据存储与管理

数据存储是将数据以某种格式记录在计算机内部或外部的存储介质上。属性数据管理一般直接利用商用关系数据库软件,如 Oracle、SQL Sever、FoxPro 等进行管理。但是当数据量很大且是多个用户同时使用时,最好使用一个数据库管理系统来帮助存储、组织和管理空间数据。

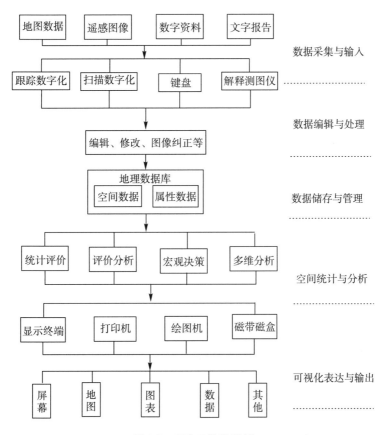

图 4-2　GIS 工作流程图

数据的有效管理是 GIS 系统应用成功的关键,它主要提供空间与非空间数据的存储、查询检索、修改和更新的能力。矢量数据结构、光栅数据结构、矢栅一体化数据结构是存储 GIS 的主要数据结构。数据结构的选择在相当程度上决定了系统所能执行的功能。

数据结构确定后,在空间数据的存储与管理中,关键是确定应用系统空间与属性数据库的结构以及空间与属性数据的连接。目前广泛使用的 GIS 软件大多数采用空间分区、专题分层的数据组织方法,用 GIS 管理空间数据,用关系数据库管理属性数据。

4. 空间统计与分析

空间统计与分析是 GIS 的核心功能之一,也是 GIS 有别于其他信息系统的本质特征。GIS 是以地理事物的空间位置和形态特征为基础,以空间数据与属性数据的综合运算(如数据格式转换、矢量数据叠合、栅格数据叠加、关系运算、逻辑运算等)为特征,提取与产生空间的信息。

地理信息系统的空间统计与分析可分为三个层次的内容。

(1)空间检索:包括从空间位置检索空间物体及属性、从属性条件检索空间物体等。

(2)空间拓扑叠加分析:实现空间特征(点、线、面或图像)的相交、相减、合并等,以及特性属性在空间上的连接。

(3)空间模型分析:如数字地形高程分析、网络分析、图像分析、三维模型分析、多要素综合分析及面向专业应用的各种特殊模型分析等。

5. 可视化表达与输出

GIS 并不以图形或图像文件的形式保存地图，而是存储地图元件的空间信息数据库和描述性信息数据库。在显示数字地图时，GIS 能实时地访问空间信息数据库并读取其中的数据进行分析处理，然后在计算机屏幕上显示出相应的图形。

中间处理过程和最终结果的可视化表达是 GIS 的重要功能，通常以人机交互方式来选择显示的对象及形式。根据要素的信息量和密集程度，图形可以选择放大或缩小显示，也可以根据用户的偏好对版面进行重新设置，例如，调整字体、字号、颜色、图例、比例尺等，甚至可以添加或删除某些成分。GIS 不仅可以输出全要素地图，还可以根据用户需要，分层输出各种专题图、统计图等。

GIS 输出的产品类型通常有地图、图像、统计图表等形式。地图是空间实体的符号化模型，是 GIS 产品的主要表现形式，常用的地图类型有点位符号图、线状符号图、面状符号图、等值线图、三维立体图和晕渲图等。图像也是空间实体的一种模型，它不采用符号化的方法，而采用人的直观视觉变量（如灰度、颜色、模式）表示各空间位置实体的质量特征。统计图是将实体的特征和实体间与空间无关的相互关系利用图形来表示，从而让使用者对信息有了全面、直观的了解。统计图表常用的形式有柱状图、扇形图、直方图、折线图和散点图等。

除了上述五大功能外，GIS 还有用户接收模块，主要包括用户界面、程序接口与数据接口。它用于接收用户的指令、程序或数据，是用户和系统交互的工具。

三、GIS 技术在物流中的应用

（一）GIS 在物流分析中的应用

将 GIS 应用于物流分析之中，主要是利用 GIS 强大的地理数据功能来完善物流分析技术，合理规划物流路线，科学设置设施设备，优化调配运力和物流量，提高物流业整体效率。目前已经开发出了专业软件用于物流分析，这类专业物流分析软件通常集合了车辆路线模型、最短路径模型、网络物流模型、分配集合模型和设施定位模型等。

1. 车辆路线模型

用于研究解决在一个起始点、多个终点的货物运输中，在保证服务质量的前提下如何降低物流费用的问题，包括决定使用多少运输车辆、确定每辆车的行驶路线等。

2. 最短路径模型

通常用来找出物流网络中两个节点（如起点和终点）之间总权和最小路径，从而确定最佳路线。最短路径问题是物流网络理论的经典问题之一，通常可以用来解决管路铺设、线路安装、厂区布局和设备更新等实际问题。

3. 网络物流模型

用于解决最有效的分配货物路径问题，也就是物流网点布局问题。例如，将货物从 A 个仓库运送到 B 个商店,每个商店都有固定的需求量,因此,需要确定由哪个仓库送货给哪个商店,可以使物流成本最低。

4. 分配集合模型

可以根据各个要素的相似点,把同一层上所有或部分要素分成几组,用于解决服务范围和销售市场范围等问题。例如,某一公司要设立若干个分店,要求这些分店可以覆盖某一特定的地区,并且希望每个分店的顾客数量大致相等。

5. 设施定位模型

用以确定一个或多个设施的位置。在物流系统中,仓库和运输线路共同组成了物流网络,仓库处于网络的节点上,而节点影响着运输线路。根据供求实际并结合经济效益,对在既定区域内设立多少个仓库,每个仓库的规模有多大,每个仓库的具体位置如何分布以及仓库之间的物流关系如何协调等问题,都可以运用模型加以解决。

(二)GIS 在物流中心选址和仓库规划中的应用

物流中心选址在物流系统中是具有战略意义的投资决策。由于资源分布、供需状况、运输条件和自然条件等不同,即使在同一区域内的不同地方建立物流中心,对于整个物流系统的合理化设置和由此产生的经济效益也是不同的。

关于物流中心的选址,已经有了一系列较为成熟的模型和算法,如重心法、数值分析法、德尔菲法等。这些传统的选址方法或是通过画平面图求解,或是建立模型,经过一系列的计算得出最优结果。虽然这些方法使得选址问题更加高效快捷,但是它们无一例外都存在一个共同的缺陷,即这些方法都是建立在静态的假定条件下实现的。当今时代信息传播速度异常快,市场瞬息万变,供求关系随时可能发生变化。因此,在静态假设条件下得出的选址结果,往往与现实情况不完全相符甚至差距较大。而 GIS 可以很好地帮助企业克服以上缺点,较好地解决物流中心选址问题,是目前较为理想的选址分析工具。GIS 用于物流中心选址主要是依靠以下分析功能。

1. 空间查询功能

空间查询功能能够查询并分析系统中点、线、面基本图形间的关系,如查询物流中心周围 1 千米范围内所有配送点的情况,某个配送中心附近的道路情况,某个需求点区域周边的地理分布情况等。

2. 叠加分析功能

叠加分析功能是 GIS 非常重要的空间分析功能。要了解一个街区的面积、一条主干道的长度、一个地区的人口密度等信息,仅仅用空间查询功能是不够的,只有将空间目标进行分割、组合,必要时重新建立拓扑关系,才能得到确切的结果。分析某条配送路线上的需求点情况,用点与线叠加;分析某个区域内的配送中心及需求点分布情况,用点与面叠加;分析某个区域内的主要街道、道路情况,则用线与面叠加。

3. 缓冲区分析功能

缓冲区分析功能是对一组或一类地物按缓冲的距离条件,建立缓冲多边形,然后将当前图层与需要进行缓冲分析的图层进行叠加分析,得到所需要的结果。设计或分析某条配送路线或者配送中心选址等空间布局问题时,要分析配送中心周边范围内的需求点、道路等数据情况,建立一定范围的缓冲区。

4. 网络分析功能

网络分析功能是进行物流设施选址时最重要的功能,用于分析物流网络中各节点的相互关系和内在联系,主要有路径分析、资源分析、连通分析、流分析等。路径分析可以帮助确定一个节点到另一个节点的最佳路径;资源分析包括目标选址和为供货中心寻找需求市场或需求资源点;连通分析用以解决配送路径安排方面的问题,以降低配送成本;流分析主要是按照某种优化标准(如时间最少、费用最低或路程最短)来设计资源的运送方案。

GIS 技术是把计算机技术、地理信息和数据库技术紧密结合起来的新型技术,因此,GIS 也非常适合运用于仓库建设管理中。仓库 GIS 作为仓库管理信息系统中的一个子系统,通过地理坐标、图标的方式直观地反映仓库整体及周边状况,例如,库房建设、物资储备、仓库附近公路和铁路等,从而有效帮助仓库建设管理走向科学化和规范化的道路。

(三)GIS 在物流配送中的应用

由于 GIS 具有数据组织、空间分析与可视化等众多优点,建立基于 GIS 的物流配送系统集成已成为配送系统发展的必然趋势。将 GIS 技术应用到物流配送中,企业可以优化处理配送中货物的运输、仓储、装卸等各个环节,对其中涉及的诸如运输车辆调度、最佳路径选择、货物组配、最优库存控制、合理装卸等策略能够进行有效决策分析,充分利用现有资源,合理规划配置,降低运营成本。GIS 在物流配送系统中主要有以下功能。

1. 网络布局和路线安排

利用长期客户、车辆、订单和地理数据等信息建立模型,根据模型对整个物流网络的布局进行模拟,按照实际的需求分布规划运输线路,在电子地图上显示设计路线、实际运行路径和运行方法。利用 GIS 的网络分析模型优化具体运行路径,使得资源消耗最小,并以此来建立决策支持系统,提供更有效而直观的决策依据。

2. 车辆和货物的跟踪与导航

现代化的物流系统是围绕产品从原材料直至消费者的大物流体系,对附有条形码等信息载体的物品,都可以利用 GIS 的全球定位功能,实现跟踪与控制。GPS 和电子地图可以实时显示车辆及货物的运输速度、运动方向和地理位置,能够准确进行定位和导航。同时通过查询车辆和货物的运行状态,企业可以进行合理调度和管理。在突遇紧急情况时,企业还可以灵活应变,找出替代的行车路线,合理安排物流行程,满足客户多方位的需求。

3. 信息查询与物流分析

GIS 可以对配送范围内的主要建筑、车辆、客户等进行快速搜索和复杂查询,查询结果可以通过文字、语言和图像的形式显示出来,并在电子地图上标注位置。GIS 还可以通过各种假设分析来模拟区域内空间的变化规律和发展趋势,操作结果可以通过高品质和高信息含量的可视化图形、影像等方式直观呈现。GIS 的空间查询和分析能力,使得在物流过程中可以快速准确地掌握供需双方的地理分布,确定物资调运的数量、种类和运输方式,从而降低运营成本,提高经济效益。

物流是一个大范围的活动,物流信息贯穿于物流活动的全过程。物流信息具有信息源点多、分布广、信息量大、动态性强、信息价值衰减速度快等特性。这意味着物流信息的收集、加工和处理要求高、速度快、难度大。电子地图图形化显示和输出功能增强了物流系统的可视化管理能力;GIS 技术强大的地理分析和空间分析能力为物流方案的制定提供了科学的方法;基于 GIS 的仿真模拟技术为物流方案设计提供了准确的判断依据。

四、常用 GIS 软件

(一)国外软件

20 世纪 80 年代,GIS 技术不断发展并走向成熟,一批有代表性的 GIS 软件涌现了出来,例如,MapInfo、ArcGIS、Arc/Info、Maptitude、Intergraph 等。这些软件在矢量绘图、栅格影像处理、空间数据存储管理、专题图制作、空间分析等方面各具特色。以下选择其中应用较为广泛的部分软件进行介绍。

1. MapInfo 系列软件

MapInfo 是美国 MapInfo 公司的桌面地理信息系统软件,是一种数据可视化、信息地图化的桌面解决方案。它依据地图及其应用的概念,采用办公自动化的操作,集成多种数据库数据,融合计算机地图方法,使用地理数据库技术,加入地理信息系统分析功能,形成极具实用价值的、可以为各行各业所用的大众化小型软件系统。

MapInfo 的含义是"Mapping+Information",即"地图对象+属性数据"。在 MapInfo 的系列产品中,用得最多的是 MapInfo Professional 和 MapBasic。

MapInfo Professional 是 MapInfo 公司主要的软件产品,它是基于普通 PC 机的桌面地图信息软件。MapInfo Professional 支持多种本地或者远程数据库,可以生成各种专题地图,较好地实现了数据可视化。此外,该软件还能够进行一些空间查询和空间分析运算,并通过动态图层支持 GPS 数据。

MapBasic 是为在 MapInfo 平台上开发用户定制程序的编程语言,它使用与 BASIC 语言一致的函数和语句,便于用户掌握。通过 MapBasic 进行二次开发,用户能够扩展 MapInfo 功能,并与其他应用系统集成。

MapInfo Professional 和 MapBasic 提供了放大、缩小、漫游、选择、空间实体组合与分割等基本的图形操作功能。同时,MapBasic 还可以直接读取点、线、面等空间实体和属性数据库,并提供条件分析、统计分析、缓冲区分析等分析功能。

2. ESRI 产品系列

ESRI(Environmental Systems Research Institute Inc.)公司是世界知名的 GIS 软件研究和开发机构,1969 年成立于美国加利福尼亚州,公司主要从事 GIS 工具软件的开发和 GIS 数据生产。在全面整合了 GIS 与数据库、软件工程、人工智能、网络技术及其他多方面的计算机主流技术之后,ESRI 成功推出了代表 GIS 最高技术水平的全系列 GIS 平台——ArcGIS 系列化产品。该系列化产品可以完成地理信息系统的开发、地理信息的发布和浏览、地理数据的管理和分析等功能,是目前市面上应用最广泛的 GIS 平台之一。

ArcGIS 软件平台支持桌面应用、服务器浏览器模式应用、移动设备应用,是一套完整可伸缩的框架,不仅为个人用户,还为群体用户提供 GIS 服务。ArcGIS 系列软件包括以下几个组成部分。

(1)ArcGIS Desktop。

ArcGIS Desktop 是一套完整的专业 GIS 应用软件,按照其功能的涵盖程度可以分为 ArcView、ArcEditor、ArcInfo 三个等级,其中 ArcInfo 功能最为完整。

(2)ArcGIS Engine。

ArcGIS Engine 是 ArcGIS 平台的核心程序,支持 C++、NET、JAVA 等多种开发语言,为开发人员提嵌入式开发组件。

(3)ArcSDE、ArcIMS 和 Arc GIS Server。

该组成部分通过提供一系列的应用程序,以服务的形式发布地理信息中的地理数据和地图,主要用于实现数据的发布功能,属于服务端的 GIS。

(4)ArcGIS Mobile。

ArcGIS Mobile 是一种连接地理信息的 Web 客户端,支持移动电话和野外使用的其他设备(如 Tablet PC 和 GPS 数据采集装置)。ArcGIS Mobile 是 ESRI 公司移动 GIS 解决方案之一,它使得移动客户在野外也可以便捷地访问和使用地理信息。

(5)ArcGIS Online。

ArcGIS Online 是一个面向全球用户的共享云 GIS 平台,通过 web 在线访问为用户提供实时、安全、可配置的 GIS 服务。

(二)国内软件

GIS 软件在我国的发展主要经历了三个阶段:第一阶段是引进国外 GIS 软件,直接利用国外软件的功能进行特定专业领域的应用,例如,中国科学院利用 ArcInfo 进行黄土高原水土流失信息的研究;第二阶段是在国外引进软件的基础上进行定制开发,用以解决专业应用领域的实际问题;第三阶段是进行自主版权 GIS 软件的独立开发。

近些年,我国 GIS 软件行业发展很快,应用领域不断扩大,相继研发了一些比较优秀的 GIS 软件平台,例如,武汉中地信息工程有限公司研发的 MapGIS、北京大学与三秦信息技术有限公司联合研发的 CityStar、武大吉奥信息技术有限公司研发的 GeoStar、北京超图地理信息技术有限公司研发的 SuperMap、中国林业科学研究院研发的 ViewGIS 等。这些国产 GIS 软件的出现打破了国外软件产业对我国软件市场的垄断,开创了用计算机编制地学图件、进行地理空间信息化管理以及决策支持的新时代。GIS 软件的应用和开发,已经深入资源管理、城市规划、市政工程、交通运输、邮电通讯、公安急救、市场销售、金融保险、水利电力、环境保护、科研教育等各个领域,促进和带动了一些相关产业的发展。

1. MapGIS

MapGIS 是武汉中地信息工程有限公司研发的产品,是中国具有完全自主知识产权的地理信息系统,是全球唯一的搭建式 GIS 数据中心集成开发平台。该系统是一个集当代先进图形图像技术、遥感技术、测绘技术、人工智能和计算机科学于一体的大型智能型软件系统,支持空中、地上、地表、地下全空间三维一体化的 GIS 开发平台。MapGIS 包括以下功能模块。

(1)数据输入:该模块提供各种空间数据输入手段,包括数字化仪输入、扫描矢量化输入以及 GPS 输入。

(2)数据处理:该模块可以对点、线、多边形等多种矢量数据进行处理,包括修改编辑、错误检查、投影变换等功能。

(3)数据输出:该模块可以将编排好的图形显示到屏幕上或者输出到指定设备上,也可以生成 PostScript 或 EPS 文件。

(4)数据转换:该模块提供 MapGIS 与其他系统之间的数据转换功能。

(5)数据库管理:该模块实现对空间和属性数据库管理和维护。

(6)空间分析:该模块提供包括 DTM 分析、空间叠加分析、网络分析等一系列空间分析功能。

(7)图像处理:该模块主要提供图像配准镶嵌及处理分析。

(8)电子沙盘系统:该模块提供强大的三维交互地形可视化环境,可实时生成地形三维曲面。

(9)数字高程模型:该模块可以根据离散高程点或者等高线插值生成网格化的 DEM,并进行相应的分析和计算,如剖面分析、遮蔽角计算等。

在 MapGIS 应用开发平台的基础上,公司已开发出许多应用型的地理信息系统软件,包括国土管理信息系统、城市综合管网系统、供水管网系统、煤气管道系统、城市规划系统、电力配网系统、通信管网及自动配线系统、环保与监测系统、警用电子地图系统、作战指挥系统、GPS 导航监控系统、旅游系统等。

2. GeoStar

GeoStar 是大型国产自主知识产权的地理信息系统基础软件平台,是武大吉奥信息技术有限公司推出的自主创新产品——吉奥之星系列软件的核心,在吉奥之星系列软件中负责矢量、影像、数字高程模型等空间数据的建库、管理、应用和维护。GeoStar 分为桌面应用系统、独立处理工具和组件开发平台三个部分,包括如下功能模块。

(1)GeoStar:该模块是整个系统的基本模块,提供的功能包括空间数据管理、数据采集、图形编辑、空间查询分析、专题制图和符号设计、元数据管理等,支持从数据录入到制图输出的整个 GIS 工作流程。

(2)GeoGrid:该模块是数字地形模型和数字正射影像的处理、分析模块。

(3)GeoTIN:该模块利用离散高程点建立 TIN,进而插值得到 DEM,并进行相关分析运算和三维曲面生成。

(4) GeoImager:该模块可以进行遥感图像的处理和影像制图。

(5) GeoImageDB:该模块可以建立多尺度的遥感影像数据库系统。

(6) GeoSurf:该模块利用 Java 实现的因特网空间信息发布系统。

(7) GeoScan:该模块是图像扫描矢量化模块,支持符号识别。

任务实训 4-1

一、实训目的

1. 了解 MapInfo 的窗口界面、菜单操作等。

2. 通过 MapInfo 实例演示和操作,加深对课堂学习的 GIS 基本概念和基本功能的理解。

3. 培养学生协作与交流的意识与能力。

二、实训步骤

1. 安装 MapInfo 软件。

2. 启动 MapInfo,打开栅格图像 China。

3. 单击"图层控制"按钮,使得装饰图层可使用,以 China 为参照,分别利用绘图工具栏的点、线、面按钮绘制图地图。

4. 每绘制完一个对象,利用地图菜单的保存装饰图层命令,分别对在装饰图层绘制的省级城市、市级城市、省面信息、边界信息进行保存。

5. 将电子地图的最终效果以工作空间的形式进行保存,即利用文件菜单的保存工作空间命令进行保存。

任务二 GPS 技术的认知及应用

任务目标

1. 掌握 GPS、网络 GPS 的概念及特点

2. 熟悉 GPS 和网络 GPS 的构成、工作原理

3. 了解包括中国北斗卫星导航系统在内的世界主要卫星定位系统,了解 GPS 在物流领域中的应用,了解网络 GPS 的功能

案例导入

智慧物流接入"天眼"

在 2017 年,京东无人配送机器人完成了全球首单配送,无人机全国运营调度中心落成并启动常态化配送,无人分拣智能机器人及无人仓投入使用,这些标志着京东智慧物流技术已经从研发阶段进入了实际运营阶段。除了在无人技术和人工智能领域保持行业领先,京东在利用国家尖端技术实现现代化物流运营方面同样走在行业前列,已成为我国最大的北

项目四 物流数据动态跟踪技术

斗卫星导航系统规模化应用企业。

中国北斗卫星导航系统是中国自行研制的全球卫星导航系统,是继美国GPS、俄罗斯GLONASS、欧盟Galileo后,联合国卫星导航委员会认定的第四大核心供应商。北斗卫星手机系统集成了传感、自动化、定位追踪和数据处理等智能化技术,是推进我国信息产业升级换代的"发动机"。

京东作为我国国内最大的北斗卫星手机系统应用部署企业,在自营干支线、城配线路上全部装载北斗卫星系统的汽车超过6000辆,合作伙伴安装北斗卫星系统的汽车超过1500辆,更有2万多名配送员佩戴装有北斗卫星导航系统的智能手环设备。

京东将北斗卫星导航系统与自建物流的大数据优势相结合,通过对车辆速度和路线的实时监控,保障驾驶安全;同时,结合北斗卫星导航系统的地理位置数据进行深入分析,定制仓储和站点的位置信息,推算最佳的服务线路,实现物流运营时效提升、运营成本管控加强、消费者订单的透明追踪。依托强大的北斗卫星导航技术,系统可每30秒采集一次地理位置信息,每2分钟上传一次服务器,消费者通过手机可以随时看到商品配送轨迹和实时位置,这极大地改善了购物体验。

京东还建立了基于北斗卫星手机系统的OBD智能车辆管理系统,实现了车辆报表、驾驶员报表、驾驶员评分报表和事件报表等多套系统的智能数据生成,简便高效地获取瞬时车速、瞬时油耗、转速、发动机信息等数据,再通过系统的智能分析计算,统计车辆的行程数、里程数、耗油量、百公里油耗等指标,实现了对行车路线、行车速度、行车里程等全方位动态监测,实现了管理决策科学化,确保了交易安全,降低了物流成本,提高了物流配送效率,最大限度地节约能源、减少排放。

京东是我国最早部署和应用北斗卫星手机技术的企业,早在2012年,在国家正式宣布北斗卫星导航系统试运行启动后,京东就率先启动"基于北斗的电子商务物流服务应用示范项目",成为中国第一批应用北斗卫星导航技术进行车辆管控的企业。2013年9月,京东开始在传站、摆渡、干支线等运输环节的车辆上安装北斗卫星导航设备。2015年,借助于北斗卫星导航系统,京东又研发了第三方配送大件订单轨迹功能,开创了行业先河。

(资料来源于网络,文字有删改)

一、GPS技术概述

(一)GPS的概念

GPS是英文Global Positioning System(全球定位系统)的简称,它是利用GPS定位卫星和地面站为全球提供全天候、高精度、连续实时的三维坐标(纬度、经度、海拔)、三维速度和定位信息的系统。

美国从20世纪70年代开始着手构建全球定位系统,耗资近200亿美元,于1994年全面建成。GPS最初主要用于军事目的,利用导航卫星进行测时和测距,为美国军方在全球的舰船、飞机导航并指挥陆军作战。因此,该系统具有在海、陆、空进行全方位实时三维导航与定位能力,是继阿波罗登月计划、航天飞机后的美国第三大航天工程。

美国在1994年宣布10年内向全世界免费提供GPS全球定位系统的使用权,世界各国开始争相利用这一系统。1996年,美国政府正式宣布将GPS开放为军民两用系统,通过使用SA(可用性选择)政策,即故意降低定位精度,使民用用户的应用受到限制。直到2000年5月1日,美国总统宣布将SA置零,这在很大程度上促进了民用GPS应用的发展和普及。如今,GPS已经成为当今世界上最实用,也是应用最广泛的全球精密导航、指挥和调度系统。

(二)GPS的特点

GPS的问世标志着电子导航技术发展到了一个更加辉煌的时代。GPS的主要特点包括以下几点。

1. 定位精度高

GPS定位精度高,可以为各类用户提供高精度的三维位置、三维速度和时间信息。GPS相对定位精度在50千米以内可达到6米,100~500千米可达到7米,500~1000千米可达9米。在300~1500米工程精密定位中,1小时以上观测的平面位置误差小于1毫米,与ME-5000电磁波距测仪测定的边长比较,其边长校差最大为0.5毫米,较差中误差为0.3毫米。

2. 定位速度快

随着GPS系统软件的不断更新,定时定位所需时间越来越短。目前20千米以内的相对静态定位,定位时间仅需15~20分钟;快速静态相对定位测量时,当每个流动站与基站相距在15千米以内时,流动站观测时间只需1~2分钟,可随时定位,每站观测只需几秒钟。目前GPS接收机的一次定位和测速工作,在1秒甚至更短的时间内便可完成。

3. 可提供三维坐标

通常所用的大地测量方式是将平面与高程采用不同方法分别施测,GPS可同时精确测定测站点的三维坐标,目前GPS水准可满足四等水准测量的精度。

4. 操作简便

随着GPS接收机不断改进,GPS自动化程度越来越高,操作步骤更简单,使用起来更方便。接收机的体积越来越小,重量越来越轻,这在很大程度上减轻了使用者的劳动强度和工作压力。

5. 功能多样,应用广泛

GPS系统不仅具有定位导航、跟踪、监控、测绘等功能,还可用于测速、测时,测速的精度可高达0.1米/秒,测时的精度可达几十毫微秒。起初,设计GPS系统的主要目的是导航、收集情报等。但是,后来的应用开发表明,GPS系统不仅能够达到上述目的,还能够进行亚米级至厘米级精度的距离测量和毫微秒级精度的时间测量。

随着人们对GPS认识的加深,GPS的民用领域还将不断扩大。例如:汽车定位、跟踪调度、陆地救援、大地测量、地壳运动监测、工程变形监测、资源勘查、地球动力学研究等。

6. 不受时间和天气影响

因为GPS卫星数目较多且分布合理,所以在地球上任何地点均可连续同时观测到至少

项目四　物流数据动态跟踪技术

4颗卫星,从而保障了全球、全天候连续实时导航与定位的需要。目前GPS观测可在24小时内的任何时间进行,不受雾、风、雨、雪等天气的影响。

7. 抗干扰性能好,保密性强

GPS系统采用了伪码扩频技术,用户只接收而不必发射信号,因此,GPS具有良好的抗干扰性和保密性,即使在战争中也不易受到影响。

(三)其他主要卫星定位技术

GPS虽然叫作"全球定位系统",但它只是全球的卫星定位系统中的一种。卫星定位系统的通称是GNSS(Global Navigation Satellite System)。目前世界上主要的卫星定位系统有美国的GPS、欧洲的Galileo(伽利略)、俄罗斯的GLONASS(格洛纳斯)和中国的北斗卫星导航系统(BDS),它们被称为四大卫星导航系统,也是全球卫星导航系统国际委员会(ICG)确定的4大核心供应商。

除了上述4大全球卫星导航系统外,还包括区域系统和增强系统,其中区域系统有日本的QZSS和印度的IRNSS,增强系统有美国的WASS、日本的MSAS、欧洲的EGNOS、印度的GAGAN等。

1. 欧洲的Galileo(伽利略)

伽利略卫星导航系统(Galileo Satellite Navigation System)是由欧洲研制和建立的全球卫星导航定位系统。"伽利略计划"于1999年提出,预计总投资35亿欧元,是欧洲自主的、独立的民用全球卫星导航系统,完全由非军方控制和管理,能够提供全球范围内高精度、高可靠性的导航和定位服务。"伽利略计划"没有排斥非欧洲国家的参与,中国是最早参与"伽利略计划"的非欧洲国家,韩国、日本、阿根廷、澳大利亚等国也参与了该计划,并提供资金和技术支持。

伽利略卫星导航系统采用中高度圆轨道卫星定位方案,总共发射30颗卫星,其中27颗工作卫星,3颗候补卫星。卫星高度为24126千米,位于3个倾角为56度的轨道平面内。该系统还建有2个地面控制中心。

伽利略卫星导航系统是世界上第一个基于民用的全球卫星导航定位系统,其配置、频率分布、信号设计、安全保障及其多层次、多方位的导航定位特点,使得其性能比其他卫星定位系统更加先进、高效和可靠。伽利略卫星导航系统为陆地、海上、航空安全提供了不间断的全球服务,特别是生命安全和搜救服务,极大地满足了全球各类用户的需求。伽利略卫星导航系统还计划与美国的GPS、俄罗斯的GLONASS系统一起组成复合型卫星导航系统,任何用户都可以使用兼容性的接收机获取多个系统的数据或者各系统数据的组合,从而获得更为精准的定位和导航。多套全球卫星导航定位系统的共存竞争将会促使用户得到更加稳定的信号和更优质的服务。

与美国的GPS相比,伽利略卫星导航系统具备以下方面的优势:首先,其覆盖面积将是GPS系统的2倍,可为更广泛的人群提供服务;其次,其地面定位误差不超过1米,精确度要比GPS系统高5倍以上;最后,伽利略卫星导航系统使用多种频段工作,在民用领域比GPS

系统更加经济、透明和开放。"伽利略计划"一旦实现,不仅可以极大地方便欧洲各国居民的生活,还将为欧洲的工业和商业带来可观的经济效益。更重要的是,欧洲将从此拥有自己的全球卫星定位系统,这不仅有助于打破美国对卫星导航市场的垄断地位,在全球高科技竞争浪潮中夺取有利位置,还可以减少欧洲对美国军事和技术的依赖,为建设梦想已久的欧洲独立防务创造条件。

2. 俄罗斯的 GLONASS(格洛纳斯)

GLONASS 是俄罗斯全球卫星导航系统 Global Navigation Satellite System 的缩写。该系统最早开发于苏联时期,后由俄罗斯继续实施,它可为全球海陆空以及近地空间的各种军民用户全天候、连续提供高精度的三维位置、三维速度和时间信息。

GLONASS 由卫星星座、地面监测控制站和用户设备三部分组成,地面控制部分全部都在俄罗斯境内。GLONASS 的卫星星座由 21 颗工作卫星和 3 颗备份卫星组成,其工作原理和方案都与美国的 GPS 类似。GLONASS 的 24 颗卫星分布在 3 个轨道平面上,每个轨道平面两两相隔 120°,同平面内的卫星之间相隔 45°。每颗卫星都在 19100 千米高、64.8°倾角的轨道上运行,轨道周期为 11 小时 15 分钟。

GLONASS 的研制开始于 20 世纪 70 年代中期,虽然该系统的第一颗卫星早在 1982 年就已发射成功,但是受到苏联解体的影响,整个系统发展缓慢。直到 1995 年,俄罗斯耗资 30 多亿美元,才完成了 GLONASS 卫星星座的组网工作。俄罗斯没有使用 SA 技术对 GLONASS 精度进行干扰,而是采用了军民合用、不加密的开放政策,因此,GLONASS 在定位、测速及定时精度上优于美国的 GPS。但是由于经费困难,在轨卫星数量较少不能独立组网,只能与 GPS 联合使用,此举导致 GLONASS 实用精度大大下降。但是俄罗斯对外宣称,多功能的 GLONASS 定位精度可达 1 米,速度误差仅为 15 厘米/秒。如果有必要,该系统还可用来为精确打击武器制导。

3. 中国的北斗卫星导航系统(BDS)

(1)概述。

北斗卫星导航系统(以下简称北斗系统)是中国着眼于国家安全和经济社会发展需要,自主建设、独立运行的卫星导航系统,是为全球用户提供全天候、全天时、高精度的定位、导航和授时服务的国家重要空间基础设施。

卫星导航系统是全球性公共资源,多系统兼容与互操作已成为发展趋势。中国始终秉持和践行"中国的北斗,世界的北斗"的发展理念,服务"一带一路"建设发展,积极推进北斗系统国际合作。北斗系统与其他卫星导航系统携手,与各个国家、地区和国际组织一起,共同推动全球卫星导航事业发展,以更好地服务全球、造福人类。

(2)发展规划。

20 世纪后期,中国开始探索适合国情的卫星导航系统发展道路,逐步形成了"三步走"发展战略:第一步,在 2000 年年底,建成北斗一号系统,向中国提供服务;第二步,在 2012 年年底,建成北斗二号系统,向亚太地区提供服务;第三步,在 2020 年,建成北斗全球系统,向全球提供服务。

2003年5月25日，我国成功地将第三颗"北斗一号"导航定位卫星送入太空。前两颗"北斗一号"卫星分别于2000年10月31日和12月21日发射升空，第三颗发射的是导航定位系统的备份星，它与前两颗"北斗一号"工作星组成了完整的卫星导航定位系统，确保全天候、全天时提供卫星导航信息。这标志着我国成为继美国GPS和俄罗斯GLONASS后，在世界上第三个建立了完善的卫星导航系统的国家。

2007年2月3日0时28分，我国在西昌卫星发射中心用"长征三号甲"运载火箭，成功将北斗导航试验卫星送入太空。这是我国发射的第四颗北斗导航试验卫星，从而拉开了建设"北斗二号"卫星导航系统的序幕。2007年4月14日，我国又成功将第五颗"北斗"导航卫星送入太空。

2017年11月5日，中国第三代导航卫星顺利升空，它标志着中国正式开始建造北斗全球卫星导航系统。根据系统建设总体规划，2018年面向"一带一路"沿线及周边国家提供基本服务；2020年前后，完成35颗卫星发射组网，为全球用户提供服务。

(3)系统构成。

北斗系统是世界上第一个区域性卫星导航系统，已经具备区域导航、定位和授时能力，定位精度10米，测速精度0.2米/秒，授时精度10纳秒。与其他全球性的导航系统相比，北斗系统能够在很快的时间内用较少的经费建成并集中服务于核心区域，是十分符合我国国情的一个卫星导航系统。北斗系统由空间端、地面端和用户端三部分组成。空间端由若干地球静止轨道卫星、倾斜地球同步轨道卫星和中圆地球轨道卫星三种轨道卫星组成混合导航星座；地面端包括主控站、注入站和监测站等若干地面站；用户端包括北斗兼容其他卫星导航系统的芯片、模块、天线等基础产品，以及终端产品、应用系统与应用服务等。

北斗系统空间端计划由35颗卫星组成，包括5颗静止轨道卫星、27颗中地球轨道卫星、3颗倾斜同步轨道卫星。35颗卫星在离地面2万多千米的高空上，以固定的周期环绕地球运行，在地球上的任意时间和地点都可以同时观测到至少4颗以上的卫星，从而计算出观测点的精确位置。

(4)建设原则。

北斗系统的建设与发展，以应用推广和产业发展为根本目标，在建设过程中始终遵循"自主、开放、兼容、渐进"的建设原则。

自主性：中国自主建设和运行北斗系统，北斗系统可独立为全球用户提供服务。

开放性：北斗系统的建设、发展和应用将对全世界开放，为全球用户提供高质量的免费服务，促进各卫星导航系统间的兼容与互操作，推动卫星导航技术与产业的发展。

兼容性：在全球卫星导航系统国际委员会和国际电联框架下，北斗系统与世界各卫星导航系统实现兼容与互操作，使所有用户都能享受到卫星导航发展的成就。

渐进性：中国将积极稳妥地推进北斗系统的建设与发展，不断完善服务质量，并实现各阶段的无缝衔接。

(5)系统功能。

总体来说，北斗系统具有以下功能。

短报文通信:北斗系统用户终端具有双向报文通信功能,用户可以一次传送 40~60 个汉字的短报文信息,在远洋航行中有重要的应用价值。

精密授时:北斗系统具有精密授时功能,可向用户提供 20ns~100ns 时间同步精度。

定位精度:水平精度 100 米(1σ),设立标校站之后为 20 米(类似差分状态),工作频率为 2491.75MHz。

容纳户数:系统容纳的最大用户数为 540000 户/小时。

随着北斗系统建设和服务能力的发展,相关产品在交通运输、海洋渔业、水文监测、气象预报、救灾减灾、应急搜救等领域均产生了显著的经济效益和社会效益,为全球经济和社会发展注入新的活力。

①军用领域。

北斗系统的军事功能与 GPS 类似,如运动目标的定位导航,人员搜救、水上排雷的定位等。我国各级部队一旦配备北斗系统,指挥部可随时通过北斗系统掌握部队位置,并传达相关命令,这对任务的顺利执行有相当大的助益。

②民用领域。

北斗系统的民用功能主要体现在个人位置服务方面。当进入不熟悉的地方,你可以使用装有北斗卫星导航接收芯片的手机或车载卫星导航装置找到路线,实现定位和导航。

③气象领域。

将北斗系统应用到气象领域,可以提升天气分析、数值天气预报、气候变化监测和预测的准确性,也可以提高空间天气预警业务水平,提升气象防灾减灾的能力。

④道路交通管理领域。

卫星导航将有利于缓解交通拥堵,提升道路交通管理水平。通过在车辆上安装卫星导航接收机和数据发射机,车辆的位置信息能够在几秒钟内自动转发到中心站。

⑤铁路智能交通领域。

卫星导航将促进铁路传统运输方式实现升级与转型。例如,通过安装卫星导航终端设备,铁路运输可极大缩短列车行驶间隔时间,降低运输成本,有效提高运输效率。未来,北斗系统将提供高精度的定位、测速、授时服务,促进铁路交通的现代化,促进实现传统调度向智能交通管理的转型。

⑥水运领域。

水运是最广泛的运输方式之一,也是卫星导航最早应用的领域之一。在世界各大洋和江河湖泊行驶的各类船舶大多安装了卫星导航终端设备,这使水路运输更为高效和安全。北斗系统将在任何天气条件下,为水上航行船舶提供导航定位和安全保障。同时,北斗系统特有的短报文通信功能将支持水运领域各种新型服务的开发。

⑦航空运输领域。

当飞机在机场跑道着陆时,最基本的要求是确保飞机间的安全距离。利用卫星导航精确定位与测速的优势,可实时确定飞机的瞬时位置,甚至在大雾等恶劣天气情况下,也可以实现自动盲降,这极大地提高了飞行安全水平和机场运营效率。北斗系统与其他系统进行有效结合,将为航空运输提供更多的安全保障。

⑧应急救援领域。

卫星导航已广泛用于人烟稀少地区的搜索救援,在各种灾害事故救援中发挥了重要作用。北斗系统除导航定位外,还具备短报文通信功能,通过卫星导航终端设备可及时报告受灾位置和受灾情况,有效缩短救援搜寻时间,提高抢险救灾时效,大大减少人民生命财产损失。

⑨畜牧领域。

2014年10月,北斗系统开始在青海省牧区试点建设卫星放牧信息化指导系统,主要依靠牧区放牧智能指导系统管理平台、牧民专用北斗智能终端和牧场数据采集自动站,实现数据信息传输,并通过北斗地面站及北斗星群中转、中继处理,实现草场牧草、牛羊的动态监控。

(6)发展特色。

北斗系统的建设实践,实现了在区域快速形成服务能力并逐步扩展为全球服务的发展路径,丰富了世界卫星导航事业的发展模式。北斗系统具有以下特点。一是北斗系统空间端采用三种轨道卫星组成的混合星座,与其他卫星导航系统相比高轨卫星更多,抗遮挡能力强,尤其在低纬度地区性能特点更为明显。二是北斗系统提供多个频点的导航信号,能够通过多频信号组合使用等方式提高服务精度。三是北斗系统创新融合了导航与通信能力,具有实时导航、快速定位、精确授时、位置报告和短报文通信服务五大功能。

卫星导航系统是人类发展的共同财富,是提供全天候精确时空信息的空间基础设施,推动了知识技术密集、成长潜力大、综合效益好的新兴产业集群发展,成为国家安全和经济社会发展的重要支撑,日益改变着人类生产生活方式。中国将坚定不移地实施北斗系统建设,不断提升系统性能,履行服务承诺。中国坚持开放合作,着力促进卫星导航在全球的广泛应用,让卫星导航更好地惠及民生福祉、促进人类发展进步。

二、GPS系统构成与工作原理

(一)GPS系统的构成

GPS由空间卫星系统、地面监控系统、信号接收系统三个部分组成。其中,空间卫星系统由24颗GPS卫星构成,主要发送用于导航定位的卫星信号。地面监控系统由1个主控站、5个监测站和3个注入站组成,由地面卫星控制中心进行管理。其作用是监测卫星定位精度,控制卫星运行轨迹,编算卫星星历(导航电文),保持通讯时间。用户接收系统包括GPS接收器、数据处理软件和相关设备。其作用是接收、跟踪、变换和测量GPS信号。空间部分和地面监控

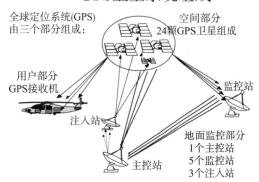

图4-3 GPS卫星系统构成

部分目前均由美国国防部掌握，GPS 的应用系统如图 4-3 所示。

1. 空间卫星系统

空间卫星系统由 30 颗、4 种型号的导航卫星共同组成，其中 6 颗为技术试验卫星，剩余的 24 颗为导航卫星。卫星位于距地表 20200 千米的上空，每隔 12 小时各卫星沿着轨道绕地球旋转一周。它们均匀分布在六个轨道平面上，每个轨道平面与赤道平面的倾角为 55°，轨道平面间距为 60°。因此，每个近似圆形的轨道平面内会有 4 颗卫星，这样就使得在全球任何时间和地点至少有 4 颗卫星可以同时被观测到，最多甚至可以达到 11 颗，从而确保实现连续、实时的导航和定位。在实际应用中，空间卫星系统的卫星数量一般要超过 24 颗，以便能够及时更换损坏或老化的卫星，保障系统的正常运行。

具有以上轨道参数的卫星，其发射信号能覆盖地球面积的 38%。卫星运行到轨道的任何位置，与地面的距离和波束覆盖的面积基本不变。同时在波束覆盖区内，用户接收到的卫星信号强度也近似相等，这使得地球上的大部分地区定位精度基本一致。

在使用 GPS 信号导航定位时，为了解算三维坐标，必须观测到 4 颗 GPS 卫星，这 4 颗卫星在观测过程中的几何位置及分布对定位精度有一定的影响。在某个时间和地点甚至不能精确测出点位坐标，这种时间段称为"间隙段"，但这种"间隙段"是很短暂的，并不影响全球绝大多数地方的全天候、高精度、连续实时的导航定位测量。

大部分时间内，用户的接收机只要通过对接收到的卫星定位信息进行解算，便可确定接收机的位置，从而获得高精度的实时三维导航定位信息。GPS 使用的是单向测距系统，用户设备只要接收导航卫星发出的导航电文即可进行测距定位，因此，可容纳无限多用户，这为 GPS 的广泛使用突破了技术上的壁垒。

GPS 卫星向用户发送的导航电文信号包括两种载波、两种伪噪声码和两组电码（P 码、C/A 码）。P 码作为精确码，频率较高，定位精度高，不易受干扰，并设有密码，因此，主要为美国军方、政府机关和得到美国政府批准的民用用户服务。C/A 码经过人为采取措施后刻意降低精度，目前全世界的民用用户均可免费使用。

2. 地面监控系统

地面监控系统是整个 GPS 系统的中枢，由美国国防部管理。地面监控系统包括 1 个主控站、5 个卫星监测站和 3 个信息注入站，它们分别位于美国本土和太平洋、大西洋、印度洋的美军基地上。

地面监控系统有两个主要作用。一是对空间卫星系统进行监测、控制，并向每颗卫星注入更新的导航电文。二是保证各个卫星处于同一时间标准内，即 GPS 时间系统。这需要地面站监测各颗卫星的时间并计算出钟差，由地面注入站发给卫星，卫星再通过导航电文发给用户设备。

（1）主控站。

主控站设在美国科罗拉多泉的联合空间执行中心。主控站拥有大型计算机，收集各监测站的 GPS 卫星观测数据、卫星工作状态数据、各监测站和信息注入站自身的工作状态数据，根据以上数据计算各卫星的星历、时钟改正数、大气改正值等，并按一定的格式编写成导航电文,传送到信息注入站。除此之外,主控站还要控制和协调各监测站、信息注入站间的工作,检验注入卫星的导航电文的正确性;诊断卫星工作状态,改变偏离轨道的卫星位置和姿态,调整备用卫星以取代失效卫星。同时,主控站也具有监测站的功能。

(2)监测站。

监测站是在主控站控制下的数据自动采集中心,分别位于夏威夷、阿森松岛、迪戈加西亚、卡瓦加兰、科罗拉多泉。这些卫星监测站监控 GPS 卫星的运作状态及在太空中的精确位置,向主控站提供观测数据。监测站通过 GPS 接收机,每 6 分钟对各个卫星进行一次伪距测量和积分多普勒观测,并采集有关气象数据。在主控站的遥控下自动采集定轨数据并进行各项改正,每 15 分钟平滑一次观测数据,以此推算出每 2 分钟间隔的观测值,将数据发送给主控站。

(3)信息注入站。

信息注入站有 3 个,分别设在亚森欣岛、迪戈加西亚、卡瓦加兰的美国军事基地上。信息注入站的主要设备包括 1 台直径为 3.6 米的天线、1 台 C 波段发射机和 1 台计算机,它的主要任务是将主控站推算和编制的卫星星历、钟差、导航电文和其他控制指令等注入相应卫星的存储系统,每天注入 3 次,每次注入 14 天的星历,并检测正确性。

整个 GPS 的地面监控系统,除主控站外均无人值守,各站间通过现代化的通信网络进行联系,在原子钟和计算机的精确控制下,所有工作都实现了高度的自动化和标准化。

3. 信号接收系统

信号接收系统主要由无线传感器、GPS 卫星接收机和 GPS 数据处理软件构成。GPS 信号接收系统的任务是:捕获到按一定卫星高度截止角所选择的待测卫星的信号,并跟踪这些卫星的运行,对所接收到的 GPS 信号进行变换、放大和处理,以便测量出 GPS 信号从卫星到接收机天线的传播时间,解译出 GPS 卫星所发送的导航电文,从而实时计算出运动或静止载体的三维参数。

(1)GPS 卫星接收机。

GPS 卫星接收机的基本结构包括天线单元和接收单元两部分。当 GPS 卫星从地平线上升起时,天线单元用来捕获、跟踪卫星,接收并放大 GPS 信号。接收单元的作用主要是记录 GPS 信号,并对信号进行解调和滤波处理,还原出 GPS 卫星发送的导航电文,求解信号在站星间的传播时间和载波相位差,实时获得导航定位数据或采用测后处理的方式,获得定位、测速、定时等数据。

GPS 卫星接收机应用广泛,其中手机是最广泛的使用载体,目前大部分的手机都自带 GPS 功能。商用的 GPS 接收机主要有精度较高的差分式 GPS 和精度较低的手持式 GPS。商用 GPS 卫星接收机根据用途可以分为车载式(如图 4-4 所示)、船载式、机载式、星载式、弹载式(如图 4-5 所示);根据型号可分为测地型(如图 4-6 所示)、集成型、全能型、定时型、手持型(如图 4-7 所示);按使用环境可分为中低动态接收机和高动态接收机;按所收信号可分为单频 C/A 码接收机和双频频 P 码和 Y 码接收机。

图 4-4　车载式卫星接收机

图 4-5　弹载式卫星接收机

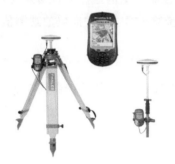

图 4-6　测地型卫星接收机

图 4-7　手持型卫星接收机

(2) GPS 数据处理软件。

GPS 数据处理软件是指各种处理软件包，其主要作用是对观测数据进行加工和处理，以便获得观测目标的三维坐标、运动速度、运动方向和精确时刻。

（二）GPS 系统的工作原理

GPS 系统的工作原理是运用几何学、物理学上的一些测距方法来确定待观测点的空间位置。具体地说，就是以 GPS 卫星和用户接收机天线之间距离（或距离差）的观测量为基础，通过已知卫星的瞬间坐标来确定用户接收机所对应点的三维坐标。GPS 定位原理如图 4-8 所示。

例如，我们可以通过三个卫星来确定图中汽车的精确位置。首先，假设已知某个卫星的精确位置，同时又能准确测定图中汽车（简称为 A 点）与卫星之间的距离，那么 A 点一定是位于以卫星为中心，所测距离为半径的球面上。接下来，再测得 A 点与另一颗卫星的距离，则 A 点一定同时位于两个球面上，即两球面相交的圆环上。同理，再测得 A 点与第三个卫星的距离，则 A 点在第三个球面与前面所得圆环相交的点上，这样就可以获得 A 点在地球上的空间位置。如果要定位空中位置，如图中的飞机，则可以通过第四个卫星，同理进行测量。综上分析，只要知道卫星的准确位置，并测得卫星与地球上被测点之间的距离，就可以实现精确定位。

1. 确定卫星的准确位置

要想知道卫星的准确位置，首先要优化设计卫星的运行轨道；其次由监测站通过各种技术手段，不间断地监测卫星运行状态，适时发送控制指令，使卫星保持在正确的运行轨道上；

最后将正确的运行轨迹编成星历传输给卫星,GPS 接收机只要能够正确接收每个卫星发送来的星历,就可确定卫星的准确位置了。

图 4-8　GPS 定位原理图

2. 测量卫星与被测点之间的距离

(1)测量距离的公式。

通过物理学的知识,我们知道测量距离的公式为:距离＝速度×时间,同时也知道电波传播的速度是 30 万千米/秒,因此,我们只要知道卫星信号传导至用户的时间,就可以利用公式求得距离。接下来,我们要准确测定信号传播的时间,首先要解决时间基准问题。

(2)关于时间基准和时间差。

GPS 系统在每颗卫星上都装有十分精密的原子钟,并通过监测站不断进行校准。在任何时刻,每颗 GPS 卫星上的原子钟都能保持时间同步,这称为 GPS 系统时间。卫星在发送导航信息的同时也发送精确的时间信息,因此,GPS 接收机在接收卫星信息时,除了能准确定位之外,还可以获取精确的时间信息,并使之与自身的时钟同步,从而获得准确的时间。互相沟通的卫星和 GPS 接收机之间是有共同的系统时间的。

GPS 卫星不断地向外发送包含有时间信息的电波信号,地面上的 GPS 接收机接收并分析这些信号。虽然电磁波以光速进行传播,但是从高空到地面仍有一个时间差,这个时间差等于收到信号时 GPS 系统的时间减去信号发射时 GPS 系统的时间。

(3)伪距和 GPS 误差的消除。

在上述的时间差中,由于存在接收及卫星钟的误差、大气传播误差及受到其他干扰因素影响,算出来的距离称为伪距。伪距之中包含有误差值,需要通过差分 GPS 技术进行消除。假设我们利用两部接收机同时接受同一卫星的信号,一部是精度很高的 GPS 接收机(通过更高的价格来购买其使用权),另一部是普通接收机。由于接收的是同一个信号,我们可以认为星历误差、卫星时钟误差都相同。根据两者测量出的伪距推算其中的误差,将误差数据传给用户,用户在测得的伪距中扣除误差值,就可以获得更加精准的定位。

在 GPS 定位过程中，误差是不可避免的，主要的误差包括三部分：第一部分是每一个用户接收机所共有的，如卫星钟误差、星历误差、电离层误差、对流层误差等；第二部分为不能由用户测量或由校正模型来计算的传播延迟误差；第三部分为各用户接收机所固有的误差，如内部噪声、通道延迟、多路径效应等。利用差分技术，第一部分误差可以完全消除，第二部分误差大部分可以消除，这主要取决于基准接收机至用户接收机的距离；第三部分误差则无法消除，只能提高 GPS 接收机本身的技术指标。

美国政府在 GPS 设计中，计划提供的是两种服务。一种是标准定位服务（SPS），利用粗码（C/A）定位，精度约为 100 米，提供给民用。另一种为精密定位服务（PPS），利用精码（P码）定位，精度达到 10 米，提供给军方和特许民间用户使用。经过多次试验表明，SPS 的定位精度已高于原设计。美国政府出于自身安全的考虑，进行了一种"选择可用性"干扰，以确保军用系统具有最佳的有效性。通过在导航电文中随机加入误差信息，C/A 码的定位精度降至二维均方根误差在 100 米左右。

三、GPS 技术在物流中的应用

随着我国物流业的发展，货物运输量日益增多，对车辆和货物的监控管理和合理调度就成为物流运输管理系统中的一个重要问题。传统的运输管理系统主要依赖于无线电通信设备，由调度中心向车辆驾驶员发出调度命令。驾驶员只能根据自己的经验，大致判断车辆所在位置，而在相对陌生的区域或在夜间则无法准确判定自己的方位，甚至会迷路。

图 4-9 车载 GPS 监控系统

GPS 定位技术的出现，给车辆、轮船、火车、飞机等交通工具的导航定位提供了强大的技术支持，能够实现对整个运输过程实时、准确的监控和管理。通过车载 GPS 监控系统，驾驶员能够随时知道自己的具体方位，也可以通过车载电台将 GPS 定位信息发送给调度指挥中心，调度指挥中心便可及时掌握车辆的具体位置。

（一）车载 GPS 监控系统介绍

车载 GPS 监控系统由 GPS 监控服务中心、GPS 车载终端和无线通信网络三部分组成。

1. GPS 监控服务中心

由信息处理服务器、数据服务器、监控软件构成。

2. GPS 车载终端

GPS 车载终端是指安装有 GPS 定位装置、车载电话、通信控制器、断油断电控制装置的受控车辆。

3. 无线通信网络

负责监控中心与 GPS 车载终端之间相互传递信息，目前通常采用移动或联通通信网络作为车载 GPS 监控系统的通信网络。

车载 GPS 监控系统综合利用了 GPS、GIS、GPRS/CDMA/3G 无线通信技术，提供车辆等运输工具的实时动态监控、报警、调度、轨迹存储和回放、异地联网等服务，服务对象无地域空间限制，服务具有网络化、智能化、人性化的特点。

车载 GPS 监控系统既可广泛用于物流领域的各种交通运输工具，也可用于私人车辆、企事业单位的公务用车以及社会服务领域，如城市客运系统、特种车辆监管等领域。

图 4-10　车载 GPS 监控系统在交通工具中的应用

(二)在物流领域中的功能

实现全程监控是物流管理的核心问题,供应商希望能够全面、准确、动态地把握散布在各种运输环节中的产品流动状况,并据此制定生产和销售计划,及时调整市场策略。在整个物流过程中,包括货物的运输、仓储、装卸、配送等环节的有效管理和决策分析,都要求能时刻追踪货物的位置和状态,而通过 GPS 系统及应用软件,即可轻松实现对货物和车辆的远程跟踪。同时,在物流过程中,利用互联网实现买方、卖方、运输方的信息共享,三方对车货运行情况都能够清晰掌控,这有利于三方协调关系,实现利润最大化。

1. 定位导航

三维导航是 GPS 最重要的功能,其他功能都要在导航功能的基础上才能得到充分发挥。汽车、火车、飞机、船舶、行人都可以利用 GPS 导航接收器进行导航,其中汽车导航在物流作业中使用最为频繁。汽车导航是在 GPS 的基础上发展起来的一门新技术,由 GPS 导航、自律导航、微处理器、车速传感器、陀螺传感器、CD-ROM 驱动器、LCD 显示器等组成。

GPS 接收机接收 GPS 卫星信号,得到某点的坐标、时间等信息,车载电台将信息发送给车辆监控中心。为提高汽车导航定位的精度,GPS 系统通常会采用前面提过的差分 GPS 技术。当行驶到隧道等遮掩较多的地方,不易捕捉到 GPS 卫星信号,汽车可自动导入自律导航系统。此时由车速传感器检测出汽车的行进速度,通过微处理单元进行数据处理,利用速度和时间直接算出前进的距离。陀螺传感器不仅能检测出前进的方向,还能自动存储各种数据,即使在更换轮胎而暂时停车时,系统也可以重新设定。

由 GPS 卫星导航和自律导航所测到的坐标位置、行进方向,与实际行驶的路线轨迹会存在一定误差。为修正两者间的误差,需要采用地图匹配技术。通过地图匹配电路,系统对汽车行驶的路线与电子地图上存在的误差进行实时匹配,并自动修正。此时地图匹配电路通过微处理单元的整理程序进行快速处理,得到汽车在电子地图上的正确位置,从而指示正确的行驶路径。此外,CD-ROM 用于存储道路数据信息,LCD 显示器用于显示导航的相关信息。

2. 车货跟踪

目前,GPS 技术与 GIS、GSM 等技术已进行了有效结合,实现了对车辆、轮船、集装箱及货物的实时定位、跟踪、报警、通讯等功能。在 GPS 技术的支持下,汽车导航可以实时显示被跟踪对象的相关信息,如经度、纬度、速度和方向等;可以跟随目标进行移动,随意放大、缩小、还原被跟踪目标的位置信息;还可以实现多窗口、多车辆、多屏幕同时跟踪。车辆运输的远程管理不仅成为了现实,还有效降低了空载率,客户可及时了解货物具体情况,这大大提高了运输的透明度和准确性,提升了服务质量。

3. 路线规划

GPS 可以提供自动和人工两种路线规划服务。只需设定路线的起点和终点,计算机软件将按照要求自动设计最佳行驶路线,包括最快的路线、最近的路线、收费最少的路线等。驾驶员也可以根据自己的偏好规划路线,系统将自动建立路线数据库,显示器能够在电子地图上显示设计路线,并同时显示汽车运行路径和运行方法。

GPS 系统为车辆进行导航服务的同时,还可以发送堵车信息、管制信息及停车场信息等,从而帮助驾驶员优化路线回避堵车,系统也会根据实时路况重新设计出最优替代路线。

4. 信息查询

GPS 可为客户提供他们感兴趣的位置信息,例如,餐饮、宾馆、医院信息等,用户能够在电子地图上根据需要进行多种形式的查询。最常见的是显示车辆当前位置及周围的兴趣点,给用户提供便捷的出行服务。

5. 指挥调度

指挥中心可以利用监测控制台,对区域内任意目标的所在位置进行查询,车辆信息将以数字形式显示在指挥中心的电子地图上。指挥中心可以监测区域内所有车辆的运行状况,并随时下达通知,高效合理地指挥、调度车辆,调整物流作业流程。

6. 紧急援助与反劫防盗

GPS 定位和监控管理系统可以对遇到险情或发生事故的车辆提供紧急救援。监控中心的电子地图可以显示求助对象的具体信息,从而协助公安、消防、医疗等部门规划出最优援助路线和方案,缩短反应时间,维护生命安全,减少财产损失。

当车辆遭遇抢劫时,驾驶员只要启动报警装置,报警系统感应器将立即被激活,监控中心会及时显示车辆情况、出事地点、车辆人员等信息。监控中心也可以根据警情遥控车辆熄火,对车辆实施监控和监听,从而控制车辆的运行情况,并立刻与公安、医疗救护系统进行网络连接。即使报警装置遭到恶意破坏,车辆仍然能够自动发出报警信号,监控中心此时会启动自动跟踪系统,将车辆的位置信息反馈给报警系统,以便及时对车主实施营救。如果车主被胁迫离开车辆,在遥控器有效范围内,车主仍可通过遥控设备向监控中心报警求助。

为防止车辆遭遇盗窃,车主只需设置安全设防状态,即使车主离开车辆,如果有人非法开启车门或发动汽车,车辆就会自动报警。车主手机、车辆监控中心会同时收到报警电话,监控中心会立即联系 110 报警,并会对车辆进行遥控锁车,启动断油断电程序。

除此之外,GPS 具有疲劳驾驶提醒和超速提醒等功能,全面保障驾驶者的行车安全;具有电子围栏功能,即在电子地图上设定一个目的地,当车辆到达和离开时,车载终端会自动调度返回信息,保障车货安全。

(三)GPS 技术在多种物流运输方式中的运用

1. 陆地运输

随着经济的迅速发展和贸易范围的不断扩大,长距离、跨区域、大范围的运输显著增加,物流公司和货物的买卖双方都迫切需要了解运输车辆和货物的实时状况,这增加了卫星定位系统在车货跟踪领域内的市场需求。在货运车辆上安装 GPS 设备,有利于解决在运输过程中对车货的远程监控问题,提高陆地运输对客户的吸引力和满意度,增强陆地运输在整个运输市场的竞争力。陆地运输对卫星定位系统的要求,现已转化成为一些成熟的应用,如 GPS 车辆自导航系统、GPS 紧急救援定位系统、GPS 车队监控系统等。

2. 海洋、内河运输

海洋和内河运输由于运量大、运费低的特点已成为国际贸易中最常用的运输方式,运输效率和安全成为被关注的焦点。GPS 技术的广泛应用有助于充分利用航道和港口资源,提高海洋和内河运输效率,同时在航程中实现有效监控,确保货物安全。

GPS 广泛应用于港口船舶进出港导航、现场调度指挥监控、GIS 建库和维护、信息管理系统建设等方面,对加强港口现代化建设起到了不可替代的作用。目前许多国家对进入本国领海的船舶强制实施船位报告,以确保海域内的航行安全和有效管理。此外,许多船务公司为了提高船舶运营效益及公司竞争力,也要求公司所属的船舶必须进行船位报告,这促使卫星定位系统在船位报告方面的需求不断扩大,目前已有众多利用国际海事卫星通信系统(Inmarsat-C)进行船位报告的应用系统。全球定位系统与其他定位系统相比,具有全球性、全天候性、精度高等特点,因而成为海上船舶应用最多的导航定位系统。

3. 航空运输

除了陆运和水运外,GPS 在航空方面也有着广泛的应用需求,如自适应导航系统、全天候着陆系统、机场监控系统等。为了满足日益增长的空中运输需求,国际民航组织决定实施基于卫星导航、卫星通信和数据通信技术的空中交通管理系统。根据国际民航组织的要求,2010 年以后,该系统将作为唯一的空中交通管理系统在世界范围内运行。

四、网络 GPS

GPS 卫星定位系统在经过多年的发展之后,目前已进入广泛的应用阶段,并且已深入军事与民用的各个领域。随着互联网的蓬勃发展,GPS 也随之进入了互联网时代。GPS、GIS、GSM 等各项先进技术的强强联合造就了现代的网络 GPS,它的出现将大大促进物流产业的发展。

网络 GPS 移动跟踪与通信服务平台,由专门提供公共 GPS 定位服务的公司运营,向运输企业或货主提供车辆、货物的监控服务。网络 GPS 会员可以在世界的任何地方使用浏览器,通过 Internet 访问相关网站,即可实现对移动物品的跟踪定位,所有车辆的情况都会清晰地显示在监控中心的电子地图上。同时网络 GPS 还可以进行双方或者多方通信,实现高效便捷的实时交互。

(一)网络 GPS 的概念和特点

网络 GPS 就是把 GPS、Internet 以及 GSM 等多种目前世界上先进的技术成果相融合,在互联网上建立一个公共 GPS 监控平台。通过在互联网上显示 GPS 动态信息,系统可实现实时监控与动态调度的功能。

网络 GPS 因为兼具了 Internet 与 GPS 的优点与特长,所以可以取长补短,避免单独使用 GPS 的弊端。一方面,网络 GPS 可以减少物流公司自己设置监控中心产生的大量硬件和软件投资费用;另一方面,网络 GPS 还可以通过设置权限,安全地显示无地域限制的跟踪信息。综合来说,网络 GPS 的特点大致如下:

一是功能多、精度高、覆盖面广,在全球任何位置均可对车辆进行监控,充分保障了所有网络 GPS 用户的监控需求可以得到满足;

二是定位速度快,有助于物流运输企业提高反应速度,降低车辆空驶率,从而降低运营成本,更好地满足客户需求;

三是信息传输采用 GSM 公用数字移动通信网,具备保密性高、系统容量大、抗干扰能力强、漫游性能好、移动业务数据可靠等优点;

四是构筑在 Internet 这一世界最大的网络公共平台上,具有开放度高、资源共享程度高等优点。

(二)网络 GPS 系统组成

网络 GPS 系统由以下三部分组成。

1. 网上服务平台

由提供定位服务的运营商负责运营管理。

2. 用户端设备

用户只需具备一台可以与互联网连接的普通计算机。当接收服务时,用户通过互联网浏览器,使用经过授权的用户名和口令就可以进入服务系统的用户界面,从而对所希望监控的移动体编组实施监控及调度。

3. 车载终端设备

车载终端设备主要由 GPS 定位信息接收模块及通信模块组成,用来实现监控中心对移动体的跟踪定位与通信。

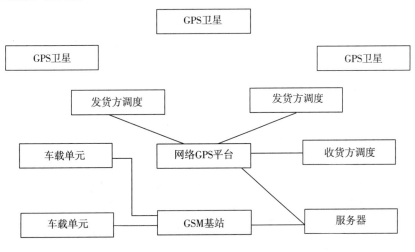

图 4-11 网络 GPS 系统工作流程

网络 GPS 系统的工作流程如下:车载单元即 GPS 接收机在接收到 GPS 卫星定位数据后,自动计算出自身所处地理位置的坐标,经 GSM 通信机发送到 GSM 公用数字移动通信网,并通过与物流信息系统连接的 DDN 专线将数据送到物流信息系统监控平台上。中心处理器将收到的坐标数据及其他数据还原后,与 GIS 系统的电子地图相匹配,并在电子地图上直观地显示车辆实时坐标的准确位置。网络 GPS 用户可用自己的权限进入网络并进行自有车辆信息的收发、查询等工作,在电子地图上清楚而直观地掌握车辆的动态信息(位置、状态、行驶速度等),同时可以在车辆出现意外事故时进行必要的遥控操作。

(三)网络 GPS 系统的功能

1. 实时监控

用户可以在任意时刻通过网络 GPS 发出指令,查询运输工具所在的地理位置信息,例如,经度、纬度等,并在电子地图上直观地显示出来。

2. 双向通信

网络 GPS 的用户可使用 GSM 的语音功能与驾驶人员进行通话,或使用系统安装在运输工具上的移动设备文字显示终端进行文字消息的收发对话。驾驶员通过按下相应的服务键或动作键,将信息反馈到网络 GPS。质量监督员可在网络 GPS 工作站的显示屏上确认工作的正确性,了解并控制整个运输作业,例如,发车时间、到货时间、卸货时间、返回时间等。

3. 动态调度

调度人员能在任意时刻通过调度中心发出文字调度指令,并得到确认信息。操作人员可进行运输工具待命计划管理,通过在途信息的反馈,让运输工具在未返回车队前做好待命计划,从而做到提前下达运输任务,减少等待时间,加快运输工具的周转速度。

4. 运能管理

网络 GPS 将运输工具的运能信息、维修记录信息、车辆运行状况、驾驶人员信息、运输工具的在途信息等多种信息及时反馈给调度部门,尽量减少空车时间和空车周转距离,充分利用运输工具的运能。

网络 GPS 可以记录运输工具的运行状态,计算运输工具的平均误差时间,了解运输工具的修理需求,从而提前做好修理计划。网络 GPS 还可以通过综合运能信息,动态衡量某型号车辆的性价比,进行可靠性分析。

5. 数据存储与分析

要实现路线规划及路线优化,应事先规划车辆的运行路线和区域,并将这些信息记录在数据库中,以备实时查询和后续分析。依据资料库存储的信息,随时调阅每台运输工具的历史资料,并根据管理部门的要求制作报表,从而帮助管理部门准确高效地作出判断并下达指令。

6. 服务质量跟踪

在系统中心设立服务器,让有权限的用户能异地获取所关心的车辆信息,例如,车辆运行状况、在途信息、运能信息、位置信息等。同时,系统还可将客户索取的位置信息用对应的地图传送过去,并将运输工具的历史轨迹标注在上面,使信息更加形象具体。

网络 GPS 的出现无论是对 GPS 供应商还是对物流企业来讲都受益良多。对物流企业来说，这直接导致的是投资费用的降低，获取信息不再受到地域限制；对于 GPS 供应商而言，门槛的降低必然导致 GPS 普及率的提高，从长远看，这是有利于行业发展的。

任务实训 4-2

北京用 GPS 技术建成世界最大规模智能化快速路交通控制系统

在节假日，覆盖北京市快速路、主干道的近 300 块可变信息板全部开启，24 小时实时发布路况。在北京市交通控制指挥中心，巨大的电子屏幕上显示着北京道路交通状况，哪里畅通、哪里慢行、哪里拥堵都尽收眼底，电子屏幕闪烁着路面交警和巡逻车组的卫星图标，可以清晰地看到民警的头像、警号、位置。遍布北京市快速路、主干道路网的上万个超声波、微波设备把 24 小时自动采集的路面交通流量数据迅速汇集到指挥中心。

北京市交警携带 GPS 个人跟踪定位器设备到街面值勤，可以确保社会交通的安全有序和畅通。北京已建成世界最大规模智能化快速路交通控制系统，利用设置在二环、三环、四环、五环及其联络线主要出入口的信号灯，根据流量变化自动关闭和开启出入口，对进出快速路交通流进行智能控制。

以现代化的指挥中心为龙头，北京交通管理通过视频监控、信号控制、流量监测等科技系统，实现对五环内主要道路的全时空覆盖。如有交通意外发生，检测系统可第一时间自动报警，执勤民警可精确调度，在现场处置的同时，综合利用各种科技手段对周边交通实施宏观调控。

根据北京路网结构和行人、机动车、非机动车的交通特点，北京城区还建成了交通信号区域控制系统，通过埋设在路口的交通流检测器采集到的交通流信息，对路口交通信号进行实时优化，实现单点感应优化控制、干线绿波协调控制和区域优化协调控制。

在公交密集的大街、路口，交管部门还建设了公交优先控制系统。根据优先级别，自动延长通过路口的绿灯信号时间，充分满足大容量、高速度的客运需求。在一些中心区域路口，信号灯增加了倒计时和语音提示功能，提供直观的过街时间参考，以保障安全。

（资料来源于网络，文字有修改）

思考：

阅读以上材料，请问在快速路交通控制系统里应用了哪些 GPS 功能？其作用如何？

项目五 物流数据存储技术

项目目标

1. 了解数据库技术的意义
2. 熟悉四种数据模型
3. 了解大数据对物流发展的影响

任务一 数据库技术的认知

任务目标

1. 了解数据库技术
2. 了解数据模型

一、学习数据库技术的意义

数据库技术就是对信息进行收集、组织、存储、加工、传播、管理和使用,为各种用户提供及时的、准确的、相关的信息。数据库技术是当今世界高新技术中的主流技术之一,它的发展对其他技术学科的发展具有极为重要的意义。数据库技术在现代工业、金融、商贸等领域都有广阔的应用前景。

二、数据处理技术的发展

随着计算机硬件和软件的不断发展,数据处理的效率和深度大大提高,数据处理技术的发展过程大致经历了三个阶段。

人工处理阶段　　　→　　文件系统阶段　　　→　　数据库阶段
(无专门数据管理功能)　　(文件管理系统)　　　　(数据库管理系统)

(一)人工处理阶段

最早的数据库可追溯到20世纪50年代初,它是供计算机使用的成套穿孔卡片,如1951年由美国联邦调查局所建立的数值数据库。

当时的计算机没有专门管理数据的软件,也没有像磁盘这种可随机存取的外部存储设备,对数据的管理没有一定的格式。硬件中的外存只有卡片、纸带、磁带。软件只有汇编语言。

在人工处理阶段,数据处理有以下特点:

一是数据不保存:当时计算机主要用于科学计算,对于数据保存的需求尚不迫切,数据结构性差,不能长期保存;

二是没有专用软件进行数据管理:每个应用程序都包括数据的存储结构、存取方法、输入方式等,程序员须直接对物理设备进行编程,程序设计难度大,编程效率低;

三是数据不共享:一组数据只能对应一个程序,当多个应用程序涉及某些相同的数据时,也必须各自定义,程序与程序之间存在着大量的重复数据;

四是数据不具有独立性:程序依赖于数据,如果数据的类型、格式或输入输出方式等逻辑结构或物理结构发生变化,就必须对应用程序作出相应的修改。

在人工处理阶段,程序与数据之间的关系如图 5-1 所示。

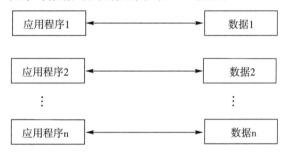

图 5-1　人工处理阶段程序与数据关系图

(二)文件系统阶段

由于计算机存储技术的发展,操作系统的出现,操作系统的一项主要功能是文件管理,数据处理的应用程序利用操作系统的文件管理功能,将相关数据按一定的规则构成文件,对文件中的数据进行存取和管理。

在文件系统阶段,数据处理的特点如下:

一是数据以文件形式可长期保存在磁盘上,用户可随时对文件进行查询、修改和增删等;

二是文件系统可对数据的存取进行管理;

三是文件形式多样化,有顺序文件、索引文件等,因此,文件可顺序访问,也可随机访问;

四是程序与数据间有一定独立性,由专门的软件即文件系统进行数据管理;

五是数据不再属于某个特定程序,在一定程度上可共享,一个数据文件对应一个或几个用户程序。

在文件管理阶段,应用程序与数据之间的关系如图 5-2 所示。

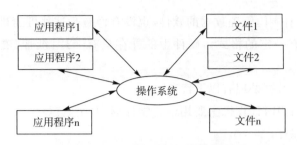

图 5-2 文件系统阶段程序与数据关系图

（三）数据库阶段

人们克服了文件系统的不足，开发了新的数据管理软件——数据库管理系统（Data Base Management System，DBMS），从而将数据管理技术推向了数据库阶段。

1. 数据库阶段背景

20 世纪 60 年代后期，计算机应用于管理的规模更加庞大，数据量急剧增加，在硬件方面出现了大容量磁盘，这使计算机联机存取大量数据成为可能。由于硬件价格下降，而软件价格上升，开发和维护系统软件的成本增加，为解决多个用户及多个应用程序共享数据的需求，统一管理数据的专门软件系统，即数据库管理系统出现了。

2. 数据库的特点

(1) 数据共享性高、冗余少：这是数据库阶段的最大进步，数据不再面向某个应用程序而是面向整个系统，当前所有用户可同时存取库中的数据。这样便减少了数据冗余，节约了存储空间，同时也避免了数据之间的不相容性与不一致性。

(2) 数据结构化：整个组织的数据不是一盘散沙，数据之间存在关联。

表 5-1 数据处理技术发展的三个阶段比较

		人工处理阶段	文件系统阶段	数据库阶段
背景	应用背景	科学计算	科学计算、管理	大规模管理
	硬件背景	无直接存取设备	磁盘、磁鼓	大容量磁盘
	软件背景	没有操作系统	有文件系统	有数据库管理系统
特点	数据的管理者	人	文件系统	数据库管理系统
	数据面向的对象	某一应用程序	某一应用程序	整个应用系统
	数据的共享程度	无共享，冗余度极大	共享性差，冗余度较大	共享性好，冗余度较小
	数据的独立性	不独立，完全依赖于程序	独立性差	具有高度的物理独立性和逻辑独立性
	数据的结构化	无结构	记录内有结构，整体无结构	整体结构化，用数据模型描述
	数据控制能力	应用程序控制	应用程序控制	由数据库管理系统保证数据的安全性、完整性，并发控制，具有数据恢复能力

三、数据模型

（一）层次模型

层次模型采用树状结构表示数据之间的联系，树的节点称为记录，记录之间只有简单的层次关系。层次模型满足如下条件：根节点有且只有一个节点，没有父节点；其他节点有且只有一个父节点。

（二）网状模型

网状模型是层次模型的扩展，它满足如下条件：可以有任意多个节点没有父节点；一个节点允许有多个父节点；两个节点之间可以有两种或两种以上的联系。

（三）关系模型

关系模型用二维表格表示数据之间的联系，Microsoft SQL Server、Microsoft Access、Microsoft FoxPro、Oracle、Sybase等都属于关系模型数据库管理系统。

（四）面向对象模型

面向对象模型是一种新兴的数据模型，它采用面向对象的方法来设计数据库。面向对象模型的数据库以对象为单位，每个对象包含对象的属性和方法，具有类的继承等特点。Computer Associates 的 Jasmine 就是面向对象模型的数据库系统。

四、数据仓库与数据挖掘

随着信息技术的不断推广和应用，许多企业已经使用管理信息系统处理管理事务和日常业务。管理信息系统为企业积累了大量的信息，企业管理者开始考虑如何利用海量信息对企业的管理决策提供支持。

（一）数据仓库的基本概念

数据仓库可构建面向分析的集成化数据环境，为企业提供决策支持。其实数据仓库本身并不"生产"任何数据，同时自身也不需要"消费"任何的数据，其数据来源于外部，并且开放给外部应用，这也是它为什么叫作"仓库"，而不叫作"工厂"的原因。

（二）数据仓库和数据挖掘的联系与区别

数据仓库和数据挖掘都是数据仓库系统的重要组成部分，它们既有联系，又有区别。

1. 联系

（1）数据仓库为数据挖掘提供了更好的、更广泛的数据源。

（2）数据仓库为数据挖掘提供了新的支持平台。

(3) 数据仓库为更好地使用数据挖掘这个工具提供了方便。

(4) 数据挖掘为数据仓库提供了更好的决策支持。

(5) 数据挖掘对数据仓库的数据组织提出了更高的要求。

(6) 数据挖掘为数据仓库提供了广泛的技术支持。

2. 区别

(1) 数据仓库是一种数据存储和数据组织技术，提供数据源。

(2) 数据挖掘是一种数据分析技术，可针对数据仓库中的数据进行分析。

（三）数据仓库的基本特点

1. 面向对象性

数据仓库中存储的信息是面向主题来组织的。数据仓库根据所需要的信息，分不同类、不同角度等把数据加工、整理之后存储起来（按横向对数据进行分类存储）。

2. 数据历史性

数据仓库可以存储5～10年，甚至更久的数据，数据具有时间标示，以满足信息比较、分析预测等数据需求（按纵向对数据进行分类存储）。

3. 数据集成性

无论数据来源于何处，进入数据仓库后都具有统一的数据结构，按一定编码规则进行编码，数据仓库中的数据具有一致性的特点。

4. 数据只读性

数据仓库是一个信息源，它只是为在其上开发的 DSS 或 EIS 等提供信息服务，因此，它应是只读数据库，一般不能轻易改动，只能定期刷新。

5. 操作集合性

数据仓库可成批地更新来自不同资源的数据，将数据载入数据仓库，也可以成批地访问数据。

6. 应用 C/S（客户机/服务器）性

数据仓库通过定义信息（元信息）把整个数据组织起来，将原始数据转换成适合于数据仓库应用的数据，这实际上是 C/S 应用模式。

五、大数据时代的物流

随着大数据时代的到来，大数据技术可以通过构建数据中心，挖掘出隐藏在数据背后的信息价值，从而为企业提供有益的帮助，为企业带来利润。

面对海量数据，物流企业在不断增加大数据方面投入的同时，不应该仅仅把大数据看作一种数据挖掘、数据分析的信息技术，而应该把大数据看作一项战略资源，充分发挥大数据给物流企业带来的发展优势，在战略规划、商业模式和人力资本等方面作出全方位的部署。

所谓物流的大数据,即运输、仓储、搬运装卸、包装及流通加工等物流环节中涉及的数据、信息等。大数据分析可以提高运输与配送效率、减少物流成本、更有效地满足客户服务要求。将所有货物流通的数据与物流公司、供求双方的需求有效结合,可形成一个巨大的即时信息平台,利用信息平台可实现快速、高效、经济的物流。信息平台不是简单地为企业客户的物流活动提供管理服务,而是通过对企业客户所处供应链的整个系统或对某个行业物流的整个系统进行详细分析后,提出具有指导意义的解决方案。许多专业运营物流数据信息平台的企业聚在一起形成了物流大数据行业。

(一)大数据技术的特点

1. 数据规模巨大
大数据的特征首先就体现为"规模大",存储单位从过去的 GB、TB,直到 PB 和 EB。

2. 数据类型繁多
广泛的数据来源决定了大数据类型的多样性。大数据类型大体可分为三类:一是结构化数据;二是非结构化数据;三是半结构化数据。

3. 价值密度低
这是大数据的核心特征。由于大数据的数据规模大,这使所有数据中有价值的数据所占的比例就更小。

4. 处理速度快
这是大数据区分于传统数据挖掘的最显著特征。数据的增长速度和处理速度快是大数据高速性的重要体现。

(二)大数据对物流发展的影响

1. 大数据改变了物流系统结构
借助于大数据技术和物联网模式,智慧物流系统总体结构主要由感知层、网络层、云平台层和应用层组成。通过感知层设备进行数据的采集,经由网络层传输数据至云平台层,云平台层的整合数据为应用层的智慧物流应用提供数据支持。

2. 大数据引领物流运作新模式
大数据时代的到来,有效推动"大物流"体系的形成,实现物流行业的巨大变革。"大物流"是指企业的自有物流和第三方物流企业的配送信息与资源共享,以更大限度地利用各方面的资源,降低物流成本。2013 年,由阿里巴巴耗资 3000 亿元打造的中国智能物流骨干网(CSN)——菜鸟网络平台,就是利用先进的物联网、云计算等各项互联网技术,建立的开放、透明、信息共享的数据应用平台,从而为物流公司、电子商务企业、仓储企业、第三方物流服务商、供应链服务商等提供优质服务,支持物流行业提供高附加值服务,同时降低物流成本。菜鸟网络平台也是大数据环境下"商流合一"的智慧营销模式,实现了销售与物流云端一体化,从而有效破除了物流对电子商务发展的制约。

3. 大数据促使物流技术迈向新台阶

随着信息技术的不断发展及大数据时代的到来，我国的物流业得到了迅猛发展，尤其在现代物流管理信息系统中，与大数据相关的各种信息技术也得到了广泛应用。目前，一维条码作为一种识别技术在物流领域已经得到了长足发展和广泛应用。作为大数据时代的产物，二维条码也在物流领域得到广泛应用。由于二维条码有携带信息量大、可脱离后台数据库使用等优点，二维条码可解决一维条码信息密度小、占用面积大、数据库使用受限等问题。随着智能手机的普及和消费习惯的改变，人们只需通过智能手机扫描二维码即可实现对货物的跟踪管理，甚至可及时获取货物原产地、包装材料等信息。

大数据时代也将促使射频识别技术迈向一个新台阶。20 世纪末，"数据仓库之父"比尔·恩门提出了大数据的概念。当今物联网技术的普及使大数据有机会得以发展，因此可以说，大数据的产生源于物联网技术的普及与应用。反过来，大数据的发展也对物联网技术的发展起到支持作用。作为物联网发展的主要技术之一，射频识别技术也会以大数据技术的发展为契机得到长足发展。

4. 大数据时代对物流信息平台提出了更高要求

一般认为，凡是能够支持或者进行物流服务供需信息的交互或交换的网站，均可视为物流信息平台。大数据时代的到来使得传统的物流信息平台已经不能满足物流业发展的需求，而需要大数据物流信息平台的支持。所谓大数据物流信息平台是指将多方参与者的物流海量数据信息收集整理形成信息资源，通过互联网交互传递以提供物流服务的平台。在大数据时代背景下，社会任何行业、组织及个人不可能独善其身，或者成为数据贡献者，或者成为数据采集者，参与者通过平台实现资源合理分配、优势互补，最终实现"1＋1＞2"的协同效应。现有大数据物流信息平台包括物流公共服务平台、政府物流监管信息平台、电商物流平台、区域配送平台、行业物流平台、供应链物流平台、公路货运信息平台、物流金融服务平台及在线仓储平台等。

任务实训 5-1

一、实训目的

掌握 SQL Server 2008 的安装知识。

二、实训要求及步骤

1. 完成 SQL Server 2008 的安装。

2. 以 Windows XP 系统为例，介绍 SQL Server 2008 的安装步骤。

（1）打开 SQL Server 2008 安装目录，双击文件夹中的 setup.exe 文件。

（2）当安装程序启动后，首先检测是否有 .NET Framework 3.5 环境。如果没有，系统会弹出安装此环境的对话框，此时可以根据提示安装 .NET Framework 3.5。Windows Installer 4.5 也是必需的，并且可根据安装向导的提示进行安装。如果系统提示您重新启动计算机，则重新启动计算机，之后再次执行 SQL Server 2008 安装目录下的 setup.exe 文件。

(3)打开"SQL Server 安装中心"窗口,如图 5-3 所示。该对话框涉及计划安装,设定安装方式(包括全新安装,或从以前版本的 SQL Server 升级),以及用于维护 SQL Server 安装的许多其他选项。

(4)单击安装中心左边栏的"安装"条目,如图 5-4 所示。从"安装"选项列表中选择第一个项目,即"全新 SQL Server 独立安装或向现有安装添加功能",这样就开始了 SQL Server 2008 的安装。

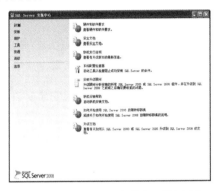
图 5-3 "SQL Server 安装中心"计划窗口

图 5-4 "SQL Server 安装中心"安装窗口

(5)进入"安装程序支持规则"页面。系统配置检查器将在您的计算机上进行快速的系统检查。在 SQL Server 的安装过程中,要使用大量的支持文件,若检查过程中出现问题,就会提示错误,如图 5-5 所示,只有将错误解决后才能继续安装。若出现的是警告,则不影响安装进程,仍可以继续安装,如图 5-6 所示。

图 5-5 "安装程序支持规则"有问题页面

图 5-6 "安装程序支持规则"无问题页面

(6)单击"确定"按钮,进入"产品密钥"页面,单击相应的单选按钮,以指示是安装免费版本的 SQL Server,还是利用该产品生产版本的 PID 密钥安装,如图 5-7 所示。单击"下一步"按钮,在显示页面中选中"我接受许可条款"复选框后单击"下一步"按钮继续安装,如图 5-8 所示。

图 5-7 "产品密钥"页面　　　　　图 5-8 "许可条款"页面

（7）如果计算机上尚未安装 SQL Server 必备组件，则安装向导将提示安装。在显示的"安装程序支持文件"页面中，单击"安装"按钮开始安装，如图 5-9 所示。

（8）安装完成后，重新进入"安装程序支持规则"页面，如图 5-10 所示。系统配置检查器将在安装继续之前检验计算机的系统状态。检查完成后，请单击"下一步"继续。

图 5-9 "安装程序支持文件"页面　　　　　图 5-10 "安装程序支持规则"页面

（9）进入"功能选择"页面，如图 5-11 所示。用户根据需要从"功能"选项组中选中相应的复选框来选择要安装的组件。选择功能名称后，右侧窗格中会显示每个组件组的说明，可以选中任意复选框的组合，也可以使用此页底部的字段为共享组件指定自定义目录。若要更改共享组件的安装路径，则要更新"共享功能目录"后面文本框中的安装路径，或单击"浏览"导航到另一个安装目录。默认安装路径为 C:\Program Files\Microsoft SQL Server。

（10）单击"下一步"按钮指定"实例配置"，如图 5-12 所示。如果选择"默认实例"，则 SQL Server 的实例名称将与 Windows 的名称相同。例如，Windows 的服务器名称是 XP-201108241144，则 SQL Server 的实例名称也是 SQL Server 的实例名称。如果选择"命名实例"，则可以自行指定实例名称。SQL Server 2008 支持单个服务器上安装多个 SQL Server 实例，但只有一个实例可以是默认实例，其他实例必须是命名实例。一台计算机可同时运行多个实例，并且每个实例都是独立运行。

项目五　物流数据存储技术

图 5-11　"功能选择"页面

图 5-12　"实例配置"页面

（11）单击"下一步"按钮指定"服务器配置"。在"服务账户"选项卡中为 SQL Server 服务账户指定用户名、密码以及启动类型,如图 5-13 所示。

在"服务器配置－服务账户"页上指定 SQL Server 服务的登录账户。此页上配置的实际服务取决于选择安装的功能,可以为所有 SQL Server 服务分配相同的登录账户,也可以为每个账户指定单独的账户,还可以指定服务的启动类型,如自动启动、手动启动或禁用。

（12）单击"下一步"按钮指定"数据库引擎配置",在"账户设置"选项卡中指定身份验证模式、内置的 SQL Server 系统管理员账户和 SQL Server 管理员,如图 5-14 所示。

使用"数据库引擎配置－账户设置"页指定以下事项。

为 SQL Server 实例选择身份验证方式,即 Windows 身份验证或混合模式身份验证。Windows 验证模式将对用户账户的管理交给 Windows 去处理,因此采用此方式时不用输入用户名和密码。如果选择"混合模式身份验证",则允许以 SQL Server 验证方式或 Windows 验证方式来进行连接,同时必须为内置 SQL Server 系统管理员账户设置一个强密码。

SQL Server 成功建立连接之后,Windows 身份验证和混合模式身份验证的安全机制是相同的。

SQL Server 管理员要求必须至少为 SQL Server 实例指定一个系统管理员。若要添加用以运行 SQL Server 安装程序的账户,则单击"添加当前用户"。若要向系统管理员列表中添加账户或从中删除账户,则先单击"添加"或"删除",然后编辑将拥有 SQL Server 实例的管理员权限的用户、组或计算机的列表。完成对该列表的编辑后,单击"确定"。验证配置对话框中的管理员列表。完成此列表后,单击"下一步"。

图 5-13　"服务器配置"页面

图 5-14　"数据库引擎配置"页面

(13) 上面安装步骤(1)~(12)是 SQL Server 2008 的核心设置。接下来的安装步骤取决于前面所选择的组件,分别是 Analysis Services 配置、Reporting Services 配置、错误和使用情况报告设置页面。

(14) 进入"安装规则"页面,检查安装是否符合规则,如图 5-15 所示。

(15) 在"准备安装"页面中,显示在安装过程中指定的安装选项的树状图。若要继续,单击"安装",如图 5-16 所示。

图 5-15 "安装规则"页面

图 5-16 "准备安装"页面

(16) 安装完成后,"完成"页会提供指向安装日志文件摘要及其他重要说明的链接。

任务二　数据库技术的设计与应用

任务目标

1. 了解关系数据库的概念
2. 掌握关系的基本运算法则
3. 掌握关系数据库的建立、打开、关闭方法

关系数据库是在 20 世纪 70 年代提出的数据库模型,自 20 世纪 80 年代以来,新推出的数据库管理系统几乎都支持关系数据模型。Microsoft Access(以下简称 Access)是一种典型的关系数据库管理系统。

一、关系数据库的基本概念

要了解关系数据库,首先需对其基本术语进行认识。

(一) 关系模型

关系模型对用户来说很简单,一个关系就是一个二维表。这种用二维表的形式表示实体和实体间联系的数据模型称为关系模型。

（二）关系

一个关系就是一个二维表,每个关系有一个关系名称。对关系的描述称为关系模式,一个关系模式对应一个关系的结构。其表示格式如下：

关系名(属性名1,属性名2,…,属性名n)。

图5-17显示了Access中的一个学生信息表,该表保存了学生的学号、姓名、年龄、性别、电子邮件和班级编号等信息。

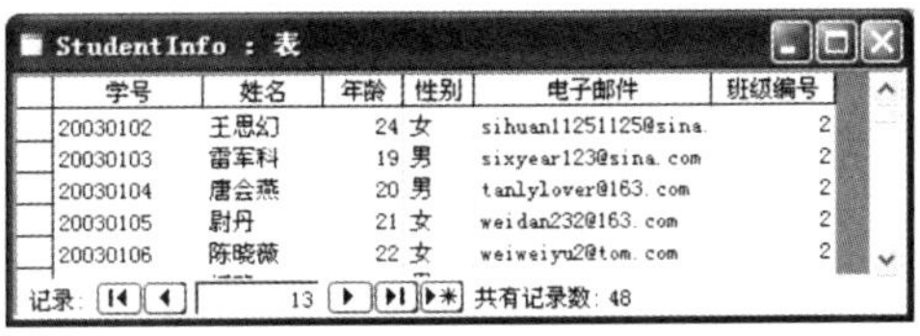

图5-17 学生信息表

（三）元组

在一个关系中,每行为一个元组。一个关系可以包含若干个元组,但不允许有完全相同的元组。

在Access中,一个元组称为一个记录。例如,学生信息表就包含了多个记录。

（四）属性

关系中的列称为属性。每一列都有一个属性名,在同一个关系中不允许有重复的属性名。

在Access中,属性称为字段,一个记录可以包含多个字段。

（五）域

域指属性的取值范围。例如,学生信息表的学号字段为8位数字字符串,姓名字段为2或3位字符串,年龄字段为2位数字,入学时间字段为日期,性别字段只能是"男"或"女"。

（六）键

键也称为关键字,由一个或多个属性组成,用于唯一标识一个记录。例如,学生信息表中的"学号"字段可以区别表中的各个记录,因此,"学号"字段可作为关键字使用。一个关系中可能存在多个关键字,用于标识记录的关键字称为主关键字。

在Access中,关键字由一个或多个字段组成。表中的主关键字或候选关键字都可以唯一标识一个记录。

（七）外部键

如果关系中的一个属性不是关系的主键,但是另外一个关系的主键,则该属性称为外部键,也称为外部关键字。

二、关系的基本特点

关系模型就是一个二维表,它要求关系必须具有如下特点。

规范化:一个关系的每个属性必须是不可再分的,即不允许表中含表。以表 5-2 为例,表格中的工资被分为基本和其他两项,这是一个复合表,不是二维表,因而不能用于表示关系。

表 5-2 复合表

姓名	部门	工资	
		基本	其他
张三	销售部	2 000	8 00

在同一个关系中不允许出现重复的属性。

在同一个关系中不允许出现重复的元组。

关系中交换元组的顺序不影响元组中数据的具体意义。

关系中交换属性的顺序不影响元组中数据的具体意义。

三、关系的基本运算

关系运算就是从关系中查询需要的数据。关系的基本运算分为两类:一类是传统的集合运算,包括并、交、差等;另一类是专门的关系运算,包括选择、投影、连接等。

(一)传统的集合运算

两个相同结构的关系,执行传统的集合运算,得到一个结构相同的新关系。

(二)专门的关系运算

1. 选择

从关系中找出符合条件元组的操作称为选择,如图 5-18 所示。

关系1

姓名	班级	成绩
张三	一班	80
李四	一班	99
王五	二班	78

一班学生成绩 ⇒

关系2

姓名	班级	成绩
张三	一班	80
李四	一班	99

图 5-18 选择运算

2. 投影

从关系中选取若干个属性构成新关系的操作称为投影,如图 5-19 所示。

3. 连接

连接是指将多个关系的属性组合构成一个新的关系,如图 5-20 所示。

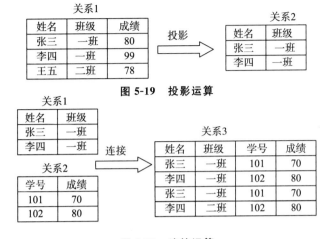

图 5-19 投影运算

图 5-20 连接运算

4. 自然连接

在连接运算中,按字段值相等执行的连接称为等值连接,去掉重复值的等值连接称为自然连接,如图 5-21 所示。

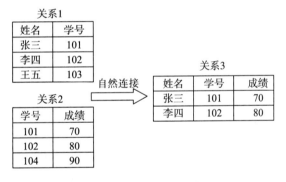

图 5-21 自然连接运算

四、关系完整性

关系完整性是指关系数据库中数据的正确性和可靠性,关系数据库管理系统的一个重要功能就是保证关系的完整性。关系完整性包括实体完整性、值域完整性、参照完整性和用户自定义完整性。

(一)实体完整性

实体完整性指数据表中记录的唯一性,即同一个表中不允许出现重复的记录。设置数据表的关键字可便于保证数据的实体完整性。例如,学生信息表中的"学号"字段为关键字,若编辑"学号"字段时出现相同的学号,数据库管理系统就会提示用户,并拒绝修改字段。

(二)值域完整性

值域完整性指数据表中记录的每个字段的值应在允许范围内。例如,可规定"学号"字

段必须由数字组成。

(三)参照完整性

参照完整性指相关数据表中的数据必须保持一致。例如,学生信息表中的"学号"字段和成绩表中的"学号"字段应保持一致。若修改了学生信息表中的"学号"字段,则应同时修改成绩记录表中的"学号"字段,否则会导致参照完整性错误。

(四)用户自定义完整性

用户自定义完整性指用户根据实际需要而定义的数据完整性。例如,可规定"性别"字段值为"男"或"女","成绩"字段值必须是0~100范围内的整数。

五、关系数据库的设计

(一)设计的原则

为了合理组织数据,设计应遵从以下基本设计原则。

1. 关系数据库的设计应遵从概念单一化"一事一地"的原则

一个表描述一个实体或实体间的一种联系,避免设计大而杂的表。首先分离那些需要作为单个主题而独立保存的信息,然后通过 Access 确定主题之间的联系,以便在需要时将正确的信息组合在一起。通过将不同的信息分散在不同的表中,数据的组织工作和维护工作变得更简单,同时保证建立的应用程序具有较高的性能。

例如:将有关教师基本情况的数据保存到教师表中,而不是将教师数据和学生数据统统放到一起。同样道理,学生信息应保存到学生表中,课程信息应保存在选课表中。

2. 避免在表之间出现重复字段

除了保证表中有反映与其他表之间存在联系的外部关键字之外,应尽量避免在表之间出现重复字段。这样做的目的是使数据冗余尽量小,防止在插入、删除和更新时造成数据不一致。

例如,课程表有了"课程名"字段,在选课表中就不应该有"课程名"字段,若两张表同时需要"课程名"字段,则可以通过表的连接,找到相对应的课程名。

3. 表中的字段必须是原始数据和基本数据元素

表中不应包括通过计算可以得到的"二次数据"或多项数据的组合,能够通过计算从其他字段推导出来的字段也应尽量避免。

例如,职工表应当包括出"出生日期"字段,而不应包括"年龄"字段,当需要查询年龄的时候,可以通过简单计算得到准确年龄。

在特殊情况下可以保留计算字段,但是必须保证数据的同步更新。例如,在工资表中出现的"实发工资"字段,其值是通过"基本工资+奖金+津贴"计算出来的。

4. 用外部关键字保证有关联的表之间的联系

表之间的关联是依靠外部关键字来维系的,这使得表结构合理,不仅能存储所需要的实体信息,还能反映实体之间的客观联系,从而满足应用需求。

(二)设计的步骤

一般步骤如图 5-22 所示。

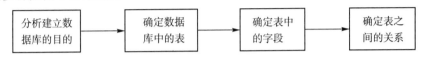

图 5-22　设计步骤图

1. 需求分析

确定建立数据库的目的,这有助于确定数据库应保存的信息。

2. 确定需要的表

可以将需求信息划分成各个独立的实体,如教师、学生、工资、选课情况等。每个实体都可以设计为数据库中的一个表。

3. 确定需要的字段

确定在每个表中要保存的字段,确定关键字及字段中要保存数据的类型和长度。通过对字段的显示或计算,人们应能够得到所有需求信息。

4. 确定联系

对每个表进行分析,确定一个表中的数据和其他表中的数据的联系。必要时可在表中加入一个字段或创建一个新表来明确联系。若要建立两个表的联系,则可以把一个表中的主关键字添加到另一个表中,从而使两个表都有该字段。各个表所代表的实体之间的联系有如下几种。

(1)一对多联系。

一对多联系是关系型数据库中最普遍的联系。在一对多联系中,表 A 的一条记录在表 B 中可以有多条记录与之对应,但表 B 中的一条记录最多只能有表 A 中的一条记录与之对应。要建立这样的联系,就要把一方的主关键字添加到对方的表中。在联系中,"一方"用主关键字或候选索引关键字,而"多方"使用普通索引关键字。

例如:在教学管理数据库中,学生表和选课表之间就存在着一对多的联系,应将学生表中的学生编号字段添加到选课表中。

(2)多对多联系。

在多对多关系中,表 A 的一条记录在表 B 中可以对应多条记录,而表 B 的一条记录在表 A 中也可以对应多条记录。例如:在教学管理数据库中,由于一名学生可以选多门课程,对于学生表中的每条记录,在课程表中也可以有多条记录与之对应。同样,每门课程也可以被多名学生选修。对于课程表中的每条记录,在学生表中也可以有多条记录与之对应。因此,二者之间存在多对多联系。

(3)一对一联系。

在一对一关系中,表 A 的一条记录在表 B 中只能对应一条记录,而表 B 的一条记录在表 A 中也只对应一条记录。

5. 设计求精

对设计进一步分析,查找其中的错误,创建表,在表中加入数据记录,考察能否从表中得到想要的结果,如果不能满足要求,则可调整设计。

任务实训 5-2

一、实训目标

1. 掌握数据库的创建及其他简单操作。

2. 熟练掌握数据表的建立。

二、实训要求

数据库的创建、打开、关闭。

三、实训步骤

1. 创建空数据库。

要求:建立"教学管理.accdb"数据库,并将建好的数据库文件保存在"E:\实验一"文件夹中。

操作步骤如下。

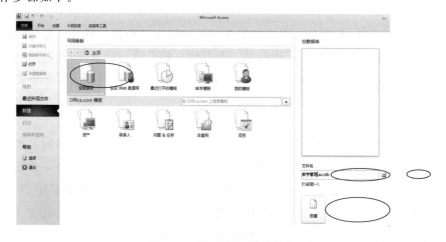

图 5-23 创建教学管理数据库

(1)在 Access 2010 启动窗口中,在中间窗格的上方,单击"空数据库",在右侧窗格的文件名文本框中,给出一个默认的文件名"Database1.accdb",把它修改为"教学管理"。

(2)单击 按钮,在打开的"新建数据库"对话框中,选择数据库的保存位置,在"E:\实验一"文件夹中,单击"确定"按钮,如图 5-23 所示。

(3)这时返回到 Access 启动界面,系统显示将要创建的数据库的名称和保存位置,如果用户未提供文件扩展名,则 Access 将自动添加上。

(4)在右侧窗格下面,单击"创建"命令按钮,如图 5-24 所示。

(5)这时开始创建空白数据库,系统自动创建一个名为"表1"的数据表,并以数据表视图方式打开,如图 5-25 所示。

图 5-24 "文件新建数据库"对话框

(6)这时光标将位于"添加新字段"列中的第一个空单元格中,现在就可以输入数据,或者从另一数据源粘贴数据。

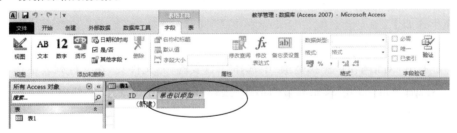

图 5-25 表 1 的数据表视图

2.使用模板创建 Web 数据库。

要求:利用模板创建"联系人 Web 数据库.accdb"数据库,保存在"E:\实验一"文件夹中。

操作步骤如下。

(1)启动 Access。

(2)在启动窗口中的模板类别窗格中,双击样本模板,打开"可用模板"窗格,可以看到 Access 提供的 12 个可用模板分成两组。一组是 Web 数据库模板,另一组是传统数据库模板——罗斯文数据库。Web 数据库是 Access2010 新增的功能。Web 数据库模板可以让新老用户比较快地掌握 Web 数据库的创建方法。

(3)选中"联系人 Web 数据库",系统自动生成文件名"联系人 Web 数据库.accdb",保存位置在默认 Window 系统所安装时确定的"我的文档"中,显示在右侧的窗格中,如图 5-26 所示。

图 5-26 "可用模板"窗格和数据库保存位置

当然,用户可以自己指定文件名和文件保存的位置,如果要更改文件名,直接在文件名文本框中输入新的文件名;如果要更改数据库的保存位置,单击"浏览"按钮,在打开的"文件新建数据库"对话框中,选择数据库的保存位置。

(4)单击"创建"按钮,开始创建数据库。

3.数据库的打开和关闭。

(1)打开数据库。

要求:以独占方式打开"教学管理.accdb"数据库。

操作步骤如下。

(1)选择"文件"→"打开",弹出"打开"对话框。

(2)在"打开"对话框的"查找范围"中选择"E:\实验一"文件夹,在文件列表中选"教学管理.accdb",然后单击"打开"按钮右边的箭头,选择"以独占方式打开"。如图 5-27 所示。

图 5-27 以独占方式打开数据库

(2)关闭数据库。

要求:关闭打开的"教学管理.accdb"数据库。

操作步骤如下。

单击数据库窗口右上角的"关闭"按钮,或在 Access 2010 主窗口选"文件"→"关闭"。

项目六 物流企业电子商务的认知及应用

项目目标

1. 知识目标

(1) 了解电子商务的概念及特征、功能

(2) 掌握电子商务的常见类型

(3) 了解电子商务的发展及应用现状、发展趋势

(4) 理解电子商务与物流的关系

(5) 理解物流信息平台的定义

(6) 熟悉物流信息平台的主要功能

2. 技能目标

(1) 能针对物流企业开展电子商务

(2) 能在物流信息平台上开展物流业务

(3) 具有创新创业意识

任务一 电子商务认知

任务目标

1. 了解电子商务的概念、特征、功能
2. 掌握电子商务的常见类型
3. 理解电子商务与物流的关系
4. 能熟练地在电子商务网站完成操作

案例导入

三只松鼠:"网红"零食的发展之路

2012年2月,在安徽芜湖国家高新区,人称"松鼠老爹"的章燎原注册成立了三只松鼠股份有限公司,该公司是从事干果、茶叶等食品的研发、分装及B2C销售的现代化新型企业。

在当时互联网商业兴起的风口下,三只松鼠品牌自成立起,就引起了众多人的关注,获得了IDG资本两次共计约1000万人民币的投资,这是当时中国农产品电商获得的最大一笔天使投资。带着巨额的创业资金,三只松鼠踏上了快速发展的跑道。

2012年6月19日,三只松鼠在天猫商城正式运营上线,主推坚果类产品,但其自身的定位是"多品类的互联网森林食品品牌"。在当时注重低价的电子商务领域,三只松鼠自诞生起就有着鲜明的品牌化色彩,它用来吸引客户的最大卖点已经不是价格,而是商品质量和服务。

2012年8月,上线第65天,三只松鼠的销售额在天猫商城坚果行业跃居第一名。同年11月11日,第一次参加"双十一"购物促销活动,三只松鼠交出日销售额为766万元的成绩单,名列全网食品类电商当日销售收入第一。创业第一年,大额的首轮融资,优秀的销售额表现,三只松鼠借助于互联网红利,成功扛起了发展的大旗。

起步年的优越表现帮助三只松鼠在互联网休闲食品零售行业站稳了脚跟。2013年1月,三只松鼠的月销售额突破2200万元,又一次位列全网食品销售第一。2013年5月,三只松鼠获得了约4000万人民币的新一轮融资,领投方为今日资本,首轮融资的投资方IDG资本进行了跟投。

随着电商竞争的白热化,服装、家电等刚需领域已成商业"红海",而休闲食品领域成为电商竞争的下一轮热点。获得新的融资后,三只松鼠着手进行电商后端设施的建设,包括食品研发、检测中心以及物流中心的建设,试图创造更好的用户体验和区别于传统食品产业的新商业模式。到2013年年底,三只松鼠已经在芜湖、北京、广州三地拥有了自己的物流中心,同时启动了占地5万多平方米的电商产业园基础性工程建设。三只松鼠将"共建互联网新农业生态圈"作为企业的使命,与原材料供应商、加工厂商、产品研发机构、仓储物流服务商等密切合作,发挥自身优势,实现合作共赢。

迈入成长期的三只松鼠不仅在互联网竞争,更要挑战传统线下休闲食品零售行业的霸主地位。传统的线下休闲食品零售行业,在货源、生产、渠道建设方面能力异常强大,销售额更占到当时全国的九成。面对这样的竞争环境,三只松鼠确定了自身发展的三个关键词:品牌、目标客户、供应链。

三只松鼠依靠获得的融资,不断扩大自己的销售规模。2021年企业营业收入为97.7亿元。三只松鼠正朝着"百亿国民品牌"的目标冲刺。

(资料来源于网络,文字有删改)

思考题:

结合案例,试分析三只松鼠成功的原因是什么?

一、电子商务概述

（一）电子商务的概念

目前，我国电子商务正以前所未有的速度快速发展，改变着传统的经营管理模式、生产组织形态，影响着产业结构调整、资源优化配置。作为现代流通方式，电子商务已经渗透到生产、流通、消费等各个领域，对促进我国经济发展起着越来越大的作用。

那么，什么是电子商务呢？其内涵是什么？

电子商务可分为广义和狭义的电子商务。

狭义上讲，电子商务指通过使用互联网等电子工具在全球范围内进行的商务贸易活动。人们一般理解的电子商务就是指狭义上的电子商务。

广义上讲，电子商务一词源自于 Electronic Business，就是通过电子手段进行的商业事务活动。通过使用互联网等电子工具，企业内部、供应商、客户和合作伙伴之间共享信息，实现业务流程的电子化，从而提高企业的生产、库存管理、货物流通和资金运转等效率。

电子商务的内涵如下：

实现电子商务的前提是信息技术，特别是互联网技术的发展；

电子商务的关注对象是以商品为中心的各种经济事务活动；

开展电子商务的核心是掌握现代信息技术和商务理论与实务的人。

电子商务本身并不是高科技，只是高科技的应用；电子商务的本质是商务，而不是技术；企业开展电子商务不应该只由技术人员来主导；电子商务不只是指在互联网上销售商品。

总之，对电子商务的理解，应从"现代信息技术"和"商务"两个方面考虑。一方面，"电子商务"概念所包括的"现代信息技术"应涵盖各种使用电子技术为基础的通讯方式；另一方面，对"商务"一词应作广义解释，它包括契约型或非契约型的一切商务性质的关系所引起的种种事项。

图6-1　电子商务是"现代信息技术"和"商务"两个子集的交集

（二）电子商务的特点

1. 全球性

电子商务以互联网为交易载体，面对的是全球性大市场，没有明显的地域和国家界限，这为企业创造了更多的贸易机会。无论身处何地，无论白天与黑夜，只要利用浏览器并轻点鼠标，你就可以随心所欲地登录任何国家、地域的网站，与想交流的人直接沟通。

2. 虚拟化

通过计算机互联网进行的交易，无论是交易磋商、签订合同还是支付款项等，都不需要交易双方当面进行，都可以直接通过计算机互联网完成，整个过程完全虚拟化。通过虚拟现实、网络聊天，双方都可以获取信息，利用信息互动，在网络虚拟环境中完成整个交易。

3. 低成本

当买卖双方所处距离越远时，使用网络进行信息传递的成本相对于书信、电话、传真等而言就越低，且缩短了信息传递时间。买卖双方通过网络进行商务活动，不需要中介参与，可以减少有关环节和费用。另外，卖方的产品宣传等在互联网上无须印刷等费用。

4. 高效率

互联网将交易中的商业报文标准化，能在世界各地瞬间完成传递与计算机自动处理，原料采购、产品生产、产品销售、银行汇兑、办理保险、货物托运以及申报等过程，在无须人员干预的情况下，能在最短时间内完成。在传统方式中，每个环节都要花费人力、物力和时间，且易出错。电子商务克服了传统方式交易费用高、易出错、处理速度慢等缺点，极大地缩短了交易时间，使交易更快捷方便。

5. 安全性

在电子商务中，安全性是一个至关重要的核心问题，它要求网络能提供端到端的安全解决方案，如加密机制、签名机制、安全管理、存取控制、防火墙等，这与传统的商务活动有着很大的不同。

（三）电子商务的优势

电子商务与传统商务并不是截然分开的，两者有着密切的联系。根据产品、过程和参与者的虚拟化程度，我们可以设计一个三维坐标图。

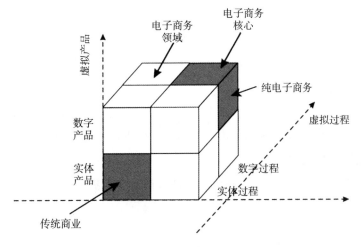

图 6-2　电子商务与传统商务的关系

电子商务拥有传统商务所无法比拟的优势,提高了传统商务活动的效益和效率。

1. 降低交易成本

电子商务重新定义了传统的流通模式,减少了中间环节,使得生产者和消费者直接交易成为可能,降低了流通成本。另外,通过网络营销活动,企业可以提高营销效率、降低促销费用,据统计,在互联网上做广告可以将销售数量提高10倍,同时成本是传统广告的1/10。除此之外,电子商务还可以降低采购成本,借助于互联网,企业可以在全球市场寻求最优惠价格的供应商,通过与供应商信息共享,减少中间环节由于信息不准确带来的损失。有资料表明,使用EDI通常可以为企业节省5%~10%的采购成本。

2. 减少库存

企业为应付变化莫测的市场需求,不得不保持一定产品和原材料的库存。产生库存的根本原因是信息不畅,以信息技术为基础的电子商务则可以解决企业决策中信息不确切和不及时等问题。通过互联网,市场需求信息可以及时被传递给企业进行决策,同时生产企业的需求信息也可以马上传递给供应商,以适时补充产品供给,从而实现零库存管理。

3. 缩短生产周期

一个产品的设计开发和生产销售可能涉及许多关联的企业,通过电子商务可以实现信息共享的协同并行工作方式,从而改变过去由于信息封闭导致的分阶段合作方式,最大限度减少因信息封闭而等待的时间。

按照传统的开发程序,某汽车厂商开发一个新的车型,从概念到规模生产通常至少需要3年的时间。传统的开发程序首先要用黏土制作一个实物大小的整车模型,以便观察车体的真实形状;然后对该模型作出修改,这通常需要几个月时间;一旦确定了最终的模型方案后,还需要手工绘制各种设计图,以确定各零部件之间是否能协调运作以及整车生产在经济上的可行性。等设计图纸确定后,工程师们开始设计个别零件及其生产模具。经试生产、试装配,直到最终完全满意后,新车才能投入批量生产。但在今天,计算机网络的应用为汽车的设计和开发提供了快捷的方式。所有设计和开发人员通过网络协同工作,共享信息,自始至终都在参与整个设计和开发过程,这将开发和制造一辆新型汽车的周期缩短为约3个月。

4. 扩展市场范围,增加商机

传统的交易受到时间和空间限制,而基于互联网的电子商务则是"7×24小时"全球运作,互联网上的业务可以拓展到传统营销人员销售和广告促销所到不了的市场边界。

5. 为顾客提供个性化服务

顾客可以在互联网上定制商品,同时,电子商务网站会根据大数据分析,精准营销,满足顾客个性化需求。

(四)电子商务的交易功能

电子商务可提供网上交易和管理等全过程的服务。因此,电子商务具有广告宣传、咨询洽谈、网上订购、网上支付、电子账户、服务传递、意见征询、交易管理等各项功能。

1. 广告宣传

电子商务可凭借企业的 Web 服务器和客户的浏览,在 Internet 上发布各类商业信息。客户可借助于网络的检索工具迅速地找到所需商品信息,而商家可利用网站主页和电子邮件在全球范围内进行广告宣传。与以往的各类广告相比,网络的广告成本最为低廉,而给顾客的信息量却最为丰富。

2. 咨询洽谈

电子商务可借助于非实时的电子邮件、新闻组和实时的讨论组来了解市场和商品信息,洽谈交易事务,如有进一步的需求,还可用白板会议来交流即时的图形信息。网上的咨询和洽谈能超越人们面对面洽谈的限制、提供多种方便的异地交谈形式。

3. 网上订购

电子商务可借助于 Web 中的邮件交互传送实现网上订购。网上订购通常都是在产品介绍的页面上提供十分友好的订购提示信息和订购交互格式框。当客户填完订购单后,通常系统会回复确认信息来保证订购信息的收悉。订购信息也可采用加密的方式使客户和商家的商业信息不会泄漏。

4. 网上支付

电子商务要成为一个完整的过程,网上支付是一项重要的环节。客户和商家之间可采用信用卡账号实施支付。在网上直接采用电子支付手段可节省交易中很多人员的开销。网上支付将需要更为可靠的信息传输安全性控制以防止欺骗、窃听、冒用等非法行为。

5. 电子账户

网络支付必须要有电子金融来支持,即银行或保险公司等金融机构要为金融服务提供网上操作服务。而电子账户管理是电子金融基本的组成部分,电子账户的可信度须配以必要的安全技术措施来保证,如数字凭证、数字签名等。这些技术手段的应用保证了电子账户操作的安全性。

6. 服务传递

对于已付款的客户,卖家应将客户订购的货物尽快地传递到客户的手中。而有些货物在本地,有些货物在异地,这时可通过电子信息进行物流的调配。而最适合在网上直接传递的货物是信息产品,如软件、电子读物等。

7. 意见征询

电子商务能十分方便地利用网络来收集用户对销售服务的反馈意见,使企业的市场运营能形成一个封闭的回路。客户的反馈意见不仅能提高售后服务的水平,更能使企业获得改进产品、发现市场的商业机会。

8. 交易管理

整个电子商务交易管理涉及人、财、物多个方面,包括企业和企业、企业和客户及企业内部等各方面的协调和管理。因此,交易管理是涉及商务活动全过程的管理。随着电子商务的发展,良好的网络交易环境将逐渐建立,这反过来可保障电子商务获得更广泛的应用。

二、电子商务的分类

（一）按照交易过程在网络上的完成程度

1. 完全电子商务

完全电子商务是指在交易过程中的信息流、资金流、商流、物流都能够在网上完成。它包括一些数字化产品和服务，如软件、数字音乐、远程教育等，供需双方直接在网络上即可完成订货或申请服务，完成网上支付与结算，实施服务或产品使用权的转移，无须借助于其他手段。完全电子商务的交易对象的特性仅限于无形产品和网络信息服务，不能涵盖所有商品和服务。

2. 非完全电子商务

非完全电子商务是指商品交易的全过程无法完全依靠电子商务方式实现的电子商务。一些物质和非数字化的商品无法在网络上供货和送货，只有依靠一些外部要素，如配送系统等，才能完成交易过程。

（二）按照开展电子交易的范围

1. 本地电子商务

本地电子商务是指利用公司内部、本城市或者本地区的信息网络实现的电子商务活动。本地电子商务交易的范围比较小，是开展国内电子商务和全球电子商务的前提和基础。

2. 国内电子商务

国内电子商务是指电子商务在本国范围内进行的网上电子交易活动。其交易的地域范围较大，对软硬件和技术要求比较高，要求在全国范围内实现商业电子化、自动化，实现金融电子化，并且交易各方都要具备一定的电子商务知识、经济能力、技术能力和管理能力等。

3. 全球电子商务

全球电子商务是指在全世界范围内进行的电子交易活动，参加电子商务的交易各方通过网络进行贸易活动。全球电子商务业务内容繁杂，数据来往频繁，这要求电子商务系统严格、准确、安全、可靠。全球电子商务在客观上要求要有全球统一的电子商务规则、标准和商务协议，这是发展全球电子商务所必须解决的问题。

（三）按照使用网络的类型分类

1. 基于 EDI 网络的电子商务

即利用 EDI 网络进行电子交易，这是电子商务的早期形式。EDI 是按照一个公认的标准和协议，将商务活动中涉及的文件标准化和格式化，进而将这些标准化和格式化的数据利用网络，从计算机传输到计算机。

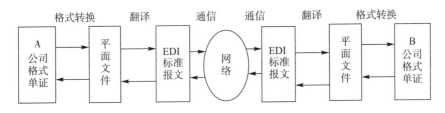

图 6-3　EDI 工作流程图

2. 基于企业内部网的电子商务

基于企业内部网的电子商务是指在一个企业内部或一个行业内部利用网络开展电子商务活动,在企业或行业内形成商务活动链。

3. 基于互联网的电子商务

基于互联网的电子商务也被称为现代电子商务,它是基于互联网开展的商务活动的总称。它以计算机、多媒体技术、数据库技术等为基础,利用 TCP/IP 协议组织合作网络,在网上实现营销购物服务活动,从而提高工作效率,降低运行成本。

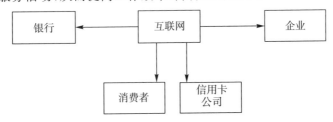

图 6-4　基于互联网的电子商务系统

4. 基于无线通信网络的电子商务

基于无线通信网络的电子商务也被称为移动电子商务,它利用无线通信技术,将手机、平板电脑、笔记本电脑等移动通信设备与电子商务相结合。移动电子商务由于真正实现了"随时随地与任何人通信"的愿望,作为新兴的电子商务形式备受关注,市场潜力巨大。

(四)按照交易对象分类

1. B2B(Business to Business)

商家(泛指企业)对商家的电子商务,即企业与企业之间通过互联网进行产品、服务及信息的交换。通俗的说法是指进行电子商务交易的供需双方都是商家(或企业、公司),他们使用 Internet 的技术或各种商务网络平台(如拓商网),完成商务交易的过程。这些过程包括:发布供求信息,订货及确认订货,支付,票据的签发、传送和接收,确定配送方案并监控配送过程等。例如,阿里巴巴的商务模式就是 B2B 电子商务。

2. B2C(Business to Customer)

B2C 是指企业与消费者之间的电子商务,该模式是中国最早产生的电子商务模式,如今的 B2C 电子商务网站非常多,比较大型的有天猫商城、京东商城、苏宁易购等。

3. C2C(Consumer to Consumer)

C2C 是指消费者通过网络进行的现货交易或各种服务活动,是用户对用户的模式。C2C 商务平台就是通过为买卖双方提供一个在线交易平台,使卖方可以主动提供商品上网拍卖,而买方可以自行选择商品进行竞价。C2C 电子商务的代表有淘宝网(不含天猫)、eBay。

4. C2B(Customer to Business)

C2B 是电子商务模式的一种,即消费者对企业。C2B 模式的核心是通过聚合分散分布但数量庞大的用户形成强大的采购集团,以此来改变 B2C 模式中用户一对一出价的弱势地位,使用户享受到以大批发商的价格买单件商品的利益。

C2B 将是互联网时代、数据时代最重要的商业模式,它完全颠覆了传统的 B2C 模式,从现有的以生产企业为中心转变到以消费者为中心。C2B 电子商务的代表有拼多多。

5. B2G(Business to Government)

B2G 模式是企业与政府管理部门之间的电子商务,如政府采购平台,海关报税平台,国税局和地税局报税平台等。

6. O2O(Online to Offline)

O2O 是将线上电子商务模式与线下实体经济相融合,通过互联网将线上商务模式延伸到线下实体经济,或者将线下资源推送给线上用户,使互联网成为线下交易前台的一种商业模式。

O2O 模式的核心很简单,就是把线上的消费者带到现实的商店中去,先在线支付购买、预订线上的商品和服务,再到线下去享受服务,最后到平台去评价商品和服务质量以达到卖家和消费者互动的目的。餐饮、理发、健身、旅游等是不能把它的服务在线上送到消费者面前的,而必须让消费者到线下去享受服务。

7. ABC(Agent Business Consumer)

ABC 模式是由新型电子商务模式的一种,被誉为继 B2B 模式、B2C 模式以及 C2C 模式之后电子商务界的第四大模式。它是由代理商、商家和消费者共同搭建的集生产、经营、消费为一体的电子商务平台。大家相互服务,相互支持,你中有我,我中有你,真正形成一个利益共同体。

8. S2B2C(Slipper to Business to Customer)

S2B2C 是阿里巴巴集团学术委员会主席曾鸣提出的新概念,当下还没有现行成熟的案例。S2B2C 是 B2C 走向 C2B 的过渡模式,是一种集合供货商赋能于渠道商并共同服务于顾客的全新电子商务营销模式。

S2B2C 与 B2B、B2C 的区别如下。

S2B2C 是一个开放的系统,其逻辑是价值赋能渠道商和深度服务消费者,形成一个以大供货商为基础设施和底层规则的生态系统,而传统的 B2B 或者 B2C 模式,2B、2C 这两个环节是割裂的。

至于大供货商(S)、渠道商(B)对顾客(C)的"共同服务",在互联网时代,有两层含义。

第一,渠道商服务顾客时,必须调用大供货商提供的某种服务。

大供货商不能仅仅提供某种 SaaS 化工具,它必须基于对上游供应链的整合,提供某些增值服务,以帮助渠道商更好地服务顾客。

第二,对大供货商来说,渠道商服务顾客的过程必须是透明的,并能实时反馈,以提升大供货商对渠道商的服务质量。

要实现这点,首先,渠道商服务顾客的过程要实现在线化;其次,大供货商和渠道商要通过在线化、软件化,实现自动协同,更好地服务顾客。

三、我国电子商务的现状

2021 年 8 月,中国互联互联网络信息中心(CNNIC)发布了第 48 次《中国互联网络发展状况统计报告》。数据显示,截至 2021 年 6 月,中国网民规模达 10.11 亿人,互联网普及率达 71.6%,互联网商业模式不断创新,线上线下服务融合加速,公共服务线上化步伐加快,这些都成为网民规模不断增长的推动力。

(一)网民规模突破 10 亿,互联网普及率增长稳健

截至 2021 年 6 月,我国网民规模达 10.11 亿人,互联网普及率为 71.6%。超十亿用户接入互联网,形成了全球最为强大、生机勃勃的数字社会。

(二)移动支付使用不断深入

截至 2021 年 6 月,我国网络支付用户规模达 8.72 亿,较 2020 年 12 月增长 1787 万,占网民整体的 86.3%。

(三)农村网民规模扩大,普及率显著提高

截至 2021 年 6 月,我国农村网民规模为 2.97 亿,农村地区互联网普及率为 59.2%,较 2020 年 12 月提升 3.3 个百分点,城乡互联网普及率进一步缩小至 19.1 个百分点。农村地区通信基础设施逐步完善,推动农村互联网使用成本逐步下降。行政村通光纤和 4G 的比例均超过了 99%,农村和城市"同网同速",城乡数字鸿沟明显缩小。随着数字化应用日趋完善,广袤的下沉市场逐步享受到数字化带来的便利和实惠。截至 2021 年 6 月,农产品网络零售规模达 2088.2 亿元,全国乡镇快递网点覆盖率达 98%,有效打通了农村消费升级和农产品上行的末梢循环。

四、我国电子商务的发展趋势

(一)"新零售"成为电子商务的代名词

新零售,即企业以互联网为依托,通过运用大数据、人工智能等先进技术手段,对商品的

生产、流通与销售过程进行升级改造,进而重塑业态结构与生态圈,并对线上服务、线下体验以及现代物流进行深度融合的零售新模式。线上线下零售和物流只有结合在一起,才会产生新零售。企业通过大数据分析了解到客户的真实喜好,通过电商平台、实体店等各个渠道,用图文、视频、VR等互联网方式连接客户,满足客户对于商品或服务的真实需求。

（二）电子商务助力构建国内国际双循环发展格局

根据中国银联公布的消息,2021年春节假期(除夕至正月初六),银联网络交易金额达1.38万亿元,较去年同期增长4.8%,创下新高。另有数据显示,2021年春节假期共处理资金类跨机构网络支付交易79.37亿笔,金额达4.98万亿元,日均同比涨幅分别为66.61%和84.07%。此外,据商务部监测,2021年2月11—17日,全国重点零售和餐饮企业实现销售额约8210亿元,比2020年春节假期增长28.7%,比2019年春节假期增长4.9%。亮眼的数据折射出我国消费市场的巨大潜力和国内经济的澎湃动力。在经历了新冠肺炎疫情的冲击后,我国消费市场复苏势头良好,消费在驱动经济增长方面的作用得到充分彰显。

（三）农村电子商务走向标准化、规模化发展道路

农村电子商务主要通过网络平台嫁接各种服务于农村的资源,拓展农村信息服务业务、服务领域,利用遍布县、镇、村的"三农"信息服务站,让农村电子商务平台的实体终端直接扎根于农村,服务于"三农",真正使"三农"服务落地,使农民成为最大受益者。

2015年10月14日,李克强主持召开国务院常务会议,决定完善农村及偏远地区宽带电信普遍服务补偿机制,缩小城乡数字鸿沟;部署加快发展农村电子商务,通过壮大新业态来促消费、惠民生;确定促进快递业发展的措施,培育现代服务业新增长点。

截至2020年12月,农村网民规模达3.09亿,较2020年3月增长5471万;农村地区互联网普及率达55.9%,较2020年3月大幅提升9.7%,大多数农村居民已经成为网民;我国网络购物用户规模达7.82亿,较2020年3月增长7215万,县域内下沉市场潜力尽显。

（四）社群电商龙头出现

社群电商不是传统电商或者移动电商的颠覆模式,而是两者的深化延伸,它是一种商业意识形态的觉醒,是社群经济线上的表现形式。从某种意义上来说,社群电商是一套客户管理体系,通过客户的社群化充分激活企业的沉淀客户。社群电商抛弃了传统的客户管理方式,将每一个单独的客户通过社交网络工具进行了社群化改造,利用社会化媒体工具充分调动社群成员的活跃度和传播力。拼多多的快速崛起,说明社群电商的时代到来。

五、电子商务与物流的关系

《中华人民共和国国家标准:物流术语》将物流定义为:物流是物品从供应地向接收地的实体流动过程中,根据实际需要,将运输、储存、装卸搬运、包装、流通加工、配送、信息处理等功能有机结合起来实现用户要求的过程。

电子商务与现代物流业之间是一种互为条件、互为动力、相互制约的关系。若关系处理得当,采取的措施得力,则二者可以相互促进,共同加快发展;反之,也可能互相牵制。

(一)物流对电子商务的影响

1. 物流是电子商务的重要组成部分

电子商务的本质是商务,商务的核心内容是商品的交易,而商品交易会涉及四个方面:商品所有权的转移,货币的支付,有关信息的获取与应用,商品本身的转交,即商流、资金流、信息流、物流。其中信息流既包括商品信息的提供、促销行销、技术支持、售后服务等内容,也包括诸如询价单、报价单、付款通知单、转账通知单等商业贸易单证,还包括交易方的支付能力、支付信誉等。商流是指商品在购、销之间进行交易和商品所有权转移的运动过程,具体是指商品交易的一系列活动。资金流主要是指资金的转移过程,包括付款、转账等。在电子商务环境下,这四个部分都与传统情况有所不同。

商流、资金流与信息流的处理都可以通过计算机和网络通信设备实现,而物流就比较特殊。对于少数商品和服务来说,可以直接通过网络传输的方式进行配送,如各种电子出版物、信息咨询服务等。但对于大多数商品和服务来说,物流仍要经由物理方式传输。电子商务以快捷、高效而著称,因此,现代物流需要利用一系列机械化和自动化工具,使商品快速、准确地到达消费者手中。现代物流是电子商务不可或缺的一部分。

2. 物流是实现电子商务的保证

物流作为电子商务的重要组成部分是实现电子商务的重要保证。离开了现代物流,电子商务过程就不完善。

(1)物流保证生产的顺利进行。

无论是在传统的贸易方式下,还是在电子商务方式下,生产都是商品流通之本,而生产的顺利进行需要各类物流活动的支持。生产的全过程从原料的采购开始,便要求有相应的供应物流活动将所采购的材料放置到位,否则,生产就难以进行;在生产的各工艺流程之间,也需要有原材料、半成品的物流过程,即所谓的生产物流,以实现生产的流动性;部分余料、可重复利用的物资的回收,也需要所谓的回收物流;废弃物的处理需要废弃物物流。可见,整个生产过程实际上包含了系列化的物流活动。

合理化、现代化的物流能通过降低费用从而降低成本、优化库存结构、减少资金占压、缩短生产周期,保障了现代化生产的高效运行。相反,若物流缺少了合理化、现代化,则生产将难以顺利进行,无论电子商务是多么便捷的贸易形式,仍将是无米之炊。

(2)物流服务于商流。

在商业活动中,商品所有权在购销合同签订的同时,便由供方转移到了需方,而商品实体并没有因此而到达需方。在电子商务条件下,顾客通过网络购物,完成了商品所有权的交割过程,但电子商务活动并未结束,只有商品和服务真正到达顾客手中,商务活动才告终结。在整个电子商务中,物流实际上是以商流的后续者和服务者的姿态出现的。若没有现代化的物流,电子商务就无法发展。

(3)物流是实现以"顾客为中心"理念的根本保证。

电子商务的出现,在最大程度上方便了终端消费者。消费者不必到拥挤的商业街挑选自己所需的商品,而只要坐在家中,上网浏览、查看、挑选,就可以完成购物活动。但试想,如果消费者所购的商品总是迟迟不能到货,或消费者收到的商品并非自己所购买的,那他们还会上网购物吗?物流是电子商务实现"以顾客为中心"理念的最终保证,若缺少现代化物流技术与管理,则电子商务无法给消费者带来便捷,消费者必然会选择相对更可靠的传统购物方式。

(二)电子商务对物流的影响

1. 电子商务环境下物流需求的新变化

互联网目前的物理覆盖范围很广并以不可估量的速度不断扩展,在互联网上从事交易活动与传统交易活动有很大的不同,这些不同又对物流提出了新要求。

(1)消费者的地区分布分散化。互联网的覆盖范围很广,但并非每个覆盖区域都是电子商务的销售区域,电子商务的客户在地理上分布比较分散,要求送货的地点不集中,需求量较小,需求品种较多,因此,物流网络要跟上互联网覆盖范围的扩展速度,以经济、合理地组织送货。

(2)销售商品标准化。首先,没有一个公司能够经营所有的商品,公司总要选择、确定最适合自己销售的商品。电子商务也一样,为了将某一商品的销售批量累计得更多,就需要筛选商品品种。其次,不同商品进货和销售渠道可能不同,品种越多,进货渠道和销售渠道越复杂,组织物流的难度就越大,同时成本也就越高。考虑到物流的包装运输等成本,对储存、运输、装卸等作业没有特殊要求的商品,适合采用电子商务的销售方式。

(3)物流服务需求多功能化和社会化。电子商务要求物流企业提供全方位服务,既包括仓储、运输服务,又包括配货、分发、包装及各种客户需要的配套服务。电子商务要求物流的各个环节作为一个完整的系统进行全面统筹、合理规划,以满足客户的需求。

2. 电子商务对物流时效性的要求

现代企业要在竞争中取胜,不仅需要生产对路的产品、采用适当的营销手段,更需要强调时效性,即服务的及时性、产品的及时性、信息的及时性和决策反馈的及时性。这些都必须依靠强大的物流能力来保障。

3. 物流服务空间的拓展

现代物流和传统的仓储运输存在较大的差异,但一些仓储运输行业的经营者一直按照传统的标准和要求来为电子商务服务,这导致电子商务经营者常常抱怨物流服务滞后。电子商务经营者需要现代物流增加新的服务项目来满足不断发展的电子商务需求,而不是像传统物流一样仅仅提供储运。增值的物流服务包括如下内容。

(1)增加便利性。

一切能够简化手续、简化操作的服务都是增值性服务。这里的简化是相对于消费者而言的,并不是说服务的内容。如消费者获得同等的服务,以前需要自己进行一系列操作,现在只需要简单输入自己的基本需求,其他复杂环节都是由商品或服务的提供者以各种方式帮助消费者完成,从而使消费者感受到整个操作过程的便利性。

(2)加快反应速度。

加快反应速度并不是简单地加快运输速度,我们可以从两个方面来实现电子商务物流速度的提升。一是提高运输基础设施和设备的效率,如修建高速公路、制定新的交通物流管理办法、增加物流车辆数量。二是优化配送中心、物流中心网络,重新设计适合客户的流通渠道,以此来减少物流环节、简化物流过程,提高物流系统的快速反应能力。第二种办法是具有重大推广价值的增值性物流服务方案。

(3)降低成本。

在电子商务发展初期,物流成本居高不下。有些企业因无法承担高成本压力而退出电子商务领域,或者将电子商务物流服务外包出去。发展电子商务,应该寻找能够降低物流成本的方式,如采用第三方物流服务。同时,企业如果具备一定规模,则可以投资物流技术和设施设备,推行物流管理技术,提高物流的效率和效益,降低物流成本。

(4)其他延伸服务。

物流服务向上可以延伸到市场调查、需求预测、采购和订单处理等,向下可以延伸到物流咨询、物流系统设计、物流方案的规划与选择、库存控制决策建议、货款回收与结算等。

4. 电子商务促进物流基础设施的改善、物流技术与物流管理水平的提高

电子商务的高效率和全球性要求物流企业必须加强自身基础设施建设和升级,其中,良好的交通运输网络、通信网络等基础设施是电子商务最基本的保障。

5. 电子商务对人才的要求

在电子商务环境下,现代物流人才既要有较高的物流管理水平,又要具备丰富的电子商务知识。

电子商务是借助于计算机网络进行的交易活动,它打破了时空界限,为交易双方带来了便利。随着我国互联网普及率的提高,电子商务产业蒸蒸日上,但依然有一些亟待解决的问题:如电子商务发展环境尚不完善,相关法律法规建设滞后,服务监管体系、统计监测体系、产业投融资机制不够健全等,这些问题的解决将成为我国电子商务发展的关键。

任务实训 6-1

电子商务企业现状分析

一、实训目标

1. 学生要了解目前主要电子商务企业的发展现状。
2. 在分析整理调研资料的基础上,完成电子商务企业现状分析报告。

二、实训要求与任务内容

1. 实训要求。

通过网上查阅资料,学生要搜集相关信息,了解不同电子商务企业从事电子商务的类型、企业的主营业务、企业特色、电子商务网站的主要内容等。

2. 实训任务内容。

（1）学生以小组（3～4人）为单位，完成淘宝、天猫、京东、苏宁易购、美团等电子商务企业现状资料搜集。

（2）撰写分析报告。

操作与实践：

登录 CNNIC 网站，查询第 49 次《中国互联网络发展状况统计报告》，完成下列表格填写。

表 6-1　数据统计表

IPv6 地址数量	
域名总数	
总体网民规模	
网络应用使用率排名前三名	
手机网络应用状况	
中小企业网络营销状况	
企业互联网客户服务方式	
中小企业最普遍采用互联网营销方式	
我国网民整体互联网应用特点	

任务二　物流信息平台的应用

任务目标

1. 理解物流信息平台的定义
2. 熟悉物流信息平台的分类及功能
3. 熟悉物流信息平台的关键技术
4. 了解物流信息平台在企业中的运用和发展趋势

案例导入

共生物流平台作为一个"B2B2车＋云企业服务"的物流产业互联网平台，不仅是简单的货运 APP、车货匹配平台、云 TMS，还是物流产业互联网服务商。共生物流平台通过线上共好运、共发展、共发财、共融、共创、共云、共采、共保等产品，打通了从解决方案到供应商选择、招投标、物流计划、找车调度、运营管理，一直到最终结算这样的全链条，在不同的环节都能够帮助到平台所服务的甲方或是物流企业，为他们做更优化的解决方案，提供更好的供需匹配、透明的招投标以及找车调度、运营管理等支持性服务。

安徽某物流有限公司在实施信息化平台之前,采用的是单机局域网软件,公司负责人、财务人员及其他相关人员只能在办公场所内的电脑上完成登记、查询等工作。根据物流行业特性,在用户经营中需要及时登录查看相关资料,而公司负责人、相关人员如不在办公场所内就无法及时使用软件,无法及时沟通,从而出现效率低下、沟通不畅、浪费时间等情况。此外用户和上游客户开展运输业务合作时会出现货款结算周期长,占用自有资金压较多等问题。

通过共生物流平台使用共好运、共融、共发财产品后,通过共好运竞价模式,企业掌握了海量车辆资源,有效降低了运输成本。通过共融资金垫付,企业可以在线实时为用户的承运货司机垫付运费,司机会立刻收到运输费用,这保障了司机运费的结算及时性,使司机得到很好交易体验,也实实在在地降低了企业资金运营成本。企业有足够的周转资金,这有助于提高竞争力。通过使用平台的共发财产品,用户财务管理更加规范、健全。通过平台购买保险和油卡标准化管理,物流企业大大提高了效率,简化了内部沟通和运营中间环节。

(资料来源于网络,文字有删改)

思考题:共生物流平台利用什么方式改善物流企业经营效益?

一、物流信息平台概述

现代物流是涉及社会经济生活各个方面的错综复杂的大系统,是融合了运输、仓储、货运代理和信息等行业的新兴复合型服务产业。其中信息化是现代物流的重要依托,是现代物流的灵魂,是未来的发展趋势,对提升物流效率、降低物流成本起决定性作用。

物流信息平台建设是现代物流发展的必然要求,是整合社会资源、降低社会物流总成本的重要途径之一,也是提高物流企业核心竞争力的突破口。

(一)物流信息平台的概念

物流信息平台是指基于计算机通信网络技术,提供物流信息、技术、设备等资源共享的服务信息平台。一般认为,凡是能够支持或者进行物流服务供需信息的交互或交换的网站,均可视为物流信息平台。

(二)物流信息平台的分类

1. 按服务区域划分

以服务区域划分,物流信息平台可以分为地方性的物流信息平台和全国性的物流信息平台。例如:长江物流网、宁波物流信息网属于地方性的物流信息平台;中国物通网属于全国性物流信息平台。

2. 按网站运营方的性质分

按网站运营方的性质,物流信息平台可以分为主体自营的物流信息平台和第三方物流信息平台,其中主体自营的物流信息平台往往以提高主体的工作效率为目标,而第三方物流信息平台则专业为物流供需方提供信息服务,其运营方一般不涉及物流服务的具体运作。

(1)第三方物流信息平台的特征。

首先,第三方物流信息平台的经营方不直接参与物流活动的具体运作,只是利用网络通过提供物流信息服务的方式间接地从事物流物流活动。

其次,第三方物流信息平台相对于自营的物流信息平台而言,其服务对象是广大的物流企业和有物流需求的机构或者个人,服务对象众多且服务区域范围广。

(2)第三方物流信息平台的分类。

一般来说,根据第三方物流信息平台运营方身份的不同,第三方物流信息平台可以分为两类。一类是政府职能部门办的公共物流信息平台,这类平台数量较多,质量参差不齐。另一类是社会力量办的第三方物流信息平台,其服务范围一般较广,比较知名的有锦程物流网和中国物通网,均面向全国市场广泛开展业务。

公共物流信息平台具有整合供应链各环节物流信息、物流监管、物流技术和设备等资源,面向社会用户提供信息服务、管理服务、技术服务和交易服务的基本特征。物流公共信息平台需要大量权威的政务信息,管理服务是物流相关管理部门的政府职责,这两项功能应由相关政府管理部门负责建设提供;物流公共信息平台的技术服务和交易服务则完全可以采用是市场化的机制建设和运行。

3. 其他分类

(1)按运输方式分类。物流信息平台可分为铁路物流信息服务平台、航空货运信息服务平台、水运信息服务平台、公路运输信息服务平台。

(2)按产业分类。物流信息平台可分为钢铁物流信息平台、医药物流信息平台、农产品物流信息平台、家电物流信息平台等。

(3)按服务对象分类。物流信息平台可分为公共型和商务型。公共型平台提供单纯的信息服务;商务型平台有业务支撑,以信息服务为手段,提供相关实体物流服务,包括公路货运信息平台、国际海运货代信息平台等。

(三)物流信息平台建设的意义

物流信息在物流活动中具有十分重要的作用,通过物流信息平台收集、传递、存储、处理、输出的物流信息,成为政府、企业的决策依据,对整个物流活动起指挥、协调、支持和保障作用。

1. 提高工作效率,提升物流服务水平

物流信息平台是一个快速、准确的网络系统,可以消除行业、企业及客户之间的信息交流障碍,从而实现供应链的优化,从根本上提升整体物流服务水平,大大提高物流效率。

2. 节约社会资源

相关企业利用物流信息平台,用统一的标准管理信息,通过平台实现信息发布、查询功能,减少物流信息流转环节,实现信息共享,避免重复劳动,提高资源利用率,降低运营费用,进而有效整合资源。

3. 加强宏观调控

政府相关部门利用物流信息公共平台,在宏观决策上,可以进行科学预测分析、规划,进而制定相关政策;在行业管理上,可通过平台获得需求总量、供给能力、运输方式、运营状况等信息,及时进行行业调控。

(四)物流信息平台的功能

从不同的视角分析,物流信息平台的功能是不同的。

1. 从宏观角度看

物流信息平台的建设目的主要在于满足物流系统中各个环节的不同层次的信息需求和功能需求,这就需要信息平台不仅要满足货主、物流企业等对物流过程的查询、设计、监控等直接需求,还要满足他们对政府工作部门制定的相关物流政策的信息需求。根据系统用户主体的信息需求情况,平台应能实现如下五项基本功能。

(1)物流信息资源的整合和共享。物流企业与客户要对各种信息作全面了解和动态跟踪,通过平台将物流园区和物流中心的各类信息资源进行整合,在一定范围内对各信息资源进行共享。

(2)社会物流资源的整合。对社会物流资源进行整合,这有助于合理配置物流资源,提高物流社会资源的利用率,降低企业产品运营成本和运输周期,提高产品市场竞争力。

(3)政府管理部门间、政府与企业间的信息沟通。利用物流信息平台进行沟通,这有助于规范和加强政府市场管理,提高政府行业管理部门工作的协同性,体现行业管理、发展与规划的科学性,为企业参与国内外市场竞争提供平等发展的舞台和空间。

(4)现代物流系统运行的优化。通过平台减少物流信息传递的层次和流程,提高现代物流信息利用程度和利用率,物流系统可以最短流程、最快速度、最少费用正常运行,从而实现全社会物流系统运行的优化,有效降低物流成本。

(5)优化供应链。物流信息平台可对现代物流市场环境快速响应,形成供应链管理环境下固定电子物流和移动电子物流两种模式共同支撑的平台体系结构;有助于实现行业间信息互通、企业间信息沟通、企业与客户间信息交流,使现代物流信息增值服务成为可能,从根本上提升现代物流的整体服务水平。

2. 从微观角度看

企业不仅可以利用物流信息平台的资料库及商务功能实现企业自身的信息化管理,还可以实现供应链管理过程中不同企业间的信息高效交换。物流信息平台应具有如下基本功能。

(1)信息服务功能。信息服务是物流信息平台的基本功能,也是物流信息平台建设的核心功能。信息服务主要表现为对各类物流信息提供录入、组织、维护、发布、查询、交流等服务。如综合公共信息、企业业务交易信息、货物跟踪信息、车辆调度跟踪信息等的查询和检索等。

(2)在线交易功能。在线交易功能为供需双方提供了一个虚拟的在线交易平台,这有利于规范市场运作,整合物流资源,并可确保 B2B 和 B2C 在 Web 上的安全协作。在线交易的主要功能有网上报价、网上下单、网上交易、网上配载、信息外包和项目招标等。

(3)物流作业管理功能。物流信息平台不仅可为各类物流信息提供共享接口,还是配套管理系统,可对企业内部、外部资源进行计划与管理,并能面向企业供应链的全过程。物流管理功能包括库存控制、国际贸易物流管理、运输工具管理、财务管理等。物流信息平台必须面对客户的需求快速构建和集成端对端的物流管理功能,如总成本计算模式的确定和承运商的自动选择。

(4)会员服务功能。物流信息平台可为注册会员提供个性化服务,主要包括会员单证管理、会员的货物状态和位置跟踪、交易跟踪、交易统计、会员资信评估等。

(5)辅助决策功能。物流信息平台通过积累的全面、长期的数据,建立物流业务的数学模型,对历史数据进行分析、挖掘,为用户在预测、规划、方案评估等方面提供决策支持。辅助决策支持功能包括:全部或局部物流优化、各级客户地理分析、运输能力模型分析、交通物流资源优化、配送中心能力分析、配送网络方案分析、门到门服务优化、联运方案优化分析、代理网点设置优化、物流仿真分析模型等。

二、物流信息平台的实现

物流信息平台的实现主要依靠 Internet 和 Web 技术,平台宜采用 Browser/Web Server 结构模式,Web Server 的后台由数据库提供数据支持。

(一)物流信息平台的技术架构

为了保证系统的可用性、可靠性和可拓展性,系统必须支持强大的企业级计算的成熟技术。目前,J2EE 已经成为企业级开发的工业标准和首选平台。J2EE 是一个开放的、基于各种标准的平台,可以开发、部署、管理多层结构的、面向 Web 的、以服务器为中心的企业级应用,它是利用 Java 2 平台来简化与多级企业解决方案的开发、部署、管理相关的诸多复杂问题的应用体系结构。

J2EE 技术的基础是 Java 语言,Java 语言与平台无关性保证了基于 J2EE 平台开发的应用系统和支撑环境可以跨平台运行。该架构的特点如下:

表现层采用 Java 开发平台结构使系统结构更清晰化,代码复用性强,易维护;业务逻辑处理采用 session bean,可以使程序运行更安全,方便分布式部署,使系统能承受很大的压力;采用 Java 语言使得系统数据库无关性,平台可适应主流关系型数据库,编写程序时按照面向对象的方式写程序,可维护性高;跨平台性,数据可任意移植到多种平台下,保护用户的投资;技术平台具有广泛的支持力,J2EE 技术规范得到了国际企业和自由开发者的广泛支持。

(二)物流信息平台实现的技术简介

1. 中间件(Middleware)

中间件是一种独立的系统软件或服务程序,分布式应用软件借助于中间件在不同的技术之间共享资源。中间件软件管理着客户端和数据库或者早期应用软件之间的通信。

中间件在分布式的客户和服务之间扮演着承上启下的角色,如事务管理、负载均衡及基于 Web 的计算等。

中间件具有以下一些特点:满足大量应用的需要;运行于多种硬件和 OS 平台;支持分布计算,提供跨网络、硬件和 OS 平台的透明性的应用或服务的交互;支持标准的协议;支持标准的接口。

程序员通过调用中间件提供大量的 API,实现异构环境的通信,从而屏蔽异构系统中复杂的操作系统和网络协议。不同的操作系统和硬件平台可以有符合接口和协议规范的多种实现方式。由于标准接口对于可移植性和标准协议对于互操作性的重要性,中间件已经成为许多标准化工作的主要部分。

2. 面向服务的架构(SOA)

SOA(Service-Oriented Architecture)提供了一种构建 IT 组织的标准和方法,并通过建立可组合、可重用的服务体系来减少 IT 业务冗余并加快项目开发的进程。SOA 体系能够使 IT 部门效率更高、开发周期更短、项目分发更快,在帮助 IT 技术和业务整合方面有着深远的意义。基于 SOA 架构的应用模式具有如下特点。

(1)松耦合。

在符合 SOA 架构的系统中,服务请求者与服务提供者之间,根据已发布的服务契约和服务水平协议,通过服务接口进行通信,服务接口封装了所有的实现细节。服务请求者和服务提供者的实现和运行不需要依赖特定的某种技术,或某个厂家的解决方案或产品。业务服务可以在多个业务流程中得到复用,并且随着业务要求的改变,一个服务可以在变化后的新的业务流程中能够继续使用。服务之间是技术松耦合和流程松耦合的。

(2)关于服务,利用及重复利用。

服务是 SOA 系统的基础元素,以明确且与实现无关的标准化接口来完成业务功能定义,服务可在不同业务过程中被重复利用,并且具体的服务实现不依赖特定开发语言与工具。

(3)基于开放式标准。

为了强调互操作性,在 SOA 系统中,服务需要尽量符合开发标准。与服务相关的技术都存在相应的标准,如 SOAP、WSDL、UDDI、SCA、SDO 等。

(4)架构灵活,便于重构。

服务与实际业务功能相关,具有明确的接口。服务可在不同的业务流程中重复使用,提高服务的价值。在使用中只需按接口要求进行访问,服务屏蔽实现细节,服务实现的修改不会影响服务访问方的逻辑,从而提高了业务流程的适应性。一旦业务流程变更,则只需对服务进行重新编排,并不修改服务本身,从而提高了业务流程实现的灵活性。

3. 企业服务总线(ESB)

企业服务总线(Enterprise Service Bus)是面向服务架构的骨干,在完成服务的接入,服务间的通信和交互基础上,还提供具有安全性、可靠性、高性能的服务能力保障。采用 SOA

架构,基于ESB总线进行企业应用集成,应用系统之间的交互通过总线进行,这样可以降低应用系统、各个组件及相关技术的耦合度,消除应用系统点对点集成瓶颈,降低集成开发难度,提高复用率,提升系统开发和运行效率,便于对业务系统灵活重构,快速适应业务及流程变化需要。

4. Web 服务(Web Service)

Web 服务是一个平台独立的、低耦合的、自包含的、基于可编程的 Web 的应用程序,可使用开放的 XML(标准通用标记语言下的一个子集)标准来描述、发布、发现、协调和配置这些应用程序,用于开发分布式的互操作的应用程序。Web 服务可让地理上分布在不同区域的计算机和设备一起工作,以便为用户提供各种各样的服务。利用 Web 服务,公司和个人能够迅速且廉价地通过互联网向全球用户提供服务,建立全球范围内的联系,在广泛的范围内寻找可能的合作伙伴。

Web 广泛用到的技术如下。

TCP/IP:通用网络协议,被各种设备使用。

HTML(标准通用标记语言下的一个应用):通用用户界面,可以使用 HTML 标签显示数据。

NET:不同应用程序间共享数据与数据交换。

Java:写一次即可在任何系统运行的通用编程语言,Java 具有跨平台特性。

XML:通用数据表达语言,可在 Web 上传送结构化数据。

跨平台性、开放性正是 Web 服务的基础。

任务实训 6-2

中国物通网信息平台的使用

一、实训目标

1.学生应正确认知物流信息平台,理解物流信息平台相关概念。

2.掌握在物流信息平台上注册、信息发布、信息查询等操作方法。

二、实训要求与任务内容

1.实训步骤。

(1)登录中国物通网并了解该信息平台的模块构成。

(2)浏览其他物流信息系统平台,比较中国物通网与任一其他平台的功能的异同点。

(3)注册为中国物通网信息平台会员,并能够模拟实际的物流业务作业。

(4)完成分析报告。

2.技能训练评价。

完成分析报告后,填写技能训练评价表。

表 6-2　技能训练评价表

专业		班级		被考评学员	
考评时间				考评地点	
中国物通网信息平台的使用					
考评标准	内容	分值	自评（50%）	教师评议（50%）	考评得分
	能够正确描述物流信息平台的定义、功能	20			
	能够掌握物流信息平台的应用环境	20			
	能够独立完成注册、信息发布、信息查询等业务操作	40			
	遵守纪律，爱护设备，积极认真	20			
综合得分					

指导教师评语：

项目七 物流管理信息系统的认知及应用

项目目标

1. 知识目标
(1) 掌握物流信息系统的概念
(2) 掌握物流信息统的业务流程
2. 技能目标
(1) 具备使用物流信息系统的能力
(2) 能够使用自动化无人物流系统

任务一　物流信息系统概述

任务目标

1. 掌握物流信息系统的含义
2. 掌握物流信息系统的功能和建设原则
3. 了解国内物流的信息化历程
4. 了解第三方物流企业物流信息系统开发时的关键问题
5. 了解主要的物流系统开发方法
6. 了解结构化的物流系统开发方法的特点

一、物流信息系统的概述

（一）物流信息系统的概念

物流的过程是一个多环节的复杂系统，物流系统中的各个子系统通过物资的运动联系在一起。一个子系统的输出就是另一个子系统的输入。合理组织物流活动，就是使各个环节相互协调，根据总目标的需要适时、适量地调度系统内的资源，使企业产生效益。物流系统中各环节的相互衔接是通过信息沟通的，基本资源的调度也是通过信息的传递来实现的。因此，物流管理必须以信息为基础，不能离开信息。为了使物流活动正常而有规律地进行，物流信息必须保证畅通。

在现代物流过程中,通过计算机技术、通信技术、网络技术等技术手段,物流信息的处理和传递速度大大加快了,从而使物流活动的效率和反应能力得到提高。建立和完善物流信息系统,对于构筑物流系统,开展现代物流活动是极其重要的一项工作内容。

物流信息系统是指由人员、设备和程序组成的,为物流管理者执行计划、实施控制等职能提供信息的交互系统,它与物流作业系统一样都是物流系统的子系统。

物流信息系统实际上是物流管理软件和信息网络相结合的产物,小到一个具体的物流管理软件,大到利用覆盖全球的互联网将所有相关的合作伙伴,包括将供应链成员连接在一起提供物流信息服务的系统,都叫作物流信息系统。

对一个企业而言,物流信息系统不是独立存在的,而是企业信息系统的一部分,或者说是其中的子系统,即使对一个专门从事物流服务的企业而言也是如此。例如,对一个企业的ERP系统而言,物流管理信息系统就是其中一个子系统。

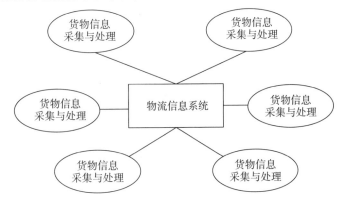

图 7-1 物流信息系统

物流信息系统作为企业信息系统中的一类,可以理解为对通过与物流相关信息的加工处理来达到对物流、资金流的有限控制和管理,并为企业提供信息分析和决策支持的人机系统。

1. 物流信息系统的需求分析

信息系统开发的前提是充分的需求调研和需求分析。这一阶段主要是回答物流信息系统能"做什么"这个方向性的问题。为此,开发者需要对企业用户进行详细的需求调研,分析企业组织结构、职能职责、业务流程,并向用户提交需求说明书和设计方案。经过反复沟通,确定需求,并以此作为验收的依据。这一阶段在开发信息系统过程中是最复杂也是最重要的,需要高度重视。需求阶段应包含需求调研报告、需求说明书、设计方案等内容。

2. 物流信息系统的功能建设

企业物流信息系统应适应现代物流发展趋势,以云计算等理念和架构为基础,利用先进的物联网技术,努力实现对企业物流的全面感知、全面覆盖、全程控制,全面提升企业物流的管理水平,让物流各个环节上下贯通,各项业务协同。系统应分层次构建,实现加强业务管理、梳理业务流程、整合资源、辅助决策、全面提升客户服务质量的目的。

在功能上，物流信息系统应包括但不限于以下内容：计划管理、运输管理、装卸搬运、仓储管理、监控管理、资源管理、财务管理、综合管理、安全管理、绩效管理、数据分析、信息对接、系统管理等功能模块。在系统整合上，物流信息系统应与企业的 ERP 系统、财务系统、数据中心等无缝对接、互联互通。最终在物流供应链的各个环节实现业务需求自动收集、业务单据自动流转、业务执行实时反馈的业务智能化处理的联动协同机制。要重复利用 RFID 射频识别技术（如 RFID 系统标签、读写器及控制系统等）、在途设备（如车载设备、电子锁、GPS 设备、GIS 电子地图等），实现对各类物流过程的全面感知。

在技术架构设计上，应充分考虑实用性、可行性、可伸缩性，保证平台的稳定性、灵活可扩展性和整合性，并在软件构架设计中充分结合业务特点与企业信息系统集成的需求。物流信息系统应体现 SOA 理念，遵循数据标准化、服务格式标准化等规范。尤其是在数据接口方面，应能适应未来与企业服务总线 ESB 进行交互及向数据中心提供支持数据的要求。

3. 企业物流信息系统的建设原则

(1) 适用性原则：适用为主，面向具体应用，兼顾发展。

(2) 先进性原则：运用物联网、计算机等技术，建设高质量的系统，实现对企业物流的全面感知、全面覆盖、全程控制，全面提升企业物流的管理水平。

(3) 易用性原则：应用和管理简单实用，采用主流技术。

(4) 可靠性原则：采用先进可靠技术，保证系统的平稳性。

(5) 扩展性原则：系统可适度扩展，保护前期投资。

(6) 可操作性原则：制定分阶段、分项目实施的策略，评估执行过程风险，保证实施顺利。

（二）国内物流企业的信息化进程

信息化管理在国内是近几年发展起来的，目前在物流行业的应用还不是很广泛，即便是一些大型的物流服务机构，如港口、货运站场，虽然很早就采用了信息化管理系统平台，但是平台不完善。部分专业从事物流服务的企业，如中国海运集团、宝供物流、中国远洋物流等，在 20 世纪 90 年代后期开始启用信息系统，信息系统的采用促进了企业的飞速发展。

从目前国内物流行业的信息化应用来看，下列问题比较突出。

1. 整个行业没有统一的标准体系

物流行业发展至今，虽然国家相关部委出台了很多相关的政策，但是由于执行不到位，很多政策并没有落实，这导致物流行业内的各个层次部门存在标准不一致的地方。物流行业是服务型行业，同很多行业的发展密切相关，如果标准不统一，就会严重阻碍整个物流行业信息化建设的发展。

2. 中小型物流企业不具备投资建设信息系统的实力

物流信息系统建设需要上百万元甚至数千万元的投资。宝供物流在 20 世纪 90 年代成立初期就投资 10 多万元用于信息系统的建设，这在当时是需要很大魄力和勇气的；中海集团从 1997 年成立以来，通过国外进口和国内自主开发等多种渠道，在物流系统的建设方面投资超过 4000 万元；中国远洋物流在 20 世纪末期也对整个物流系统进行了上亿元的建设和改造。物流系统的建设对物流企业的壮大起到非常关键的作用,然而并不是所有物流公司都具备这样的实力。

从国内来看,不少物流公司是由之前的货运公司转变而来的。这些货运公司以前一般只从事单纯的零担、整车配送等业务,规模较小,实力也比较薄弱,因此,不具备充分的实力投资物流信息系统建设。在广州,类似这样的物流公司不下数千家。这类物流公司大多在物流活动中承担末端配送业务。

3. 大型物流企业的信息系统建设缓慢

在整个物流行业的信息化建设中,相关政府部门、大型物流企业、大型物流集散中心(如港口、机场、大型货运站场或位于城市边缘的物流接驳中心等)的物流信息化建设程度对整个行业的信息化管理水平的提高起着举足轻重的作用。这是因为物流行业信息化建设的目的就是提高整个行业的物流运作效率,如果这类机构缺乏高效的物流信息系统支持,就会影响整个物流供应链的运作,从而影响整个物流行业的信息化建设进程。

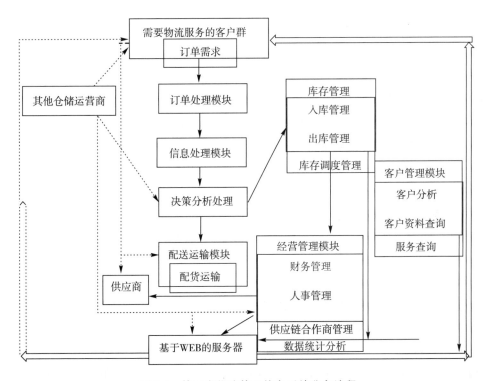

图 7-2　第三方物流管理信息系统业务流程

(三)第三方物流企业物流信息系统开发时的关键问题

物流信息系统的开发是一个系统工程。开发团队要量身定制本企业的物流信息系统,在实施过程中一定要注意以下几个关键问题。

1. 物流信息系统的开发必须有高层的充分支持

一方面,开发一套物流信息系统,公司需要投入的资源是非常多的,如开发团队的组建、信息网络的组建、员工的培训、业务流程的再造等，开发成本高、周期长、难度大，因此，只有得到了高层领导的全力支持，开发工作才有可能真正顺利开展起来。另一方面，物流信息系统实质上是个软件系统，软件是企业管理思想的载体，而高层领导又是企业管理思想的核心。同时，物流系统功能会随着企业未来业务变化而进行延展，高层所具备的业务前瞻性是无可比拟的，只有高层领导参加物流信息系统的开发，系统才能与企业的发展战略相适应。

2. 物流信息系统的开发需采用模块化方式

物流信息系统需要整体设计，模块化开发。物流领域目前处于高速发展阶段，第三方物流企业所处的外部环境及自身发展都处于不断变化之中，这要求物流信息系统要具有灵活性，即能够较容易根据需求修改功能，或者根据需求增加新功能。模块化开发能够提升各模块的独立性，使各系统的数据依赖性降至最低，从而提高系统在运作过程中进行调整的能力。模块化还要求企业开发完一个模块就投入运行一个模块。第三方物流企业在开发物流信息系统时，应将系统开发与公司的发展相结合，首先解决公司迫切需要解决的问题。

3. 物流信息系统的开发应与企业流程再造相结合

物流信息系统在构建过程中，必然会涉及企业流程的再造。若一味追求物流信息系统的高性能，不考虑企业业务流程再造的难度和成本，就会落入所谓的信息技术陷阱中，带来投机浪费、建设周期延长和实施难度加大等问题。反之，若企业业务流程再造不能充分利用物流信息系统的话，信息系统开发就会因缺乏支撑而丧失意义，因此，只有将物流信息系统开发与企业业务流程重组结合起来考虑，信息系统开发和构建才能真正发挥效益。

4. 物流信息系统的开发需要企业员工的紧密配合

首先，物流信息系统顺利推行，必须有良好的信息技术应用环境，因而在系统开发期间，企业应着手进行信息化改造，如在电脑、网络配置好之后推行全企业的自动化办公。其次，在系统规划阶段，为充分调查清楚企业的组织分工、业务流程、资源分配以及物流需求，各部门需要提供各种调查资料，进行充分协调。再次，在系统实施阶段，企业需要对系统操作人员进行充分培训。最后，在系统运行阶段，员工须按照物流信息系统规范化的运作流程和管理方式开展工作。

5. 物流信息系统的开发应具备集成性

第三方物流企业是专业从事物流服务的供应商，是一种现代化的企业组织形式，其物流信息系统应当包括人事管理系统、财务管理系统、办公自动化系统。从整个物流运作过程来看，物流信息系统具体又应包括订货、包装、保管、运输、流通加工等各子系统的建设。因此，在搭建第三方物流企业信息系统时，应挖掘各子系统的内在影响及关联，使各子系统能够有效集成，进而寻求整个第三方物流企业系统的一体化及自动化。

第三方物流企业物流信息系统的集成性决定了在进行物流信息系统建设时，不能简单地考虑某一物流子系统的建设，而应在整个物流系统的大框架下进行统一规划和设计，尤其是在接口设计、公用模块设计和数据库设计中，只有对底层和公共的模型设计明确，才能实现物流信息系统中各子系统的相互集成，也才可能实现整个物流供应链的最优化和高效运作。

6. 物流信息系统的开发必须具有长期性

物流信息系统的开发是一个长期的工程。随着第三方物流企业所处系统环境不断变化,为使系统不断适应环境且具有生命力,开发者必须对系统持续不断维护和评价;随着企业的发展,物流业务的变化,新的管理需求会不断被提出,信息系统的升级也是不断进行的。

第三方物流是物流社会化分工的产物,已经有越来越多的企业把自己的物流业务外包给第三方物流企业承担。作为物流业务的组织者,第三方物流企业能够整合整个供应链资源,通过专业高效的运作,降低物流成本,提高服务水平。而第三方物流企业的物流信息系统起到了纽带作用,它的高效运行能够将物流运作的各个环节有机衔接,实现物流运作的一体化和自动化。

(四)企业物流信息系统的实施建议

1. 采用原型法提高设计开发效率

原型法是系统开发设计人员与用户紧密合作,在短时间内快速定义用户基本需求的方法。当收集了一批业务需求以后,开发人员立即使用快速可视化工具开发出一个原型,交给用户去试用,经补充和修改后,再完善新的一版。原型法的特色就是快速开发,无须考虑美观性、可靠性,整个需求分析的过程就是"捕获需求——原型开发——确认需求——再捕获需求"的循环过程。原型法可以提高用户的参与度,开发周期大为缩短。

2. 完善物流信息标准体系

目前,物流信息标准化工作落后,信息系统建设存在格式、接口不统一等问题。因此,必须在信息化建设起始阶段,对产品编码、信息采集、信息传输、信息存储和共享标准等予以高度重视。通过建立物流信息标准体系,统一的、标准的数据传输格式和标准接口得以实现。

3. 以里程碑式开展项目建设

所有信息化项目必须在起始阶段制定项目整体计划,并将项目进度按照里程碑节点进行分解。里程碑一般是项目中完成阶段性工作的标志,它标志着上一个阶段结束、下一个阶段开始。需注意的是,从需求分析到最终测试,每个阶段都应提供完备的文档,以此作为成果文档。通过里程碑式的开展建设,项目明确规定了各方的工作范围、责任与义务,这有助于掌握项目进度,进行监督、控制和交接。

对于企业来说,要在明确企业发展战略目标的同时,坚定走物流信息化之路,构建适合自己的物流信息系统。建立高效协同、智能化的物流信息系统是提升物流服务质量的关键,企业应通过各种技术手段、终端设备以及对关键节点的识别、控制,实现整个物流供应链的完全可视化、可追溯化,进而增强企业在市场竞争中的独特优势。

二、物流信息系统开发方法简介

（一）物流信息系统的开发策略

1. 识别问题

制定一个信息系统开发总体方案，首要任务是识别问题。根据用户的需求状况、实际组织的管理现状以及具体的信息、处理技术来分析和识别问题的性质、特点，以确定应采用什么样的方式来解决问题。问题识别阶段需要解决的问题如下。

（1）信息和信息系统需求的确定性程度。即考察用户对系统的需求状况，是真正迫切需要还是一时的兴致或为了某种应酬以及信息系统在未来组织中的作用和地位。

（2）信息和信息处理过程的确定性程度。即考察现有的信息（或数据）是否准确、真实；统计渠道是否可靠；现有的信息处理过程是否规范化、科学化。

（3）体制和管理模式的确定性程度。即考察现有的组织机构、管理体制是否确定，会不会发生较大（或根本）的变化；管理模式是否合理，是否满足生产经营和战略发展的要求等。

（4）用户的理解程度。即用户是否真正认识了系统开发的必要性和开发工作的艰巨性；用户对自己的工作及在信息系统中所承担的任务是否有清醒的认识；组织的领导能否参与系统的开发工作等。

（5）现有的条件和环境状况。

2. 可行性研究

可行性是指在当前组织的具体条件下，系统开发工作是否具备必要的资源和条件。在系统开发过程中进行可行性研究，这对于保证资源的合理利用，避免浪费和失败，都是十分重要的。

一般来说，可行性并不等于可能性，可行性还包括了平时常说的必要性，因此，开发工作不但要考虑是否有可能实现，还必须考虑是否有必要进行。如果在识别问题的过程中发现管理人员对系统的需求并不迫切，或者组织的领导者并不感到原有系统有立刻变换的必要性，则系统开发工作就根本不具备可行性。因此，在对问题进行了分析和识别之后，就必须进行系统开发的可行性研究。系统开发可行性研究包括如下几方面。

（1）目标和方案的可行性。目标和方案的可行性是指目标是否明确，方案是否切实可行，是否满足组织进一步发展的要求等。

（2）技术方面的可行性。技术方面的可行性是指根据现有的技术条件，所提出的要求能否满足，如计算机速度、容量等能否满足要求。一般来说，技术方面的可行性包括如下几个方面：工作人员和技术力量的可行性；基础管理技术的可行性；组织系统开发方案的可行性；计算机硬件的可行性；计算机软件的可行性；环境条件及运行技术方面的可行性。

（3）经济方面的可行性。经济方面的可行性主要是从组织的人力、财力、物力三方面来考察系统开发的可行性。如有多少资源可以利用，有多少资金可以投入，应该建立什么样规模的系统，资金分几批投入时投资效果最好等。除此之外，还要研究系统开发后可能带来的经济效益。信息系统的经济效益有两个方面:一是直接效益,这是整个经济效益中很小的一部分;二是间接效益,它主要是从系统运行的技术指标等方面来考虑,信息系统的间接效益常常是巨大的。

(4)社会方面的可行性。社会方面的可行性主要指一些社会的或者人的因素对系统的影响。如因某些特殊的问题(如安全保密问题、制度问题等)而不能向系统提供运行所必需的条件,管理模式的变化以及人的权力、职责、工作范围的变化等,都会对信息系统的开发和开发后的运行造成极大的影响,因此,社会方面的可行性是系统开发所必须研究和考虑的因素。

3. 系统开发的原则

系统开发所应遵循的原则一般包括:领导参加的原则;优化与创新的原则;充分利用信息资源的原则;实用和实效的原则;规范化原则;发展变化的原则。

4. 系统开发前的准备工作

做好系统开发前的准备工作是信息系统开发的前提条件。系统开发前的准备工作一般包括基础准备和人员组织准备两部分。

(1)基础准备。科学管理是开发信息系统的基础,只有在合理的管理体制、完善的规章制度和科学的管理方法之下,系统才能充分发挥其作用。基础准备一般包括:管理工作要科学化,具体方法要程序化、规范化;做好基础数据管理工作,严格计量程序、计量手段、检测手段和基础数据统计分析渠道;数据、文件、报表的统一化。

(2)人员组织准备。领导参与开发是确保系统开发成功的关键因素;建立一支由系统分析员、企业领导、管理人员、业务人员等组成的研发队伍;明确各类人员(系统分析员、企业领导、业务人员、管理人员、程序员、计算机软硬件维护人员、数据录入人员和系统操作员等)的职责。

5. 系统开发策略的选择与开发计划

在进行了上述工作之后,下一步要考虑的是系统开发策略的选择及制定系统的开发计划。系统开发策略目前主要有四种。

(1)接收式的开发策略。经过调查分析,认为用户对信息需求是正确的、完全的和固定的,现有的信息处理过程也是科学的,此时可采用接收式的开发策略,即根据用户需求和现有的状况直接设计编程,并过渡到使用新系统。这种策略主要适用于系统规模不大、信息和处理过程结构化程度高、用户和开发者又都很有经验的场合。

(2)直接式的开发策略。经调查分析,可确定用户需求和处理过程,且以后不会有大的变化,此时系统的开发工作可以按照某一种开发方法的工作流程(如结构化系统开发方法中系统开发生命周期的流程等),按部就班地进行,直至最后完成开发任务。这种策略对开发者和用户要求都很高,要求在系统开发之前就完全调查清楚实际问题的所有状况需求。

(3)迭代式的开发策略。当问题具有一定的复杂性和难度,一时不能完全确定时,需要进行反复分析、设计,随时反馈信息,发现问题,修正开发过程。这种策略一般花费较大,耗时较长,但对用户和开发者的要求较低。

(4)实验式的开发策略。当需求的不确定性很高,无法制定具体的开发计划时,只能采用反复试验的方法。原型法就是这种开发策略的典型代表,这种开发策略一般需要较高级的软件支撑环境,且在使用上对大型项目有一定的局限性。

系统开发计划主要是针对已确定的开发策略,选定相应的开发方法。但是,选择开发方法时必须注意到某种方法所适宜的开发环境、所需要的计算机软硬件技术支撑条件以及开发者对方法的熟悉程度。

目前常用的系统开发方法有:结构化系统分析与设计方法、原型法、目标导向(或称为面向对象)方法、计算机辅助软件工程方法等。开发计划主要是制定系统开发的工作计划、投资计划、进度计划、资源利用计划。

开发计划一般多根据具体问题、具体情况而定,没有统一的模式。在一般情况下,常用甘特图(Gantt Chart)来记载描绘开发计划的时间、进度、投入和工作顺序的关系。

(二)结构化系统开发方法

结构化系统开发方法亦称为 SSA&D(Structured System Analysis and Design)或 SADT(Structured Analysis and Design Technologies),是自顶向下的结构化方法、工程化的系统开发方法和生命周期方法的结合,是迄今为止开发方法中应用最普遍、最成熟的一种。

1. 结构化系统开发的基本思想

用系统工程的思想和工程化的方法,按用户至上的原则,结构化、模块化、自顶向下地对系统进行分析与设计。具体来说,就是先将整个信息系统开发过程划分为若干个相对独立的阶段,如系统规划、系统分析、系统设计、系统实施、系统运行阶段等。在前三个阶段坚持自顶向下地对系统进行结构化划分,在系统调查或理顺管理业务关系时,应从最顶层的管理业务入手,逐层深入,直至基层。在系统分析、提出新系统方案和系统设计时,应从整体入手,先考虑系统整体的优化,再考虑局部的优化问题。在系统实施阶段,则应坚持自底向上地逐步实施。

也就是说,组织力量从最基层底模块做起(编程),然后按照系统设计的结构,将模块一个一个拼接到一起进行调试,自底向上、逐渐地构成整体系统。

2. 结构化系统开发的特点

结构化系统开发方法主要强调以下特点。

(1)自顶向下整体性的分析与设计和自底向上逐步实施的系统开发过程。即在系统分析与设计时从整体考虑,自顶向下地工作(从全局到局部、从领导者到普通管理者);而在系统实现时,则要根据设计的要求,先编制一个一个具体的功能模块,然后自底向上逐步实现整个系统。

(2)用户至上。由于用户对系统开发是至关重要的,在系统开发过程中要面向用户,充分了解用户的需求和愿望。

(3)深入调查研究。即强调在设计系统之前,深入实际单位,详细地调查研究,努力弄清楚实际业务处理过程的每一个细节,然后分析研究,制定出科学合理的信息系统设计方案。

(4)严格区分工作阶段。把整个系统开发过程划分为若干个工作阶段,每个阶段都有明确的任务和目标,以便于计划和控制进度,有条不紊地协调展开工作。在实际开发过程中,按照划分的工作阶段一步步地展开工作,如遇到较小、较简单的问题,可跳过某些步骤,但不可打乱或颠倒步骤。

(5)充分预计可能发生的变化。因为系统开发是一项耗费人力、财力、物力且周期很长的工作,一旦周围的环境(组织的外部环境、信息、处理模式、用户需求等)发生变化,则会直接影响到系统的开发工作,所以结构化开发方法强调在系统调查和分析时,对将来可能发生的变化给予充分的重视,强调所涉及的系统对环境的变化具有一定的适应能力。

(6)开发预计可能发生的变化。这要求开发过程的每一步都按工程标准规范,文档资料也要标准。

3. 系统结构化开发的生命周期

用结构化系统开发方法开发一个系统时,要将整个开发过程分为五个首尾相连的阶段,一般称为系统开发生命周期。系统开发生命周期各阶段的主要工作如下。

(1)系统规划阶段。系统规划阶段的工作是根据用户的系统开发请求,初步调查,明确问题,然后进行可行性研究。如果用户不满意,则要反馈并修正这一过程;如果规划不可行,则取消项目;如果规划可行并使用户满意,则进入下一阶段工作。

(2)系统分析阶段。系统分析阶段的任务是:分析业务流程;分析数据与数据流程;分析功能与数据之间的关系;提出新系统逻辑方案。若方案不可行,则停止项目;若用户对方案不满意,则修改这个过程;若方案可行并可使用户满意,则进入下一阶段的工作。

(3)系统设计阶段。系统设计阶段的任务是:总体结构设计;代码设计;数据库/文件设计、输入/输出设计;模块结构与功能设计。与此同时,根据总体设计的要求购置与安装设备,最终给出设计方案。如果用户不满意,则反馈这个过程;如设计可行且使用户满意,则进入下一阶段工作。

(4)系统实施阶段。系统实施阶段的任务是:同时进行编程(由程序员执行)、人员培训(由系统分析设计人员培训业务人员和操作员)以及数据准备(由业务人员完成),然后投入试运行。如果有问题,则修改程序;如果用户满意,则进入下一阶段工作。

(5)系统运行阶段。系统运行阶段的任务是:同时进行系统的日常运行管理、评价、监理审计三部分工作,然后分析运行结果。如果运行结果良好,则由管理部门指导生产经营活动;如果有问题,则要对系统进行修改、维护或者是局部调整;如果出现了不可调和的大问题(这种情况一般是在系统运行若干年之后,系统运行的环境已经发生了根本的变化时出现),则用户将会进一步提出开发新系统的要求,这标志着老系统生命的结束、新系统的诞生。

4. 系统结构化开发的优缺点

结构化系统开发方法是在对传统的自发的系统开发批判的基础上,通过很多学者的不断探索和努力而建立起来的一种系统化方法。这种方法的突出优点就是强调系统开发过程的整体性和全局性,强调在整体优化的前提下考虑具体的分析设计问题。它的另一个观点是严格地区分开发阶段，强调一步一步地严格地进行系统分析和设计，每一步工作都及时总结，发现问题及时反馈和纠正。这种方法避免了开发过程的混乱状态，是一种目前广泛被采用的系统开发方法。

但是，随着时间的推移，这种开发方法也逐步暴露出很多缺点和不足。最突出的表现是它的起点太低，使用的工具（主要是手工绘制各种各样的分析设计图表）落后，这致使系统的开发周期过长，从而带来了一系列的问题，如在漫长的开发周期中，原来所了解的情况可能发生较多的变化等。另外，这种方法要求系统开发者在调查中充分掌握用户需求、管理状况以及预见可能发生的变化，这不大符合人们循序渐进地认识事物的规律，在实际工作中实施有一定的困难。

（三）原型法

原型法是 20 世纪 80 年代随着计算机软件技术的发展，特别是在关系数据库系统（Relational Data Base System，RDBS）、第四代程序生成语言（4th Generation Language System，4GLS）和各种系统开发生成环境产生的基础之上，提出的一种从设计思想到工具、手段都全新的系统开发方法。与前面的结构化方法相比，原型法抛弃了那种一步步周密细致地调查分析，然后整理出文字档案，最后让用户看到结果的繁琐做法。原型法在一开始就凭借着系统开发人员对用户要求的理解，在强有力的软件环境支持下，创造一个实实在在的系统原型，然后与用户反复协商修改，最终形成实际系统。

1. 原型法的工作流程

首先用户提出开发要求，开发人员识别和归纳用户要求，根据识别、归纳的结果，构造出一个原型（即程序模块），然后同用户一道评价这个原型。如果用户不认可，则重新构造原型；如果用户不满意，则修改原型，直到用户满意为止。这就是原型法工作流程。

2. 原型法的特点

原型法从原理到流程都十分简单，其特点如下。

（1）从认识的角度来看，原型法更多地遵循了人们认识事物的规律，因而更容易为人们所普遍接受，这主要是因为人们对任何事物都不可能一下子就完全了解，并把工作做得尽善尽美，认识和学习的过程都是循序渐进的；人们对于事物的描述往往会受环境的启发而不断丰富；人们批评一个已有的事物，要比空洞地描述自己的设想容易得多，改进一些事物要比创造一些事物容易得多。

（2）原型法将模拟的手段引入系统分析的初级阶段，沟通了人们的思想，缩短了用户与系统分析人员之间的距离，解决了结构化方法中最难解决的一环。这主要表现在以下几方面：所有问题的讨论都是围绕某一个确定原型而进行的，彼此之间不存在误解和答非所问的可能性，为准确认识问题创造了条件；只有有了原型，人们才能对原来想不起来、很难发掘或不易准确描述的问题进行比较确切的描述；能够及早地暴露出系统实现后存在的问题，这促使人们在系统实现之前就考虑如何解决问题。

（3）由于充分利用了最新的软件工具，摆脱了老一套的工作方法，系统开发的时间、费用大大减少了,效率、技术等都大大提高了。

3. 软件支持环境

原型法有很多长处,有很大的推广价值,但它必须要有强有力的软件支持作为背景,没有这个背景,它将变得毫无价值。一般认为原型法所需要的软件支持环境主要有:一个方便灵活的关系数据库系统(RDBS);一个与 RDBS 相对应的、方便灵活的数据字典,具有存储所有实体的功能;一套与 RDBS 相对应的快速查询系统,支持任意非过程化的(即交互定义方式)组合条件的查询;一套高级的软件工具(如 4GLS 或信息系统开发生成环境等),用以支持结构化程序,并且允许采用交互的方式迅速地进行书写和维护,产生任意程序语言的模块(即原型);一个非过程化的报告和屏幕生成器,允许设计人员详细定义报告或通过屏幕输出样本。

(四)物流信息系统开发方式

对物流企业来说,物流信息系统的开发的结果是拥有业务处理的软件平台并投入使用,系统开发的核心工作是软件的开发。软件开发方式有自行独立开发、委托开发、联合开发、购买成熟的商品化软件等。物流公司应根据自己物流业务具体情况,采用适合自己的开发方式。

1. 自行独立开发方式

具备下列条件的物流公司可以考虑选择自行独立开发方式:公司拥有物流信息系统分析、设计、系统维护使用人员,时间、资金充足。这种开发方式的优点主要是开发的系统完全适合本企业的业务流程,物流公司拥有系统源代码,对系统的升级和维护方便,虽然开发软件本身的费用看起来不是很高,但最终成本一般比购买的软件的成本要高。缺点是由于不是专业开发队伍,开发的系统一般不具备通用性,开发时间长,在开发人员调动后,系统维护没有保证等。

2. 委托开发方式

委托开发方式适合于物流企业资金较为充足的情况。假若物流企业没有比较优秀的物流信息系统分析、设计人员和软件开发技术人员,但想拥有系统的源代码,方便未来的维护,在这种情况下,物流企业可以选择委托开发方式。被委托方是专业的计算机软件设计公司或研究机构、高校等。该方式的缺点是开发费用高,委托开发的价格比商品软件贵,系统维护需要系统开发公司的长期支持。

3. 联合开发方式

联合开发方式适合的条件是,公司期望通过物流信息系统的开发,建立开发技术队伍,以便公司未来的系统维护升级,并且物流公司具备相关的物流信息系统分析、设计、系统维护使用人员,资金、时间充足。这种开发方式的优点是合作双方共享开发的源代码,便于系统未来的维护,还可以培养物流公司的技术开发队伍,比委托开发方式节约资金。缺点是在开发过程中,合作开发的双方要及时协调与沟通,以便达成共识,否则双方在合作中易出现沟通不畅的问题。

4. 购买成熟的商品化软件方式

大型物流公司业务流程繁杂、业务类型多,对购买成熟商品化软件应当慎重考虑。这种方式比较适合我国的中小型物流公司。如果有合适的软件,购买软件是综合成本最低、最省事的一种开发方式。购买成熟商品化软件的缺点主要有:一是购买到完全适合的物流信息系统软件很难,购买的物流信息系统不一定完全适合物流公司自身的业务要求;二是随着应用的深入、使用功能的逐渐增多,物流公司可能会相继发现物流信息系统有一些问题,但想升级维护却是不易的。因此,在购买成熟商品化软件时最重要的是,所购买的软件应与公司的业务流程一致,或者公司提前就要对业务流程进行再造,提高公司的管理水平,规范公司的管理。

综上所述,各物流企业都要根据企业自身的业务、技术人员和资金状况等来选择适合自身的开发方式,以提高物流企业工作效率,增强自身的竞争力。

任务实训 7-1

物流信息系统认知

一、实训目的

1. 能自主学习物流信息管理的相关知识。
2. 熟知物流信息系统的架构和功能。
3. 初步具备使用条形码技术、POS 系统、RFID 技术等进行信息处理的能力。
4. 能够提高应用计算机知识解决物流信息问题的能力。
5. 通过小组合作完成任务,学生应了解培养其处理问题的方式方法,提高团队协作能力和沟通能力。

二、实训基本内容

1. 了解实习企业的物流信息技术的使用情况,主要包括条形码技术、POS 系统、RFID 技术三个模块。
2. 了解企业各个部门使用的管理信息系统的情况、管理信息系统的功能以及大致流程。

三、实训步骤

教师讲解操作过程,提出本模块上机操作的要求,教师带领学生进行各模块操作(1 学时);学生进行各模块操作练习,教师解答学生练习中问题(1 学时);学生完成实训报告,教师总结学生的实训情况(1 学时)。

四、要求和注意事项

1. 学生按计划进入实训室进行模拟实训,要求遵守实训室管理规定。
2. 学生按设备数量和班级人数分组,服从安排。
3. 在实训过程中,学生应按指导教师提示的步骤,循序进行各项目的操作。
4. 在实训结束后,学生对模拟操作进行总结,写实训报告,报告应包括如下内容:
(1)实训的目的和要求;
(2)实训的步骤;

(3)本次实训所获得的主要收获和体会。

五、实训成绩考核及评定标准

1.实训报告应符合实训教学的要求,并得到指导教师认可。

2.指导教师对每份实训报告进行审阅、评分。

3.根据软件系统的测评分数并结合实训报告的得分情况给出学生的实训成绩。

4.该实训课程内容是对理论教学内容的应用与验证,实训课程的成绩记入课程平时成绩,占总成绩的30%。

任务二 典型物流管理信息系统认知

任务目标

1.掌握第三方物流仓储管理的业务流程

2.了解仓储管理信息系统的开发方法

3.了解运输管理信息系统功能

4.了解第三方物流运输管理的关键业务流程

5.初步具备使用仓储管理系统和物流运输管理系统进行信息处理的能力

一、物流仓储管理系统

(一)第三方物流仓储管理的业务流程

仓储业务流程是指以保管活动为中心,从仓库接受商品入库开始,到按需要把商品全部完好地发送出去的全部过程。

仓储业务流程主要由入库、在库、出库三个阶段组成。按作业顺序来看,流程还可以详细分为接运、验收、入库保管保养、库存控制、货物出库、出库发运六个环节。图7-1、7-2、7-3分别表示了仓储管理三个环节的业务流程。

1.入库作业

入库作业管理所有与入库相关的信息、作业及资料的处理,主要包括入库作业规划、入库数据处理、入库资料维护、退货处理、越仓作业处理。

(1)入库作业规划。针对每一产品的特性,仓库预先规划储区,以便使系统能对产品及储位作有效的管理。

(2)入库数据处理。根据预设的条件,可由系统自动产生上架储位,或由使用者自行用手动方式处理产生储位。

(3)入库资料维护。货品入库、上架有异常状况发生时,如产品储位、数量及状态发生变化等,对入库资料进行维护。

(4)退货处理。根据进货的来源进行退货。

(5)越仓作业处理。由系统产生越仓单,仓库将货物移至越仓区。

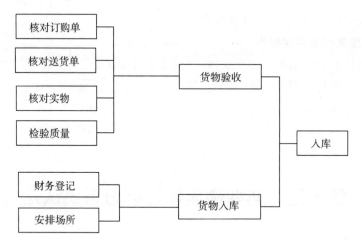

图 7-3　入库作业

2. 在库作业

在库作业管理所有与库存有关的信息、作业及资料的处理,主要包括盘点作业、库存控制、物料 ABC 分析、储位管理、存取管理、补货管理。

(1)盘点作业。仓库可根据物料保管情况,产生仓库的盘点单,实地定时、机动盘点,根据盘点表,及时发现呆料。

(2)库存控制。在库存管理中,若盘点作业发生异常状况,则在本功能中作修改、调整,并记录修改原因、情况,可依状况进行产品余额查询,调整存货移动报表、存货状态报表、存货账期分析、产品存货报表、储位存货报表。

(3)物料 ABC 分析。根据产品的零售价格或采购价格移动频率来作 ABC 分析。

(4)储位管理。系统根据不同仓区及储区来建立储位及维护储位状态。

(5)存取管理。系统提供将特定客户产品的部分或全部由某一特定储位转移至另一指定的储位,并产生储位转移单,以作为日后查询的依据。

(6)补货管理。依据产品所设定的安全库存量,定期定量进行补货处理,即将补货资料与采购管理工作结合起来确定建议采购数量。

库存管理还包括安全库存的设置,对于特定的客户企业,仓库要与客户企业协商进行安全库存的联合管理,另外,目前比较流行的是 VMI 管理方法,系统的库存管理要与 VMI 管理建立良好的衔接。

3. 出库作业

出库作业管理所有与出库有关的信息、作业及资料的处理,主要包括出库作业规划、出库数据处理、出库资料维护、出库处理。

(1)出库作业规划。针对每一笔订单资料预先选配好需要出库的物料,以便使系统预先对储位作有效的管理。

(2)出库数据处理。根据预设的条件可由系统自动空出下架储位,或由使用者自行用手动方式空出储位。

(3)出库资料维护。货品出库、下架,有异常状况发生时对出库资料进行维护,如物料规格、数量及状态变更等。

(4)出库处理。根据生产的实际情况,进行出库的管理。

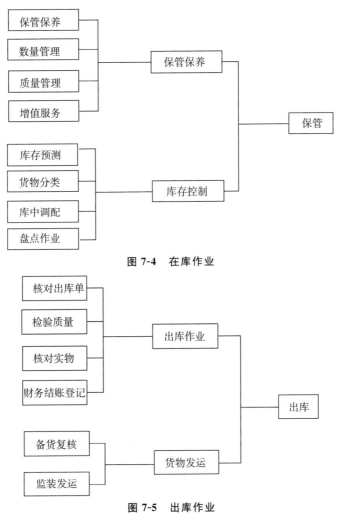

图 7-4　在库作业

图 7-5　出库作业

(二)仓储管理信息系统的建设原则与需求分析

通过对第三方物流仓储管理的业务流程的分析,我们对仓储管理的具体业务,物流信息来源、流向及处理方式等有了初步的认识。仓储管理信息系统是第三方物流的中枢神经,它的任务是实时掌握第三方物流的货物流动的状态,并在供应链上的对货物库存及质量进行有效的管理,从而使得整条供应链上的货物流动顺畅。仓储管理信息系统的建设应确立以下目标。

1. 基础功能完备

系统适用范围广泛,第三方物流仓储管理客户的业务流程可以基本实现。

2. 具有与外部系统良好协作的能力

通过对结构文件的规范化定义，仓储管理信息系统可以与其他系统进行数据交换。

3. 系统功能具有实用性

系统不仅具有仓储管理的能力，还可以实现目前流行的 VMI 功能。

（三）仓储管理信息系统的开发方法

为保证系统的开发质量、降低开发成本以及提高开发的成功率，开发者必须采用正确的开发策略和科学的开发方法。开发管理信息系统的方法有很多，目前主要采用生命周期法、原型法和面向对象的开发方法、计算机辅助开发方法等。

1. 生命周期法

生命周期法（Life Circle Approach）是将软件工程和系统工程的理论和方法引入信息系统的研制开发中，将信息系统的整个生存期视为一个生命周期，同时将整个生存期严格划分为若干阶段，并明确每一个阶段的任务、原则、方法、工具和形成的文档资料，分阶段、分步骤地进行信息系统开发的方法。其阶段划分如下。

（1）系统开发准备阶段。当现行系统不能适应新形势发展和工作要求时，组织管理部门将提出新的系统研制要求，对新系统的目标、功能等方面进行研究和讨论。这些讨论要力求完整、明确，以作为整个开发工作的出发点。

（2）调查研究及可行性分析阶段。开发人员经过调查研究，应全面分析现行系统的目标、界限、组织分工、业务流程、资源情况、约束条件及薄弱环节等，在此基础上与用户协商讨论，提出初步的新系统目标，进行系统开发的可行性分析，并提交可行性报告。

（3）系统分析阶段。这是新系统的逻辑设计阶段，此阶段运用系统的观点和方法，使用一系列图表工具对系统进行目标分析、需求分析和功能分析，划分子系统和功能模块，在此基础上构造出新系统的逻辑模型。这是新系统开发中的一个重要阶段。

（4）系统设计阶段。这是新系统的物理设计阶段，是根据新系统的逻辑模型来进行物理模型的设计，解决系统"怎么做"的问题。这一阶段主要包括物理系统的总体结构设计、计算机系统设计、数据通信网络设计、数据库设计、模块设计、代码设计、输入输出设计以及人机对话设计等主要内容。

（5）系统实施阶段。这一阶段主要是把系统设计阶段的工作付诸实现，进行程序的编制和调试、人员培训、系统调试与转换等工作。程序设计的依据是系统分析和系统设计阶段产生的过程结构图、系统流程图、处理流程图以及程序设计说明书。

2. 原型法

适用于开发分析层面难度大，技术层面不大的系统。与生命周期法相比，原型法具有很多优点，如有利于对问题的分析和认识，方便与用户的沟通以及提高开发效率、降低风险等。不足之处表现在：原型法没有生命周期法成熟，不如生命周期法便于控制和管理。

3. 面向对象的开发方法

面向对象的开发方法（Object Oriented，简称 OO 方法）是从 20 世纪 80 年代，各种面向对象的程序设计方法逐步发展而来的,它从面向对象的角度为人们认识事物和开发系统提供了一种全新的方法。该方法认为,客观世界是由各种各样的对象组成的,每种对象都有各自的内部状态和运动规律,不同的对象之间的相互作用和联系就构成了各种不同的系统。当设计一个客观系统时,在满足需要的条件下,系统由一些不可变的部分组成。该方法的开发工作分为系统调查和需求分析、分析问题的性质和求解问题、整理问题和程序实现阶段。

面向对象的开发方法优点:该方法以对象为基础,利用特定的软件工具直接完成从对象客体的描述到软件结构之间的转换。该方法的应用解决了传统结构化开发方法中客观世界描述工具与软件结构的不一致性问题,缩短了开发周期,简化了从分析、设计到软件模块结构之间多次转换映射的繁杂流程。

面向对象的开发方法缺点:该方法需要一定的软件基础支持,是一种自底向上开发系统的方法,在大型信息系统开发中可能会产生系统结构不合理、各部门关系失调等问题。

4. 计算机辅助开发方法

计算机辅助开发方法(Computer Aided Software Engineering,CASE)是在 20 世纪 80 年代后期提出并发展起来的。其基本思路是:在前面所介绍的任何一种系统开发方法中,如果自对象系统调查后,系统开发过程中的每一步都可以在一定程度上形成对应关系,那么完全可以借助于专门研制的软件工程来实现一个一个的系统开发过程。系统开发过程中的对应关系包括:结构化方法中的业务流程分析→数据流程分析→功能模块设计→程序实现;业务功能一览表→数据分析、指标体系→数据/过程分析→数据分布和数据库设计→数据库系统等;将面向对象的开发方法中的问题抽象→属性、结构和方法定义→对象分类→确定范式→程序实现等。

计算机辅助开发方法特点如下。

(1)一般 CASE 工具只能在特定的一个或几个操作系统环境中运行,不同的 CASE 工具所支持的系统规模也不一样。

(2)CASE 工具是在系统开发周期的不同阶段产生的,根据所支持的不同开发阶段,它可分为上游 CASE 工具和下游 CASE 工具。当前,CASE 工具正朝着集成化方向发展,但尚未成熟。

(3)每种开发方法都有相应的 CASE 工具支持,CASE 的环境应用必须依赖于具体的开发方法,一个具体的 CASE 工具能且只能支持一种开发方法。

(4)CASE 方法只是一种辅助的开发方法,为开发人员进行系统开发提供支持。但是,CASE 方法本身并不能作为一种独立的开发方法。

5. 上述各种开发方法的比较

生命周期法是国内外信息系统开发中最常用的方法。

原型法是一种基于 4GL 的快速模拟方法。它通过模拟及对模拟后原型的不断讨论和修改最终建立系统。要想将这样一种方法应用于一个大型信息系统开发过程中的所有环节根本是不可能的,它多用于小型局部系统或处理过程比较简单系统的设计到实现环节。

面向对象方法是一种围绕对象来进行系统分析和系统设计,然后用面向对象的工具建立系统的方法。这种方法普遍适用于各类信息系统开发,但是它不涉及系统分析前的环节。

CASE 方法是一种通过系统调查全面支持系统开发过程的方法,同时也是一种自动化(准确地说应该是半自动化)的系统开发方法。因此,从方法学的特点来看,它具有前面所述方法的各种特点,同时又具有自身的独特之处,即高度自动化。

通过对信息系统开发方法进行比较和综合分析,第三方物流仓储管理信息系统的开发适合将原型法与生命周期法有机结合起来,取长补短。具体来说:在系统的规划和分析阶段采用生命周期法来确定系统的总体目标和主要功能,而在系统的具体实现中,则采用原型法。

物流管理信息系统分析是物流信息系统开发过程中很重要的一步,也是关键性的一步,只有通过系统分析才能把系统功能和性能的总体概念描述为具体的系统需求说明,从而为系统开发奠定基础。

二、物流运输管理系统

(一)运输管理信息系统功能

运输管理信息系统的设计思想就在于对物流过程中的信息进行管理并进行存储、汇总、分析,从而得到物流企业及顾客所需要的经提炼的信息,为物流企业及顾客的生产经营服务。要达到这一目的,信息系统的设计就必须做到对实时的业务进行监控,跟进掌握指令的完成情况,并及时对统计数据进行分析,并与历史数据进行比较,进行适当的决策。对用户来讲,信息系统的设计要做到对相关静态信息的管理,包括产品、合同管理等,对货物进行全程跟踪,对数据进行及时统计、汇总和生成台账等。

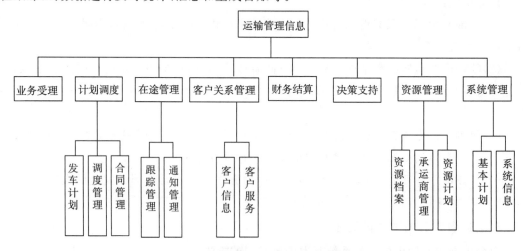

图 7-6 运输管理信息系统功能模块图

根据系统的业务需求设计,运输管理信息系统的功能模块结构如图 7-6 所示,主要由八大功能模块组成,包括:业务受理、计划调度、在途管理、客户关系管理、财务结算、决策支持、资源管理及系统管理,系统的功能可进一步添加,如发车计划、资源档案等。

(二)运输管理关键业务流程

第三方物流公司接到订单后,进行以下工作:检查订单的全部有效性,确认订单的完全性、收货受理、车辆调度、运输管理、入库管理、仓储管理及配送、财务结算等。

第三方物流运输作业的全过程,一般可分为三个阶段,即业务受理、调度、过程管理/查询。这三个阶段又分为七个环节:业务受理、车辆调度、资源管理、运输过程管理、客户服务、财务结算及决策支持等。

1. 业务受理

客户可通过三种方式来委托进行运输业务:直接受理、电话/传真及 Internet 方式。其中 Internet 方式又可分为三种:一种是通过邮件方式联系,另一种是通过企业门户网站递交,还有一种是直接与客户的供应链系统相连,通过电子数据交换来进行委托。托单输入后,通过管理部门的审核及价格谈判后,企业与客户签订合同,对于长期合作的客户,合同可在网上确认。合同确认后,收货的方式有两种:一种是派车上门取货;另一种是客户自己送货。货物验收内容主要有货主、货物名称、货物规格、货物等级、包装质量、接收数量、破损数量、搁置数量、货物重量、货物体积等信息。货物验收合格后入库。企业与客户签订的每一个项目都是一个托单,一个车辆可有多个托单,一个托单也可由多个车辆来运输,托单的管理应贯穿物流的整个流程。

2. 调度

在接到运输指令后,首先查询运输资源,这里的运输资源包括自有车辆、挂靠车辆及租用车辆,还包括公司的在途经过车辆的空置资源;根据运输资源进行配载方案的选择,此部分工作可由软件对预先输入的车型及货物数据进行自动匹配,部分可用手工进行调整,配载按经济性原则考虑,如顾客有特殊要求,系统按客户的个性化需求来设置;从运输成本及效率来考虑进行线路的优化选择;对自有车辆及挂靠车辆生成派车指令,对租用车辆生成运输合同;系统根据相关信息自动生成发车计划,并将此计划动态反馈到资源数据库;组织车辆进行提货受理及上门送货受理。

3. 过程管理/查询

货物装车后,调度中心可对装有 GPS/GIS 的车辆进行实时跟踪管理,对未装有定位软件的车辆,可要求司机定时向调度中心报告所处地理位置,并将结果反馈到企业门户网站。在车辆发运后,系统自动向收货方或仓库发出入库信息,以便做好相应的入库准备工作。在入库后,入库信息会自动反映在网上及财务结算系统中。

系统对相关客户进行授权,提供客户远程信息查询的服务。经授权的客户可以通过互联网访问系统的网站入口,查询数据信息。客户管理模块中最重要的是客户关系管理。通过客户每月与企业之间的交易情况,企业对每个客户的信息进行汇总。客户对于以往的业务交易也有所掌握。对于运输过程中出现的质量问题,客户可通过互联网进行投诉,由专门的部门进行处理,以避免隐瞒及漏报的情况,同时,管理层也会采取相应的措施来加以改进。反馈的结果会及时反映给客户。

（三）物流运输管理系统规划和设计的主要步骤

在物流运输管理系统中可以实现的功能主要有订单管理、业务管理、仓库台账管理、人车分配、车辆技术管理以及财务统计等。由此可以真正实现在网上进行实时信息查询工作，客户可以随时关注货物的基本状态，对运输过程全面把握，从而有助于后续计划实施。整个系统涵盖的模块包括系统的管理、基础材料的管理、货物运输业务的跟踪管理、费用的管理等，同时还能实现跟踪查询统计功能。通过上述管理功能，企业可以完成对客户的信息统计、回访以及对整个流程等进行登记管理的工作。

1. 需求分析

最开始实现的就是需求分析。有关运输管理系统的需求分析工作可以理解如下，对系统管理员、系统用户进行管理，对数据库中所包含的信息进行管理，同时生成报表，对后续计划开展测评等工作。在整个过程中，系统充当的角色主要有系统的管理人员、系统的操作人员、财务人员、业务人员等。

2. 系统分析

在大部分情况下，我们可以将完整的系统看作由差异性对象构成的一个系统，通过不同对象之间存在的某种联系分析系统内部不同成分间的静态构成是如何的。在这一阶段中，需要考察的是最终想要实现的功能是怎样的，通过UML这种建模语言对整个系统特点进行评价与描述，所需要表达的内容就是有关内部静态结构与其他类别之间的关系。在整个系统中，运输管理系统功能的模块构成是比较复杂的。同时，车辆与驾驶员之间存在的联系也并不是很容易理解，驾驶员同运输车队之间的关系是一种聘用关系。同一个车队可以根据需要聘用多名司机，但是司机却只能应聘一个车队。

3. 系统设计

在完成基本的需求分析与领域分析工作之后，就正式进入设计阶段。整个过程应用的都是顺序图与合作图，并且需要在其中创建系统的行为模型以备后续使用。其中，顺序图是通过时间层面进行对象的描述工作的，而合作图是通过对对象的描述实现交互工作的，需要强调的一点是，若合作图侧重的为事件，这就说明合作图并没有在时间上投入过多。在合作图的操作中，首先要完成操作人员登录工作，录入用户名与密码完成身份验证，随后进入业务的管理工作，打开发送单编辑窗口，在其中录入发送单货物的相关明细，之后选择运输对象，其中包括货运站、目的地和承运方等关键数据信息。

4. 实现

系统在最终实现过程中需要有配置图与构件图。构件图所代表的就是代码本身所隐含的逻辑结构模式，配置图能够表示的就是系统最终运行过程中所反应的时刻结构。与构件图相比较，在配置图中，有一部分底层网络及节点结构并没有得到显示，这就导致最终没有办法完整地体现物流的连接形式，此时可以更加抽象地从系统设计角度对不同的模块予以考察。

（四）国内物流运输管理信息系统的发展现状和趋势

1. 国内物流运输管理信息系统与国际先进水平的差距

（1）企业信息化投入少，结构不合理，应用水平低。

从信息化投资结构上看，现阶段我国企业信息化建设投入中存在"重建设、轻维护更新""重硬件、轻软件""重网络、轻资源""重技术、轻管理"等误区。

（2）政府引导和整体规划不足。

目前各地政府对本地区物流信息化的整体规划水平发展不均衡，有些地区甚至没有规划。

（3）物流信息化标准建设有待加强。

物流信息标准化是现代物流业发展的基础，企业对实现物流信息管理与信息交换标准化的要求越来越迫切。物流信息化标准是促进我国物流业尽快实现信息化、网络化、自动化的前提和推动力。

2. 运输管理信息系统的发展趋势

（1）公共物流信息平台的建设将会得到迅速的发展。

由于互联网的发展及物流信息技术的成熟，物流信息平台的建议已经成为物流行业发展的一大趋势。通过网络，不同地区的物流企业连接在一起，远程进行业内信息发布和业务数据传输；系统通过网络将各地的订单汇总起来，由信息平台根据物流资源统一调控，通过规模物流，做到以最低的成本为客户提供最好的服务；对于不具备全面开展信息化的小企业，通过会员注册可以加入物流信息平台，以低成本开展网上业务，共享物流业内信息，拓宽业务范围。

（2）运输管理信息系统的集成度会越来越高，不仅要求实现各种技术的集成，还要求注重实现多系统之间对接。

射频技术、卫星定位技术、物流仿真技术等在物流领域得到广泛应用。同时，物流运输管理信息系统正逐渐向供应链全过程演进，更加注重与其他系统（如仓储管理系统、配送管理系统等）及其他环节（如 ERP、MRP 等）的信息系统的整合，从而实现物流的全过程控制。

（3）运输管理信息系统的开放性及扩展性日益增强。

企业将必须寻找战略合作伙伴，通过联盟的力量获得竞争优势，越来越多的货主将自己的软件和 IT 系统与第三方物流集成使用，这将对物流信息系统的开放性及扩展性要求越来越高。

（4）运输管理信息系统将更好地支持在线服务，也越来越重视系统的安全性与可靠性。

在物流过程中，信息的流动是跨企业进行的，物流系统必须实现跨地区的信息实时传输、远程数据访问、数据分布处理和集中处理的结合。这对物流运输管理信息系统的安全性、可靠性提出了更高的要求。

（5）移动信息技术的发展带动系统的变化。

在物流运输管理信息系统中，移动信息技术的发展将日益成熟，快速定位、实时导航、简单指令、精密授时将逐渐成为现实。

(6)强调对决策的支持作用。

物流运输管理信息系统越来越注重费用环节,强调成本分析,增强预测分析、决策支持功能。物流是企业的第三利润源,降低成本是物流运作的首要目标。完善的、强大的成本分析、控制是物流信息系统必不可少的功能。

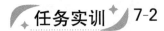

任务实训 7-2

配送系统认知与操作

一、实训目标

1. 通过先进的设备设施和专业软件训练平台,学生应了解、掌握物流配送相关操作的具体流程,提升相关综合技能和基本素养。

2. 熟知物流配送系统的架构和功能。

3. 初步具备使用物流配送系统进行信息处理的能力。

4. 学生通过小组合作完成任务,掌握处理问题的方式方法,提高团队协作能力和沟通能力。

二、实训基本内容

实训项目	工作任务	职业能力(实训技能要求)	课时
网点作业	(一)要货管理	1.要货单据:替网点处理要货数据 2.要货单据查询:查询门店网点传来的要货单,并进行分拣作业	2课时
	(二)配送管理	1.配送单据:统一配货或门店信息无法上传时使用 2.分拣线路图:用于仓库洞口的分拣 3.配送单据查询:查询、编辑、修改、审核、红冲、打印配送单	
出库管理	(一)出库单据	出库单据:手工制作出库单	1课时
	(二)出库单据查询	查询所有的出库单据,对手工做的出库单据进行编辑、审核、红冲、打印等作业	

三、实训步骤

教师讲解操作过程,提出上机操作的要求,教师带领学生进行各模块操作(1学时);学生进行各模块操作练习,教师解答学生练习中的问题(1学时);学生完成实训报告,教师总结学生的实训情况(1学时)。

四、要求和注意事项

1.学生按计划进入实训室进行模拟实训,遵守实训室管理规定。

2.学生按设备数量和班级人数分组,服从安排。

3.在实训过程中,学生应按指导教师提示的步骤,进行各项目的操作。

4.在实训结束后,学生对模拟操作进行总结,写实训报告,报告应包括如下内容:

(1)实训的目的和要求；

(2)实训的步骤；

(3)本次实训所获得的主要收获和体会。

五、实训成绩考核及评定标准

1. 实训报告应符合实训教学的要求，并得到指导教师认可。

2. 指导教师对每份实训报告进行审阅、评分。

3. 根据软件系统的测评分数并结合实训报告的得分情况给出学生的实训成绩。

4. 该实训课程内容是对理论教学内容的应用与验证，实训课程的成绩记入课程平时成绩，占总成绩的30%。

任务三 自动化无人物流系统

任务目标

1. 了解自动化仓库的组成、功能和类型

2. 了解自动化仓库的关键技术

3. 了解自动导向车系统(AGVS)的技术组成

4. 了解 AGV 类型及应用

5. 了解基于 WEB 的物流配送系统的结构设计

一、自动化无人仓库系统

自动化仓库，简称高架仓库，一般是指使用几层、十几层乃至几十层高的货架用于储存单元货物，并用相应的自动化技术与搬运设备进行货物出入库作业的仓库。因为这类仓库能充分利用空间储存货物，所以它又被称为立体仓库。它是物流的重要组成部分，应用范围十分广，几乎遍布所有行业。在我国，已经应用自动化仓库的领域包括机械、冶金、化工、航空航天、医药、食品加工、印刷等。

自动化仓库的产生和发展是生产和技术发展的结果。在 20 世纪 50 年代初，美国出现了采用"桥式"堆垛起重机的半自动化仓库。20 世纪 50 年代末 60 年代初，美国出现了"巷道式"堆垛起重机半自动化仓库。1963 年，美国在半自动化仓库中采用计算机控制技术，建立了全球第一座计算机控制的自动化仓库。此后，自动化仓库在美国及欧洲得到迅速发展。20 世纪 60 年代中期，日本开始兴建自动化仓库，并且发展迅速。我国也在很早以前就开始了对自动化仓库及物料搬运设备的研制。1963 年，北京起重运输机械设计研究院就研制出了第一台"桥式"堆垛起重机；1973 年，开始研制我国第一座由计算机控制的自动化仓库(高为15米)，于 1980 年完工并投入运行。截止到 2020 年，我国自动化仓库数量超过了6000 座。

（一）自动化仓库的组成和功能

自动化仓库具有很高的空间利用率和很强的出入库能力，由于它具备应用计算机控制管理和企业现代化管理等特点，已成为企业物流和生产管理中不可或缺的仓储技术，并越来越受到企业的重视。

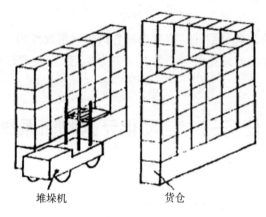

图 7-8　自动化仓库的组成

我们首先分析一下自动化仓库的组成和功能。

1. 自动化仓库的组成

自动化仓库基本上是由以下几个部分组成。

(1)高层货架。立体货架可实现货物存储功能，充分利用立体空间，并起到支撑堆垛机的作用。根据货物承载单元的不同，立体货架又分为托盘货架系统和周转箱货架系统。

(2)托盘（货箱）。托盘用于承载货物的器具，亦称为工位器具。

(3)巷道堆垛机。巷道堆垛机是用于自动存取货物的设备。按结构形式，它可分为单立柱和双立柱两种基本形式；按服务方式，它可分为直道、弯道和转移车三种基本形式。

(4)输送机系统。该系统为自动化仓库的主要外围设备，用于将货物运送到堆垛机或从堆垛机上将货物移走。输送机品种很多，常见的有辊道输送机、链条输送机、升降台、分配车、提升机及带式输送机等。

(5)AGV（自动导向小车）系统。根据导向方式，它可分为感应式导向小车和激光导向小车。AGV用于驱动自动化仓库里的各种设备，当前的控制模式发展是以采用现场总线方式为主。

(6)库存信息管理系统。此系统亦称为中央计算机管理系统，是自动化仓库系统的核心。目前典型的自动化仓库系统均采用大型的数据库系统，如 Oracle、Sybase 等，构筑典型的客户机/服务器体系，并可以与其他系统，如 ERP 系统等联网或集成。

2. 自动化仓库的功能

与传统的货物仓库相比，自动化仓库具有许多突出的功能，主要包括以下四个方面。

(1)大大提高了空间利用率。早期半自动化仓库构想的基本出发点是提高空间利用率，充分节约有限且昂贵的土地。如今提高空间利用率的观点已有更广泛、深刻的含义,节约土地已与节约能源、环境保护等更多方面联系起来,空间利用率甚至可作为考核仓库系统合理性和先进性的重要指标。仓库空间利用率与规划应紧密相连,一般来说,自动化仓库的空间利用率为普通货物仓库的2~5倍。

(2)应用了先进物流系统,优化了企业生产管理。传统的仓库只是货物的储存场所,保存货物是唯一的功能,属于静态储存;而自动化仓库采用先进的自动化物料搬运设备,不仅能使货物在仓库内按需要自动存取,还可以与仓库以外的生产环节进行有机连接,通过计算机管理系统和自动化物料搬运设备使仓库成为企业生产的重要环节。建立物流系统与企业生产管理系统间的实时连接是目前自动化仓库发展的一个明显技术趋势。现代化企业对管理提出了更高的要求,"从管理中出效益"的思维方式已成为大多数现代企业管理者的共识。生产管理是企业管理的一个重要组成部分,它包括产品规划、生产组织、物流规划、产品质量管理和成本测算等内容,自动化仓库系统作为生产过程的中心环节,几乎参与了生产管理的全过程。

(3)加快了货物存取速度,减轻了劳动强度,提高了生产效率。建立以自动化仓库为中心的物流系统,优越性还表现在自动化仓库具有快速的出入库能力,可以将货物妥善地存入自动化仓库,并自动地将生产所需零部件和原材料快速、及时地送达生产线。同时,自动化仓库系统减轻了工人综合劳动强度,具体体现为:采用自动巷道堆垛机取代人工存放货物和人工取货,既快捷又省力,人员不必进入仓库内工作,作业环境大为改善;采用计算机管理系统对货物进行管理,使仓库管理科学化,准确性和可靠性提高,出入库管理、盘库和报表等工作变得简单快捷,工人劳动强度大大降低;辅助输送设备使出入库变得简单方便,并大大提高了生产效率;自动化仓库系统所需要的操作人员和系统维护人员很少,这既节省了人力物力,又节约了资金。

(4)减少了库存资金积压。通过对一些大型企业的调查了解到,由于管理手段落后,一些企业为了达到预期的生产目标和满足生产要求,必须准备充足的原材料和零部件,但是这样将造成库存大量积压。如何减少库存资金积压并充分满足生产需要,已成为大型企业共同面对的严峻问题,而建立自动化仓库系统正是解决该问题的有效手段之一。

以自动化仓库为中心的物流系统解决了生产各环节的流通问题和供求矛盾,使原材料供给与零部件的生产数量和所需的数量可以达到最佳平衡状态。计算机网络系统的建立使原材料、零部件和外购件采购、供应更及时,更好地满足实际生产需要;计算机管理系统的建立提高了企业宏观调控能力,使生产量更能满足实际需要;成品库和半成品库的建立可以解决市场供需的暂时不一致问题,充分发挥企业的生产潜力。

综上所述,建立自动化仓库系统是实现现代化企业集约化大规模生产、满足生产过程各环节紧密连接、生产管理及决策科学化的有力措施之一。由于采用计算机管理和网络技术,自动化仓库技术能使企业管理决策层宏观快速地掌握各种物资信息,使工程技术人员和生产技术人员及时了解库存信息,使基层生产管理人员合理安排生产任务、提高生产效率。自动化仓库技术的应用将会成为物流业发展的又一个里程碑。

3. 自动化仓库的类型

表 7-1　自动化仓库的类型

分类标准	具体分类
按建筑形式分	整体式和分离式
按库房高度分	高层(12米以上)、中层(5~12米)、低层(5米以下)
按库房容量分	大型(5000托盘以上)、中型(2000~5000托盘)、小型(2000托盘以下)
按控制方法分	手动控制、自动控制和遥控
按货物存取形式分	单元货架式、移动货架式和拣选货架式
按货架构造形式分	单元货架式、贯通式、水平循环式、垂直循环式
按所起的作用分	生产性仓库和流通性仓库
按与生产连接的紧密程度分	独立型、半紧密型和紧密型仓库

(二)自动化仓库的关键技术

自动化仓库能够正常地运作,除了必须具备前文所讲述的组成部分以外,它还必须具有以下五种关键的技术。

1. 自动化仓库的自动寻址技术

自动寻址是指自动寻找存放、提取货物的位置。计算机控制的自动化仓库必须具有自动寻址的功能。当自动化仓库接收到上级管理机的存取指令和存取地址后,相应的存取设备立即向指定的目标货位运行。自动寻址包括自动认址技术,通常分为绝对认址和相对认址两种。绝对认址是指为每一个货位制定一个绝对代码,为此需要为每个货位制作一个专门的认址片。显然,绝对认址方法可靠性高,但制作复杂,控制程序的设计也十分复杂。相对认址使用的货位认址片结构与前一种大体上相同,其操作方式是,每经过一个货位,只要进行累加就可以得到货位的相对地址。与绝对认址相比,相对认址可靠性较低,但认址片制作简单,编程也较简单。为了提高相对认址的可靠性,在技术中可以增加奇偶校验功能。

2. 系统自动识别技术

自动化仓库的货物管理基本技术是对货物进行自动识别和跟踪。自动识别是指在没有人工干预的情况下对物料流动过程中某一活动关键特性的确定。每一关键特性都与生产活动有关。在具体实现时,主要是在生产的关键部位配备自动识别装置,将每一处所获取的信息经过计算机网络系统传输,并进行统一处理,从而实现在整个生产过程中对物料的信息跟踪。在现代生产物流系统中已经广泛地采用条形码自动识别技术,这是因为条形码具有读取快、精度高、使用方便、成本低、适应性好等优点。

3. 堆垛机自动控制系统

控制系统是自动化仓库运行成功的关键。没有好的控制,系统运行就会产生高成本、低效率的结果。为了实现自动正常运转,自动化仓库内所用的各种存取设备和输送设备必须配备各种控制装置。控制系统能对搬运设备(堆垛机等)、运输设备(输送机、转轨车等)进行自动控制,是自动化仓库的核心部分之一,直接关系仓库作业的正常进行。因此,控制系统中所采用的材料、设备、传感器和元件都应采用可靠性高、寿命长、易于维护和更换的产品,以减少安全隐患。控制系统还应采取一系列自检和连锁保护措施,确保在工作人员操作错误时不发生事故。另外,控制系统还应能适应多种操作方式的需要。

4. 监控调度系统

监控系统是自动化仓库的信息枢纽,是实现自动化仓库实时控制的重要技术成分。它在整个系统中起着举足轻重的作用,负责协调系统中各个部分的运行。自动化仓库系统使用了很多运行设备,各个设备的运行任务、运行路径、运行方向等都需要由监控系统来统一调度,按照指挥系统的命令进行货物搬运活动。通过监控系统的监视画面可以直观地看到各个设备的运行情况。监控操作台可以对机械设备的位置、动作、状态、货物承载及运行故障等信息进行显示,以便操作人员对现场情况进行监视和控制,并可通过操作台上的控制开关或键盘对设备进行紧急操作。

5. 计算机管理系统

计算机管理系统是自动化仓库的指挥中心,相当于人的大脑,指挥着仓库中各个设备的运行。它主要负责整个仓库的作业管理和账目管理,另外,还承担着跟上级系统进行通信及企业信息管理系统的部分任务。计算机管理系统一般由较先进的计算机组成,有时甚至可构成计算机网络。计算机管理系统具有数据容量大、运算速度快的特点,可以处理整个仓库活动的数据。随着计算机技术的快速发展,微型计算机的功能越来越强,运算速度越来越快,在这一领域中将日益发挥重要的作用。自动化仓库管理系统的主要功能是对出入库活动进行控制,并对出入库数据进行统计分析,以让决策者尽早发现问题,采取相应措施,从而最大限度地降低库存量,加快货物流通速度,创造企业经济和社会效益。

自动化仓库中的重要、关键技术包括信息检测与识别、堆垛机自动控制、监控调度及计算机管理技术等,只有深入研究和应用这些技术,才能真正建立高性能的自动化仓库。

二、自动导向车搬运车系统

据研究,坯料和在制品的搬运管理、仓储等费用占企业生产成本的 25% 以上,流程周期占生产周期的 90% 以上,因此,提高物料的运输、存放过程的自动化程度,对于降低生产成本、缩短生产周期、加快资金周转速度和提高经济效益有着重要的意义。在生产系统中可以采用的物流技术有多种,目前较为先进的有自动化立体仓库、自动导向车、空中自动运输车技术等。

自动导向车(Automated Guided Vehicle,AGV)是一种无人驾驶运输车,它装备有电磁或光学自动导向装置,可以按照中央控制系统下达的指令,根据预先设置好的程序,沿着规定路线自动行驶和停靠任意位置,并完成一系列作业功能。AGV 具有运输效率高、节能、运作可靠、能实现柔性运输、使用灵活、无公害等许多优点,已广泛应用于许多领域,如超级市场、大型自动化仓库、医院及配送中心等,成为工业自动化的主要标志之一。

自动导向车系统(AGVS)对于工作环境具有较好的适应性,可以充分利用空间,并且系统的安装和车运行的线路更改都比较容易。AGVS的开发研究已经有较长的历史，它并不是针对柔性制造系统（FMS）而开发的，但是它所提供的物料搬运的灵活性，很好地满足了现代FMS的要求，因此，随着FMS技术的发展，AGVS技术也越来越得到人们的重视，并在柔性加工线、自动输送线、自动化仓库的物料搬运系统中得到了广泛应用。此外，作为一般用途，AGV可以广泛应用于生产车间、码头、机场、医院、商店物品的转运，也可以用在流水作业线上作为工序间可移动的装配台，尤其适用于工作人员不宜进入的场所以及对人体有害，或对工作精度有一定要求、完全靠手工或仅借助于简单的机械装置难以完成的工作场所。

AGV装备有自动导向系统，不需要人工操作就能沿预定的路线行驶，另外，车上还配有辅助物料装卸机构（如机械手、有动力或无动力的辊道、推杆、油缸和货叉等），可以与其他的物流设备自动接口，实现物料装卸和搬运全过程的自动化。

受到当时电子技术的限制，早期AGV的控制器体积较大而功能简单，实质上只是简单动力化的拖车或载货车，应用也多限于在仓库内的货物转运。现代电子和微电子技术的发展使AGV技术水平不断得到提高，现在的AGV上一般装有车载计算机，整机的复杂性和自动化程度都大大提高，应用范围也扩大了。对于包含有多台小车的AGVS，各台小车在中央控制计算机的管理下可协调地工作，并可方便地与系统中其他的自动化物流设备，如输送辊道、传送带和工位缓冲站等进行集成。

我国AGV的研制起步较晚，并且受到国内市场需求的影响而发展缓慢。国内许多物料搬运任务仍然由人工借助于简单的机械装置来完成，只有在一些自动化程度要求较高和作业环境对人体有害的场合才使用了AGV。为了适应工业发展的需要，国内许多厂家正在进行生产过程自动化的改造，从而对在自动化生产过程中起着纽带作用的AGV有越来越多的需求。

（一）AGV技术组成

由于应用范围很广，具体的使用目的和工作环境条件差别很大，AGV也有很多种不同的形式。从功能上看，各种形式的AGV都应具有以下几个子系统。

1. 驱动/导向系统

AGV的驱动系统和导向系统是密不可分的，又都跟采用的小车底盘结构形式有关。底盘结构的设计要保证AGV能在驱动/导向系统的控制下灵活自由地移动，常见的有三轮底盘单前轮驱动/转向、三轮底盘双后轮差速驱动/转向、四轮或六轮底盘中间两轮差速驱动/转向，以及采用全方位轮的四轮底盘全方位驱动等结构形式。根据不同的导向系统，AGV能自动沿着敷设在地下的导引线或地面的反光带甚至是任意指定的路线运行。

2. 通讯系统

AGVS中有多台小车同时工作，为了使各小车的工作不发生冲突（任务冲突、路线冲突等），所有小车及系统中的其他自动化物流设备都是由中央控制计算机进行统一控制的。小车需要从主控机获得下一步工作的指令，同时需要将自身当前的状态报告主控机，这些都要通过通讯系统来完成。有固定运行线路的AGV可以通过在运行线路上埋设的导线进行感应通讯,而全方位运行的 AGV 只能使用无线通讯。当干扰源较多时,通讯系统必须有较高的可靠性,以保证系统正常地工作。

3. 动力系统

AGV 是以蓄电池为动力源的。当电力不足时,AGV 能自动行驶到指定的位置充电。为了提高小车的利用率,应采取措施延长充电周期,如控制系统采用节能方法来设计、选用合适类型的蓄电池以及进行自动充电等。

4. 安全系统

AGV 常常是在人机共存的环境下工作,因此,必须对人员的安全性进行充分的考虑。车上装有红外线或超声波监测装置,当发现小车周围有障碍物时可控制小车减速或停车。另外,车架四周还设置有带机械微动开关的缓冲器,万一缓冲器撞上了障碍物仍能及时控制小车停车。由于 AGVS 是多台小车同时工作的,应避免小车之间发生碰撞。虽然前述各项措施仍然有效,但为了增强对系统交通的可控制性,一般需要在地面另外设置一些指示各段运行路线被占用情况的辅助装置。

5. 控制系统

每台 AGV 上都配置有微机(车载机),以控制 AGV 本身的动作;由数台 AGV 组成 AGVS 时,整个系统由一台微机(主机)进行监视与控制。AGVS 的主控机一方面与更上一级控制系统(如车间级控制系统)进行通讯,接受物料搬运任务并报告 AGVS 的工作情况,另外,还与各台小车进行通讯,根据具体的物料搬运任务进行规划并向各台 AGV 布置任务,同时收集各小车发回的信息以监视系统的工作情况,并相应地进行交通管理。车载机与主控机是通过通讯系统来交换信息的。因此,AGVS 的管理系统是一个复杂的软件系统。

当 AGV 需要跟系统中其他的自动化装置接口时,还需要在车上配置物料自动装卸及精确定位机构,以保证能准确地在小车和其他装置之间自动传送物料;AGV 的控制系统较为复杂,当系统出现故障时,用普通方法进行故障诊断是费时费力的,因此,AGV 上通常有故障检测装置,可以通过 LED 显示器自动指示故障原因。

显然,AGVS 是一个机电一体化的高科技集成系统,集微电子、计算机、通讯、自动控制和传感器等多种技术于一体。

(二)AGV 类型及应用

1. 根据自主程度划分,AGV 可分为智能型和普通型两类

(1)智能型 AGV。

每台小车的控制系统中通过编程都存有全部运行路线和线路区段控制(即交通管理)的信息,小车只需知道目的地和到达目的地后要完成的任务就可以自动选择最优线路完成指定的任务。在这种方式下,AGVS 使用的主控机可以比较简单。主控机与各台小车之间通过无线电或导引线进行连续通讯,控制系统可以实时监视所有小车的工作和运行位置。即使通讯中断,AGV 仍能以多种降格的方式工作。一般用 30 台以内的 AGV 构成的系统,多数采用这种控制方式工作。

(2)普通型AGV。

小车的控制系统一般比较简单,本身的所有功能、路线规划和区段控制都由主控机进行控制。因此,此类系统的主控机必须有很强的处理能力。小车每隔一段距离通过地面通讯站与主控机交换数据,当主控机出现故障时,小车只能终止工作。此类AGV一般用来组成包含50～200台小车的AGVS。

从扩充系统的角度看,不论是简单地增加AGV数量,还是改变车间的路线布置,智能型AGVS都较普通型AGVS操作简单。

2. 从用途和结构形式来分,AGV主要有以下几种

(1)承载型AGV。这是最为通用的一种AGV形式,具有双向运行能力,通常配有适当的物料装卸机构,易于与其他自动化设备接口,可方便地实现物料搬运全过程的自动化。最大载重量一般为1800～2700千克,对运行巷道的宽度要求较低,运行速度限制在60米/分钟内。一般应用于搬运线路不长、物料通过量较大的场合,如可以用于自动化立体仓库与仓库收发站之间进行物料搬运,或在各加工中心之间搬运运料盘。承载型AGV可以用作移动式机器人的载体,以扩大机器人的工作范围,也可用作移动式装配台,以提高自动化装配过程的灵活性。

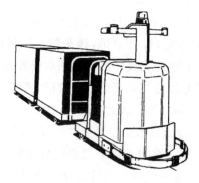

图7-9 承载型AGV

(2)牵引型AGV。这种形式的AGV在自动模式下只能单方面运行,如需增加自动模式下的反方向运行能力,则必须设置专门的安全保护装置。小车运行速度可达80米/分钟,牵引力为80千克左右。挂车脱钩均需人工操作,处理批量大,单位物料的处理费用较低。小车自身的转弯半径为1.2米,但根据不同的挂车总长,运行路线上应留有2.5～6米的转弯半径空间。当一次搬运的距离超过60米,并且搬运量较大时,可以使用牵引型AGV。

(3)码垛车。此类AGV有高度可稍微变化的货叉,需要人工驶离导引线,装好待运物料后再开回导引线,指定目的地后码垛车就可自动沿导引线运行。到达目的地后,码垛车可将物料放在地面上后退走,物料必须由人工及时搬走以避免交通阻塞。在交通繁忙的区段,一般设有侧回路,使码垛车驶入侧回路卸货,以保持物流的畅通。小车自动运行速度可达80米/分钟,搬运能力为1800～2700千克。由于存在货叉,其转弯半径较大,约为4.5米。

(4)自动叉车。其基本工作方式同码垛车,但提升高度比码垛车要高得多,为2.4～

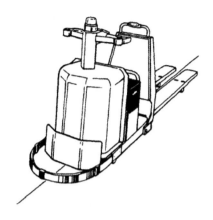

图 7-10 码垛车

4.9 米。它可以直接存取处于不同高度的货架和装卸站上的货物,但一般需要使用辅助托盘或专用容器。虽然有的自动叉车运行速度可达 60 米/分钟,但出于安全考虑,一般将速度限制在 36 米/分钟范围内。由于不易定位,自动叉车装卸物料的周期通常较长。最近发展起来的自动巷道堆垛机仍可归入自动叉车类,自动巷道堆垛机用于立体仓库,不需要巷道顶部钢架结构的支持,安装比较方便,并且在巷道与巷道之间转移较为快捷;使用自动巷道堆垛机可使对立体仓库的改造相对变得容易。

不同类型的 AGV 各有特点,应根据具体物料搬运任务的特点选用。使用 AGVS 可以增加物料搬运的灵活性,减少物料损伤、设备安装和改造等方面的费用,并且可以通过中央控制计算机提升对工作环境的控制能力。

AGVS 技术在日本、美国、德国等发达国家已经非常成熟,应用范围十分广泛。目前主要的发展是开发非固定线路的能够全方位运行能力的 AGV,提升在超重负荷、高定位精度等一些特殊情况下的工作能力。

AGVS 是一种专用性很强的产品,不同的用户都可能提出不同的要求,为了能够进行批量生产,必须统一物流系统中使用的托盘或容器的结构和尺寸。由于不同的 AGV 有许多模块功能是相同的,为了能够适应不同的使用要求和缩短新产品的开发周期,最好是采用模块化的设计方法,将 AGV 的各功能模块做成不同的系列,再根据具体的使用要求进行组合。

除了 AGV 本身的自动化程度和运行灵活性之外,物流路线设计的合理性、AGV 调度规则的适用性、运行路线的规划方法有效性等都直接影响着 AGVS 物流系统的性能。在具体实施 AGVS 之前,应当根据特定的工作环境,通过计算机仿真的方法校验控制系统的性能,及时发现问题并加以解决。

三、无人配送系统

现代物流配送系统(以下简称 DM)和仓储管理系统(以下简称 WMS)、企业资源计划(以下简称 ERP)的数据联系密切,配送是 DM 的重要环节,同时还要考虑数据和 VMS 的实时同步,配送水平直接决定着整个物流活动的服务水平和企业经济效益。随着信息技术的迅速发展及在我国的广泛应用,配送现代化、信息化的要求已经被提到议事日程,如何利用信息技术实现配送信息化,进而实现高服务水平、高服务质量、高配送效率和低配送成本,是第三方物流配送亟须解决的问题。

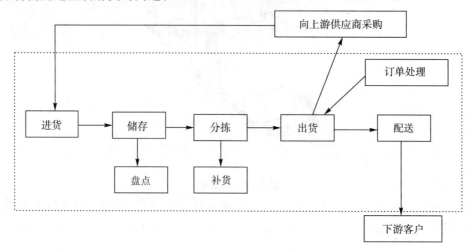

图 7-11　配送流程图

（一）配送管理信息系统设计目标

配送管理信息系统以"以顾客为中心"的战略目标为指导,快速准确实现信息共享和信息资源集成,减少信息堆积和信息贬值现象,这有助于企业提高决策能力,提升企业与顾客和合作伙伴的联系效率和合作效率,实现电子商务环境下的物流配送,从而达到使顾客满意的目的。

（二）配送管理信息系统功能模块设计

配送管理信息系统包括两部分:物流配送信息系统和智能决策支持系统,后者是前者的辅助系统。

智能决策支持系统是配送管理信息系统的辅助支持系统,为决策者提供决策所需要的数据、信息和背景材料,帮助明确决策目标,进行问题识别,建立、修改决策模型,提供各种备选方案,并对各种方案进行评价和优选,还可以通过人机对话,进行分析、比较和判断,为正确决策提供有益的帮助。它是基于 3G 技术的,依托 GIS(地理信息系统)、GPS(全球定位系统)、GSM(全球移动通信系统),对整个配送过程进行空间网络分析与配送跟踪,实现物流配送智能决策,为实现电子商务环境中的物流配送提供强有力的支持。

智能决策支持系统包括以下五个模块。

一是库存优化模块。包括立体仓库的货位分区优化管理技术的研究、货位三维搜索策略的优化算法的研究、自动化仓储管理和库存控制技术研究与开发、确定最优库存量等。

二是配送中心规划模块。配送中心是物流配送的起点或者终点,其位置的选址对于运输路线的选择是至关重要的;配送中心之间的距离、规模、设施等的确定都需要决策支持系统提供最优方案。

三是车辆路线问题模块。配送车辆的路线安排问题主要是根据顾客的需求和配送中心的资源储备情况,研究静态与动态车辆路线优化算法,建立数学模型,制定出一套合理的配送计划,并生成基于地理信息系统(GIS)和卫星定位系统(GPS)的车辆调度方案,给出街道级最优路径图。其合理性一般体现在运输费用最少或者配送时间最短等方面。

四是货物配载模块。对于配送企业而言,在一次配送过程中常常存在卸载与装载并存的情况,途中货物必须参与配载,还要考虑时间等的影响。根据货物性质和配货要求,重点研究集装货、杂货和散货在运输工具及集装箱中的配货优化方法。

五是预测模块。对物流信息进行预测,为车辆、货场库存调配等决策提供支持。预测顾客规模、顾客潜力等。

配送管理信息系统采用浏览器/服务器结构,建立基于 Internet/ Intranet 的配送管理信息系统,为顾客提供 WEB 服务器,以便于数据实时更新和浏览查询。同时,网络的后台服务器使用大型数据库,支持整个物流配送系统的运行,并且整个系统使用同一数据源,这样使价值链的合作伙伴或配送中心与下级配送中心或下级仓库共用数据库,共享订单信息、库存信息、运输信息和顾客信息,使信息得到及时、准确地反馈。

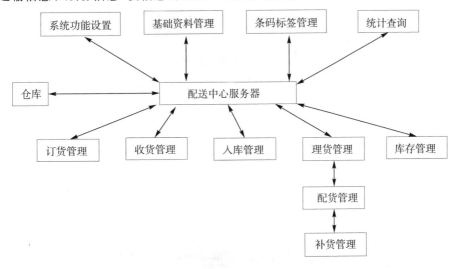

图 7-12　配送管理系统图

1. 系统功能分析

配送管理系统处理从文件导入 DM 的订单需要先发送到 WMS 进行出库,WMS 出库后回传给 DM,DM 根据回传的信息更新相应的订单并生成运单。DM 配送运输管理系统主要包含系统管理、订单管理、运输管理、包裹单管理、线路管理、项目管理、基础数据管理、报表管理等模块,同时要考虑 DM 与 ERP、WMS 的数据对接和同步以及配送路径的优化和费用结算。

2. 运输配送数据同步设计

运输管理包括订单查询、包裹单查询、运输单查询，主要是通过设置订单的查询条件列出满足条件的订单详细信息界面，订单、包裹单、运单状态的更新和同步是 DM 系统的关键。

订单、包裹单、运输单状态更新模式：可以设计简单的查询条件，选择订单更新模式，显示订单号查询框；选择包裹单更新模式，显示包裹单单号查询框；选择运输单更新模式，显示运输单号查询框；接下来对选中的单子进行状态更新。

运输单只有配送状态、签回单状态、应付状态。运输单更新为独立更新，不会关联订单与包裹单的更新。包裹单的配送状态、代收状态、签回单状态会同步到订单的更新。但是订单的更新不会影响到包裹单的状态。

3. 费用结算设计

运输配送管理系统的出厂要保证订单包裹的准确送达外，订单的费用管理模块也是重要的研究内容，包括承运商的成本费用和向客户收取的费用。

(1) 订单费用——应收合计(收取客户的费用)。

第三方物流收取客户的费用包括保险费、代收款手续费、订单运输费和税费四个方面。

① 保险费的核算方法。

保险费有最小值设置，基于项目进行设置；保险费率基于项目设置，每个项目的保险费率为一个定值。

声明价值×保险费率＝保险费(声明价值来自订单导入字段)。

② 代收款手续费的核算方法：订单的代收款手续费计算方法有按费率计算和按订单计算两种，具体按哪种计算取决于项目设置里代收款手续费的核算方式字段的值。代收手续费有最小值设置，基于项目进行设置，代收手续费费率基于项目设置，每个项目的代收手续费费率为一个定值。

③ 订单运输费(向客户收取的费用)。

订单运输费可以根据订单货物的类别、目的地、运输时效、重量、件数等的不同决定结算方法。同时要考虑订单的最低收费、首重和续重问题。

(2) 订单费用——成本费用(支付承运商的费用)。

支付给承运商的成本费用要考虑是一个订单一个包裹还是多个订单一个包裹，多个订单一个包裹的要考虑包裹单的分摊成本，一般按该订单的重量在包裹单总重量中占的比重分摊，分摊值为包裹单应付合计。

例如：包裹单应收合计 200 元，订单 1 重量 10 千克；订单 2 重量 15 千克；订单 3 重量 18 千克。则：

订单 1 包裹单分摊成本＝[200÷(10＋15＋18)]×10≈46.5 元；

订单 2 包裹单分摊成本＝[200÷(10＋15＋18)]×15≈69.8 元；

订单 3 包裹单分摊成本＝[200÷(10＋15＋18)]×18≈83.7 元。

(三) 物流配送信息系统结构设计

基于 WEB 的配送信息系统主要有订单处理模块、仓储管理模块、配送管理模块、顾客管理模块、合作伙伴管理模块。

1. 订单处理模块

该模块负责接收顾客订单，业务部门根据存货状况、装卸货能力、流通加工负荷情况、分拣包装能力、配送负荷情况和顾客资信状况，对订单进行确认，不合格订单返回顾客，配送能力不足订单通过合作伙伴模块寻求合作服务，合格订单传递到仓储管理模块进行处理，同时对订单进行分类统计，形成订单统计报表，对订单合同进行管理。

2. 仓储管理模块

该模块负责入库管理、在库管理（包括盘点管理、流通加工管理、装卸搬运管理、拣货补货管理）、出库管理、退库管理、库间调拨、仓储选址、库位分配、库存信息查询、库存报表生成等。

3. 配送管理模块

该模块负责根据顾客服务请求产生运输任务、货物配装、线路选择、车辆调度、运输配送过程控制、配送货物的跟踪、配送途中意外情况的处理、运输资源整理、用户签收后的录入、配送统计与配送数据库的维护等。

4. 顾客管理模块

该模块负责顾客档案管理、会员管理、顾客登录管理、顾客身份验证、顾客服务支持管理、顾客接触与互动管理、顾客分析等。顾客信息一般分为静态信息（如名称、地址、联系人、合同号等）和动态信息（出货信息、合同号及执行情况等），根据这些信息，系统可进行顾客分析（分类、评价）和定期给出销售策略（如走访计划、优惠政策等）。

5. 合作伙伴管理模块

该模块负责合作伙伴资料管理，在系统中占有重要地位，是让顾客满意的有效保证。当配送企业配送能力不足以满足顾客订单需求时，通过该模块可以迅速同合作伙伴取得联系。

任务实训 7-3

自动化仓库设备认知与操作

一、实训目标

1. 通过操作先进的设备设施和专业软件训练平台，学生应熟悉自动化仓库相关设备（液压托盘车）的基本操作，包括升高、下降、搬运的操作。

2. 熟知自动化仓库的架构和功能。

3. 学生通过小组合作完成任务，培养处理问题的方式方法，提高团队协作能力和沟通能力。

二、实训基本内容

1. 了解液压托盘车的构造和功能。

2. 了解手动搬运液压托盘车的基本操作方法。

三、实训步骤

1. 准备教具:手动液压托盘车、评分表。

2. 教师讲解并演示托盘车的使用方法操作过程。

3. 学生分组进行练习,教师解答学生练习中问题。(1学时)

4. 采用接力的方式进行操作竞赛,教师根据每组的表现和团队协作表现进行打分。(1学时)

5. 学生完成实训报告,教师总结学生的实训情况。(1学时)

四、要求和注意事项

1. 学生按计划进入实训室进行模拟实训,遵守实训室管理规定。

2. 学生按设备数量和班级人数分组,服从安排。

3. 比赛过程一定要注意安全问题。

4. 在实训过程中,学生应按指导教师提示的步骤,进行各项目的操作。

5. 在实训结束后,学生对实训过程进行总结,写实训报告,报告应包括如下内容:

(1)实训的目的和要求;

(2)实训的步骤;

(3)本次实训的主要收获和体会。

五、实训成绩考核及评定标准

1. 实训报告应符合实训教学的要求,并得到指导教师认可。

2. 指导教师对每份实训报告进行审阅、评分。

3. 根据学员的独立完成情况、小组成绩,并结合实训报告的得分情况,指导教师给出学生的实训成绩。

4. 实训课程的成绩记入课程平时成绩,占总成绩的30%。

后 记

本教材是2017年安徽省高等学校省级质量工程项目"安徽职教物流类系列教材(项目编号:2017ghjc400)"的实践成果之一,是安徽省部分高职院校从事一线物流管理专业及物流信息技术专业教学和研究的教师们辛勤努力的成果和智慧的结晶。

本教材由徽商职业学院电子信息系主任王兴伟教授、安徽商贸职业学院吴竞鸿担任主编,安徽工商职业学院倪伟、徽商职业学院洪丽担任副主编。其中徽商职业学院王兴伟编写项目一(任务一)、安徽商贸职业技术学院吴竞鸿编写项目二(任务一至任务四)、安徽工商职业学院倪伟编写项目一(任务二)、项目二(任务五至任务六),徽商职业学院洪丽编写项目四,池州职业技术学院李润启编写项目三、项目五,安徽商贸职业技术学院刘存编写项目六,阜阳职业技术学院郑翠玲编写项目七。安徽共生物流科技有限公司在教材编写过程中,对教材中的任务实训进行了修改优化,并承担了部分项目案例的编写工作。

本教材在编写过程中,编写小组成员在现代物流企业调研的基础上基于典型项目进行工作任务分析,理论联系实际,学生在完成工作任务的过程中提高了技术设备应用技能,并加深了对物流技术设备及先进信息技术相关理论知识的理解。编写小组成员查阅了国内外大量相关文献资料,并从物流科技类杂志、专业网站等借鉴了大量素材,将物流行业最新信息技术应用情况融入教材,以保障教材内容的与时俱进。在成书过程中,编写小组成员倾注了大量的时间和精力,反复校对,精心编撰,数易其稿,终于付梓。

本书在编写的过程中参考了大量资料,所收资料庞杂,有的内容一时难以注明作者和出处,敬请谅解。虽然我们在编写中反复酝酿、推敲、校对、审核,但百密一疏,加上水平有限,成书时间仓促,错误之处在所难免,敬请专家、学者、物流工作者和广大读者批评指正,并为本教材的进一步修订完善,提供宝贵建议。

在本教材编写完成之际,我们还要特别感谢安徽大学出版社在本教材编写和出版过程中提供的支持和帮助。

编 者

2021年11月